GÜTERSLOHER
VERLAGSHAUS

# Johano Strasser

# Gesellschaft in Angst

Zwischen Sicherheitswahn und Freiheit

Gütersloher Verlagshaus

*»Die Heizer häufen noch die Kohlen, aber die Führer regieren nur noch zum Schein die dahinrasenden Maschinen. Und in diesem Nu, während du redest, kannst du es wie ich hören, dass das Hebelwerk der Wirtschaft in einer ungewohnten Weise zu surren beginnt; die Werkmeister lächeln dich überlegen an, aber der Tod sitzt in ihren Herzen. Sie sagen dir, sie passten den Apparat den Verhältnissen an; aber du merkst, sie können fortan nur noch sich dem Apparat anpassen, solang er es eben erlaubt.«* (Martin Buber)

*»Die Furcht vor der Auflösung der Gesellschaft ist ein Zug der individualistischen Gesellschaftstheorie. (...) Einerseits muss man also diese Furcht als Merkmal unserer Gesellschaften akzeptieren, sie aber andererseits als Soziologie des Individualismus überwinden.«* (Alain Ehrenberg)

*»Wer sich mit ›Sicherheit‹ befasst, bemerkt sehr bald, dass er damit ein Problem von beunruhigender Aktualität und Wichtigkeit aufgegriffen hat. Jedermann ist durch dieses Problem betroffen, ob er es nun wahrhaben will oder nicht.«* (Daniel Frei)

# Inhalt

# Einführung ins Thema

Wer Sicherheit, immer umfassendere, immer perfektere Sicherheit als Ziel theoretischer und praktischer Bemühungen in Frage stellt, noch dazu in einer Zeit großer und – vermeintlich oder tatsächlich – wachsender sozialer, ökologischer, militärischer und terroristischer Bedrohungen, begibt sich aufs Glatteis. Ein tückisches Glatteis besonders für den, der sich mit dem abgenutzten Schuhwerk darauf wagt, mit dem wir späten Kinder der Aufklärung uns fortbewegen müssen.

Sicherheit, schreibt Andrea Schrimm-Heinz, sei zum »zentralen Wertbegriff der modernen Menschen« geworden.[1] Eine geradezu krankhafte Präokkupation mit dem Thema *Sicherheit* bescheinigte schon Ludwig Marcuse seiner Zeit in einem Essay aus den vierziger Jahren: »Sicherheit ist die Besessenheit dieser Zeit.«[2] In der Tat gehört *Sicherheit* seit Langem zu den wertbeständigsten Münzen im politischen Geschäft. Kaum ein Begriff spielt in Parteiprogrammen, in Wahl- und Parlamentsreden, in politischen Lageberichten, Umfragen, Zeitungs-, Rundfunk- und Fernsehkommentaren eine derart zentrale Rolle. Kaum ein Begriff eignet sich auch so gut dazu, Menschen zu manipulieren und Andersdenkende zu diskriminieren: Keine Experimente! Sicherheitsrisiko! Kaum ein Begriff ist so bequem zur Hand, wenn es gilt, von den Menschen Opfer einzufordern. Wenn es um *unsere Sicherheit* geht, ist keine Summe zu fantastisch; wenn es gilt, Gefahren für *unsere Sicherheit* abzuwehren, opfern wir Freiheiten gleich dutzendweise. Das haben die Reaktionen auf die Terrorakte vom 11. September 2001 wieder einmal schlagend deutlich gemacht. Das Sicherheitsargument ist ein Passepartout, mit

[1] Schrimm-Heinz, S. 213.
[2] Ludwig Marcuse, S. 23 f.

7

dem die Exekutive noch jede Tür zu öffnen versteht, die ihr laut Verfassung (und nach den gängigen Regeln der Moral) verschlossen sein sollte.

Nie in ihrer Geschichte haben die Menschen gewaltigere Anstrengungen unternommen, um sich gegen Krankheit, Not, Unfälle, Diebstahl, Gewalt, Terror, Subversion und kriegerische Aggression abzusichern. Polizei und Verfassungsschutz, die Organe der Inlands- und Auslandsaufklärung sind mit modernstem Gerät und subtilen Observations- und Fahndungstechniken dabei, sich zum allgegenwärtigen *Großen Bruder* zu mausern. Spezialtrupps zur Terroristenbekämpfung stehen Tag und Nacht in Bereitschaft, Objekt- und Personenschutz rund um die Uhr sind zur Routine geworden. Gewaltige Ausgaben für die militärische Verteidigung sollen uns vor Angriffen von außen bewahren. Unser Rechtssystem lässt kaum etwas ungeregelt. Wo unsere Juristen eine Rechtslücke erspähen, erfasst sie der *horror vacui*: Erst wenn sie ausgefüllt ist, können sie wieder ruhig schlafen.

Eine blühende und expandierende Sicherheitsindustrie ergänzt das staatliche Angebot. Mit dem Verkauf von Sicherheit lassen sich glänzende Geschäfte machen, gerade in Krisenzeiten. Die Versicherungspaläste zeugen davon – ebenso die Bilanzen der Hersteller von Sicherheitstechnik. Safes, Alarmanlagen, Überwachungskameras, Gaspistolen und andere Waffen finden reißenden Absatz. Wer es sich leisten kann, sichert sein Haus gegen Einbruch mit biometrischen Zugangssystemen, mit Panzerriegeln vor Türen und Fenstern, mit Bewegungsmeldern im Garten und auf der Terrasse. Wer sich zu den Spitzen in Staat und Gesellschaft zählt, fährt im gepanzerten Spezialauto. Jedes größere Unternehmen hat einen eigenen Werkschutz. Sicherheitsberater, Privatdetektive, Wachdienste und Bodyguards bieten in Zeitungsannoncen ihre Dienste an. Global operierende Unternehmen sichern

Großevents wie die Fußball-WM, die Olympischen Spiele oder den European Song Contest mit subtiler Technik und geschultem Personal gegen Krawallmacher und Terroristen, Dienstleistungskonzerne stellen private Söldnerarmeen zur Verfügung, die die Drecksarbeit für Politiker und Wirtschaftsbosse erledigen – mittlerweile ein umkämpftes Milliardengeschäft. Kurse in Selbstverteidigung haben regen Zulauf. Hier und da üben Abgeordnete zwischen zwei Ausschusssitzungen Pistolenschießen – für alle Fälle. Und weil es Entschlossenheit demonstriert.

Ganze Bibliotheken ließen sich füllen mit Kompendien wie *Sicherheitstechnik bei Anwendung von Brenngasen; Brandschutz und Feuersicherheit im Verbrauchermarkt und Warenhaus; Sicherheitsbestimmungen im Schulbau.* Längst ist *Technisches Sicherheitsrecht* Lehrfach an unseren Hochschulen. Heere von Beamten und Angestellten plagen sich und andere mit Vorschriften über die Sicherung von Baustellen, Gleisanlagen, Mülldeponien, über Arbeitsschutz, Jugendschutz und Seuchenschutz, über den Schutz der Gewässer vor den Menschen und der Menschen vor verseuchtem Wasser.

*Sicherheit* definiert Meyers *Enzyklopädisches Lexikon* – hier zitiert nach der Auflage von 1977 – als »Zustand des Unbedrohtseins, der sich objektiv im Vorhandensein von Schutz(einrichtungen) bzw. im Fehlen von Gefahr(enquellen) darstellt und subjektiv als Gewissheit von Individuen oder sozialen Gebilden über die Zuverlässigkeit von Sicherungs- und Schutzeinrichtungen empfunden wird. Individuelle Sicherheitsbedürfnisse bestehen gegen die Gefährdung der materiellen Existenz u. a. durch Krankheiten, Unfälle, soziale Notlagen sowie durch gegen Person und/oder Eigentum gerichtete Willkür- und Gewaltakte; Schutz vor letzteren bieten die Verfassung und die Institutionen des Rechtsstaats sowie die Garantie der Menschen- und Grundrechte. Angriffe von innen und außen wehren die Staaten durch Maßnahmen staatlicher Sicherheitspolitik ab.«

Allerdings, was sich in der wohlgeordneten Welt der Enzyklopädie so reibungslos ineinanderfügt, ist in Wirklichkeit voller dorniger Widersprüche. Schutz soll uns die Verfassung bieten, Sicherheit vor Übergriffen Einzelner und des Staates. Darum die Garantie der Menschen- und Grundrechte. Aber die Behörden, die sich für unsere Sicherheit verantwortlich fühlen, greifen immer ungenierter in die grundgesetzlich garantierten Rechte ein, um terroristische Gewalt und Gefahren für die *freiheitlich demokratische Grundordnung* abzuwehren und der wachsenden organisierten Kriminalität Herr zu werden. Weil sicher sicher ist. Weil man nie wissen kann. Weil jeder Bürger von Staats wegen verdächtig ist – besonders wenn er von seinen Grundrechten Gebrauch macht.

Verfassungswidrige Aktivität zum Schutz der Verfassung – das ist nur einer der vielen Widersprüche, denen man begegnet, wenn man sich mit dem Thema *Sicherheit* näher befasst. Überall, so scheint es, werden die Systeme, die die Risiken minimieren sollen, selbst immer öfter zum unberechenbaren Risiko. Das gilt für die Militärapparate, für die Polizei, für den Staatsschutz, für die zentralen Versorgungseinrichtungen, auf die wir bei den einfachsten täglichen Verrichtungen angewiesen sind, ja, in gewisser Weise sogar für die sozialen Dienste. Vor allem gilt es auch für das global funktionierende System der Reichtumsproduktion, von dem wir uns erhofften, dass es Knappheiten, Hunger und Elend beseitigen würde, und von dem wir jetzt wissen, dass es, wie Nicholas Sterns Bericht über die ökonomischen Folgen des Klimawandels belegt, zu gewaltigen Schädigungen führt, die abzuwenden oder auch nur abzumildern bis zu zwanzig Prozent des Weltsozialprodukts verschlingen würde. Und wo Menschen, die es sich leisten können, sich, beunruhigt über die vielen über sie hereinbre-

chenden Gefahren, in die vermeintliche Geborgenheit um-
mauerter Gemeinschaften zurückziehen, wird die Umwelt,
werden die Fremden erst recht als bedrohlich wahrgenommen, sodass Angst und Unsicherheit eher noch weiter zunehmen und der weltoffene Geist der Freiheit allzu leicht einem
latent oder offen aggressiven Provinzialismus Platz macht.

Beunruhigende Fragen stellen sich ein: Was hat die explosi-
onsartige Zunahme von Sicherheitsleistungen verursacht?
Und: Hat sie uns tatsächlich, alles in allem, mehr Sicherheit,
mehr Freiheit von Angst eingebracht? Oder ist die Maßlosigkeit unseres Sicherheitsbedürfnisses nur ein Indiz für die
Maßlosigkeit unserer Angst? Und: Woher rührt die Angst, die
uns zu so gewaltiger vorsorgender und versichernder Betrieb-
samkeit drängt?

Politiker aller Lager verweisen auf die erhöhten Gefahren in
unserer modernen Welt: Früher war es die Bedrohung aus
dem Osten, heute, nach den Anschlägen vom 11. September
2001, ist es der »muslimisch-fundamentalistische« Terrorismus, der an erster Stelle genannt wird. Es folgen die Gefahren der Technik, die Erderwärmung, die sozialen Probleme,
Epidemien oder vorschnell in den Medien zu Epidemien erklärte Krankheiten, die scheinbar immer mehr um sich greifende Kriminalität. Kann man einen Schwerverbrecher, kann
man einen Sexualstraftäter nach zwanzig, dreißig Jahren
Haft freilassen, wenn doch von ihm noch eine Gefahr ausgehen könnte? Der Konflikt um die Sicherungsverwahrung,
ausgelöst durch ein Urteil des Europäischen Gerichtshofs für
Menschenrechte, erregt die Öffentlichkeit ebenso wie die Diskussion über die Zulässigkeit der Folter, die bei jedem Fall
von Kindesentführung und bei jedem Terrorverdacht wieder
aufbrandet. Angesichts wachsender Gefährdungen, so meinen die meisten Menschen, seien verstärkte Anstrengungen
für unsere Sicherheit unerlässlich. Und wenn dabei geheiligte

Grundsätze des Rechtsstaats angetastet werden müssten, so sei das als unvermeidlich hinzunehmen.

Wo die Gefahr, auch die nur eingebildete, wächst, wächst die Angst, wächst der Sicherheitsaufwand, wachsen die Kontrollbefugnisse des Staates auch. Wer bei der Frage nach den Gründen dieses Eskalationsprozesses nicht tiefer dringt, landet unausweichlich bei der Forderung nach immer perfekteren technisch-organisatorischen Sicherheitsleistungen. Gestritten wird dann allenfalls darüber, wo zunächst und vornehmlich investiert werden soll: in die Rüstung, in den Ausbau der Polizei, in den Zivilschutz oder eher in die soziale Sicherung, in den Unfall- oder den Umweltschutz.

Andererseits: Wenn heute gegen übertriebenes Sicherheitsdenken polemisiert und größere Risikobereitschaft gefordert wird, handelt es sich zumeist um taktische Manöver im Interessenkampf. Manche Unternehmerverbandssprecher tarnen hinter solch grundsätzlicher Argumentation ihre Versuche, zulasten der Sozialhaushalte mehr öffentliche Gelder zur Absicherung privater Investitionen zu erhalten. Wirtschaftsminister machen gelegentlich auf diese Weise deutlich, dass sie von den Unternehmen mehr innovative Investitionen erwarten, oder die Finanzminister, dass sie zu weiteren Investitionshilfen und Steuernachlässen nicht mehr bereit sind. Neoliberale und Monetaristen versuchen mit solchen Tönen, ihrem Eintreten für einen entfesselten Markt und für die Privatisierung öffentlicher Leistungen eine philosophisch-kulturelle Dimension zu geben. Kaum je ist unter den Lobrednern auf Risikobereitschaft und Lust am Abenteuer einer, der seine Schäfchen nicht schon im Trockenen hätte. Oder es handelt sich um vorübergehendes Kokettieren mit der Bohème, aus jugendlichem Überschwang und nicht selten in dem Bewusstsein, dass nach dem Examen krisensichere Beamtenbezüge winken.

Die Mehrheit der Menschen hält wenig von solch frivolem Umgang mit Fragen der Sicherheit. Allenfalls im Kino oder im Fernsehen haben Abenteuer ihren Reiz, im wirklichen Leben hört der Spaß an ihnen sehr schnell auf. Wer die Geschichte deutscher Abenteuerlust kennt, kann darüber so traurig nicht sein. Ernst Jünger hat uns in seinem Buch *In Stahlgewittern* eine Kostprobe davon gegeben:»Aufgewachsen in einem Zeitalter der Sicherheit, fühlten wir alle die Sehnsucht nach dem Ungewöhnlichen, nach der großen Gefahr. Da hatte uns der Krieg gepackt wie ein Rausch.« Was, wenn es stimmte, dass solch mörderische Abenteuerlust tatsächlich in einem dialektischen Umschlag aus einer Atmosphäre (vermeintlich) risikoloser Ordnung entstehen kann? Ist es richtig, was rebellierende Studenten im Pariser Mai an die Hauswände schrieben:»Eine Gesellschaft, die jedes Abenteuer abgeschafft hat, macht ihre eigene Abschaffung zum einzig möglichen Abenteuer«? Und: Heißt dieses Abenteuer – anders als es sich die Studenten von 1968 vorstellten – heute vielleicht»Kampf der Kulturen« (Huntington) oder – immer noch – *führbarer* und *gewinnbarer Atomkrieg?*

Dass eine Kultur der Freiheit und des zivilen Umgangs nicht entstehen kann, wenn die Menschen schutzlos tausend Gefahren ausgeliefert sind, ist offensichtlich. Aber das heißt natürlich nicht, dass es sinnvoll und möglich wäre, vorbeugend alle Risiken auszuschalten. Viel spricht dafür, dass die immer weiter getriebene Perfektion unserer Sicherheitsleistungen sowohl auf der Seite der Subjekte wie auf der Seite der objektiven Strukturen eine gefährliche, lebensfeindliche Dynamik freisetzt; dass das Streben nach Sicherheit jedes vernünftige Maß überschritten hat und zur kollektiven Obsession geworden ist; dass wir drauf und dran sind, dem Götzen Sicherheit alles zu opfern, was schützenswert ist.

Das vernünftige Maß! Eine verdächtige Formel, verdächtig vor allem, weil sie mit Vorliebe von jenen verwendet wird, die, um ihre eigene Maßlosigkeit umso ungehemmter befriedigen zu können, anderen Bescheidenheit predigen. Und dennoch ist es richtig, dass in puncto Sicherheit wie auch in anderen Bereichen Optimierung und Maximierung nicht dasselbe sind. Zwar können Menschen sich ohne ein gewisses Maß an Sicherheit nicht frei entfalten; dies gilt vor allem, wenn Leib und Leben bedroht sind. Insofern kann die organisierte Entlastung von Gefahren und Risiken tatsächlich ein Gewinn an Freiheit darstellen. Aber hieraus folgt keineswegs, dass die ständige Perfektionierung der Sicherheitssysteme immer günstigere Bedingungen für die Entfaltung eines freien Individuums und eines freien gesellschaftlichen Lebens schüfe.

Im Bereich der militärischen Sicherheit war der Wahnsinn zur Zeit des Ost-West-Konflikts am offensichtlichsten. Ein Weltkrieg *aus Versehen* oder aus *technischem Versagen* wurde immer wahrscheinlicher, je schlagkräftiger, zielgenauer und schneller die Machtblöcke sich gegenseitig zu vernichten vermochten. Mehrfach lösten amerikanische Computersysteme in den achtziger Jahren einen Fehlalarm aus, stiegen Atombomber auf, wurden Interkontinentalraketen abschussfertig gemacht. Ähnliche Vorfälle auf der sowjetischen Seite gelangten erst neuerdings an die Öffentlichkeit. Zum Glück konnte in diesen Fällen der Fehler immer noch rechtzeitig korrigiert werden. Aber der Fortschritt der Waffentechnik reduzierte die Reaktionszeiten immer weiter, sodass immer weniger Zeit blieb, um zu prüfen und eine vernünftig begründete Entscheidung zu fällen. Also wurde auch der Entscheidungsprozess automatisiert. Das Stichwort hieß *automatische Antwort*. Computer sollten uns künftig die Entscheidung über Krieg und Frieden abnehmen. Je *fortschrittlicher* die Systeme militärischer Sicherheit durch Abschreckung, das zeigte sich in erschreckender Deutlichkeit, desto hilfloser sind wir ihnen ausgeliefert.

Es ist noch einmal gutgegangen, und weil es gutgegangen ist, haben wir vergessen, was wir daraus hätten lernen können.

Das Problem besteht nämlich darin, dass wir vordringlich auf technisch-organisatorische Sicherheit, auf formalisierte Regelungen und Verträge setzen und dabei die soziokulturelle, die politische und psychologische Dimension der Sicherheit allzu oft außer Acht lassen. Jeder Mangel ist für die Fachleute nur ein Grund, noch perfektere Systeme zu ersinnen, die vorgeblich jede Möglichkeit des Versagens ausschließen. Die Fachleute glauben an die Systeme und misstrauen den Menschen. Sie bauen an einer technischen Welt, in der der irrtumsanfällige, unberechenbare Mensch überflüssig wird. Günther Anders hat dies mit der These von der »Antiquiertheit des Menschen« kenntlich zu machen versucht. Der Rat der Fachleute lautet: Delegiert eure Entscheidungsfreiheit an die Apparate; die entscheiden objektiv, unbestechlich, fehlerlos; dadurch allein gewinnt ihr optimale Sicherheit. Es ist dieser Prozess der ständigen Verlagerung von Verantwortung von den Menschen auf die Apparate, der uns zwar einerseits von quälender Unsicherheit, von der Qual der Wahl, von täglicher Sorge und Vorsorge erlöst, der uns aber gleichzeitig immer gründlicher anonymen Mächten ausliefert. Geht etwas schief oder werden Schwächen und Lücken im System sichtbar, so erkennen wir unser Ausgeliefertsein. Panik erfasst uns und mündet regelmäßig in den Ruf nach Perfektionierung der Systeme. Doch die Perfektionierung der Systeme erhöht zugleich unsere Abhängigkeit von ihnen. Und wenn die Vielzahl in sich perfekter lokaler und überregionaler Sicherheitsmaßnahmen eine bestimmte Schwelle der Komplexität überschreitet, treten völlig neue und unvorhersehbare Gefahren in die Welt. Sicherheit wird so zum destruktiven Ideal.

»Kein wildgewordener Aggressionsinstinkt ist für unser Überleben so bedrohlich wie das erstarrte, gefühllos gewordene Idealsystem, das sich einer vernünftigen Kontrolle entzieht und die zyklische Unvollkommenheit des Lebens gegen maschinelle Vollkommenheit und drohende Vernichtung eintauschen will«, schrieb vor Jahren Wolfgang Schmidbauer. Was Schmidbauer für den Einzelnen und seine Beziehung zu anderen Menschen feststellt, gilt auch für die Gesellschaft als Ganze. Wir werden tyrannisiert von einem Ideal perfekter technisch-organisatorischer Sicherheit und verpassen darüber mehr und mehr die Chance, uns aus eigener Kraft und im solidarischen Zusammenwirken mit anderen unserer Freiheit immer neu zu vergewissern.

Die Destruktivität unseres Sicherheitsideals lässt sich in alle Lebensbereiche hinein verfolgen. Wie viel mögliches Liebesglück ist schon verdorben worden, weil einer vom anderen immer wieder Liebesschwüre und Liebesbeweise verlangt? Das Beharren auf einem Maximum an Sicherheit erstickt jede Spontaneität und Kreativität. Kann man es riskieren, dass Kinder auf dem Schulhof mit Schneebällen werfen? Sicherheitsbesessene Eltern erwarten von der Schule und den übergeordneten Behörden, dass sie das Risiko einer Verletzung ausschalten. Versicherungsbestimmungen, Erlasse der Schulbehörde, Schulordnungen und Pausenregelungen grenzen (im Wortsinne) *Spielräume* ein, teilen Verantwortlichkeiten zu. Fachleute für Unfallverhütung fordern allen Ernstes »kontinuierliche Beaufsichtigung« oder »grundsätzlich ununterbrochene Aufsicht«. Wenn dennoch etwas passiert, ist der aufsichtführende Lehrer dran. Folglich lebt er in ständiger Angst vor der Spontaneität, dem Bewegungsdrang der Schüler. Aus Angst greift er allzu oft disziplinierend ein, provoziert seinerseits Angst, Aggression, Unsicherheit.

Ein Staat, der überall Subversion, Unterwanderung, Bereitschaft zu Gewalt und Terror wittert und alles daransetzt, jede mögliche Gefährdung der *freiheitlichen Ordnung* schon im Keim zu ersticken, vernichtet als erstes die Freiheit selbst.

16

Die ständige Perfektionierung unserer militärischen Sicherheit kann, wie im Kalten Krieg geschehen, selbst zur Quelle von Gefahren werden. Die Tendenz unseres Rechtssystems, möglichst jeden denkbaren Tatbestand eindeutig zu regeln und so Zweifel und Unsicherheit zu beseitigen, führt dazu, dass kein Bürger ohne Hilfe von Experten mehr durchschaut, dass Abhängigkeit und Unsicherheit wachsen. Je mehr wir uns zur risikofreien Bewältigung des Alltags große private und öffentliche Leistungssysteme verfügbar machen, desto mehr liefern wir uns den Apparaten aus und sind, wenn die komplizierten und störanfälligen Systeme einmal versagen, unfähig, uns selbst zu helfen. Martin Buber sprach in diesem Zusammenhang prophetisch von der »Zwingherrschaft des wuchernden Es«.

Neu ist nicht das Problem, sondern seine Radikalität. Zweifellos haben die Menschen schon immer um der Selbsterhaltung willen Sicherheitsvorkehrungen getroffen, und bereits in den frühesten Stadien der Menschheitsgeschichte basierten diese auf kollektiven Anstrengungen, die den Einzelnen den Zwängen der *Organisation* unterwarfen. Ebenso unbezweifelbar ist, dass mit dem ersten Aufdämmern des Ich-Bewusstseins der Mensch sich auch seiner eigenen Freiheit und Sterblichkeit bewusst wurde und danach trachtete, sein Handeln und seine Existenz in die Ordnung eines *Gesetzes* einzufügen, den Tod in einen sinnvollen kosmischen oder religiösen Zusammenhang zu stellen und dadurch *Sicherheit* zu gewinnen. Magische Rituale, die Götter gnädig stimmende Opfer, der Sprung in die Glaubensgewissheit, die Errichtung philosophischer Systeme und Dogmengebäude, die Flucht aus dem Getriebe der Welt in die rigide Ordnung des Klosters, ja, sogar die Unterwerfung unter den Befehl eines absoluten Herrschers – all das sind *auch* Techniken der Bewältigung von Angst und der Gewinnung von Sicherheit. Das Streben nach Sicherheit ist ohne Zweifel in der Natur des Menschen angelegt.

Aus der Literatur wissen wir, dass die Menschen sich seit Jahrtausenden mit der Frage herumschlagen, was der nächste Tag, das nächste Jahr bringen wird. Wird die Ernte gut ausfallen, werden unsere Unternehmungen gelingen, werden wir von Krankheiten verschont bleiben, Gefahren glücklich überstehen, erreichen, was wir am heftigsten begehren? Was Peter Rühmkorf seinen Zeitgenossen bescheinigte, galt auch für deren Großväter und Urgroßväter: »Man guckt in die Zukunft (...) wie in eine Geschützmündung.« Es ist die quälende Unsicherheit bezüglich des künftigen Geschicks, die uns nachts nicht schlafen lässt. Und wenn wir nach einer schlaflos verbrachten Nacht uns mit sorgenumwölkter Stirn vom Lager erheben, sind da schon die Experten, die behaupten, die Zukunft voraussagen zu können: die Wahrsagerin auf dem Markt für das gemeine Volk, die Auguren und Sterndeuter für die Herrschenden. Heute sind es nicht mehr Sternkonstellationen oder Handlinien, die die Experten ausdeuten, sondern computergenerierte Zahlenkolonnen und Diagramme. Ganze Schwärme von Wissenschaftlern erstellen auf diese Weise vermeintlich *wissenschaftliche* Prognosen, die uns Sicherheit vorspiegeln, obwohl ihre Trefferquote in Wirklichkeit die einer Wahrsagerin alten Stils oder des Zeitungshoroskops nicht übertrifft. Mit *Risikomanagement* lässt sich heute viel Geld verdienen, weil die meisten Menschen allzu gern glauben möchten, dass das Geschehen in der sozialen Welt genauso berechenbar sei wie einfache chemische Prozesse.

Um die Radikalisierung des Sicherheitsproblems in der Moderne zu verstehen, genügt es allerdings nicht, allein die sich durch alle geschichtliche Erfahrung und allen gesellschaftlichen Wandel durchhaltende *anthropologische* Dimension des Problems zu betrachten. Denn offenbar gibt es in der Geschichte der Menschheit Zeiten, in denen die Menschen relativ angstfrei leben, und Zeiten, da sie von Angstwellen mitgerissen werden. Es gilt, den Gründen und Ursachen für die unterschiedlichen Pegelstände der Angst nachzuspüren, die in der Struktur und Dynamik des historisch-sozialen Umfelds angelegt sind. Es geht im weitesten Sinn um die *gesellschaftliche* Dimension des Problems.

Adorno und Horkheimer haben bei der Suche nach den spezifischen Ursachen und Gründen für die hier behandelte Fehlentwicklung die Aufklärung selbst dingfest gemacht. »Aufklärung«, schreiben sie in der *Dialektik der Aufklärung*, »ist die radikal gewordene mythische Angst.« Diese Angst äußert sich den Autoren zufolge in dem überhandnehmenden Streben nach theoretischer Gewissheit und praktischer Sicherheit. Das Dunkel, den mythischen Bereich des Ungewissen, in dem tausend unwägbare Gefahren lauern, gilt es auszuleuchten, um so Gewissheit über das uns Umgebende zu erlangen und aus diesem Wissen Techniken zu entwickeln, um die vielfältigen Bedrohungen abzuwehren, denen wir ausgesetzt sind. Zwielicht darf nicht geduldet, Ambivalenzen müssen in lauter Eindeutigkeiten aufgelöst werden. Bevor der letzte Zweifel, die letzte Unsicherheit beseitigt ist, kann der neuzeitliche Geist keine Ruhe finden, ist er stets auf der Flucht nach vorn, auf der Flucht vor den Mächten der Finsternis ins Licht der wissenschaftlichen Weltbewältigung.

Was Adorno und Horkheimer in der *Dialektik der Aufklärung* hierzu ausführen, gilt freilich nicht für die ganze Breite der Aufklärung, weder für die skeptische Gelassenheit und weise Selbstbescheidung der frühen Aufklärer von Montaigne bis Voltaire noch für ihren Ahnherrn Epikur. Wenn Adorno/ Horkheimer in der Aufklärung vor allem das Produkt der »radikal gewordenen mythischen Angst« sehen, so ist ihnen mit Dorothee Kimmich zu entgegnen, dass die Selbstermächtigung des Menschen im Aufklärungszeitalter durchaus auch genussvoll erlebt wurde: »Das ›Zeitalter der Vernunft‹ sah Emotionalität und Sinnlichkeit des Menschen mit weit positiverer Einstellung an, als dies im Jahrhundert zuvor der Fall gewesen war.«[3] Wie sonst wohl hätte Michel Eyquem de Montaigne zum Schöpfer der Essayistik werden können, jener riskanten literarischen Form, in der viel gedacht und wenig bewiesen wird, in der die Gedanken so leichtfüßig daherkommen, weil sie nicht in einem geschlossenen Theoriegebäude festgezurrt sind. Kein Wunder, dass einem richtigen deutschen Professor beim Lesen dieser *Essais* Angstschauer über den Rücken laufen angesichts der halsbrecherischen Kühnheit eines solchen Denkens auf eigene Faust.

Marianne Gronemeyer hat denn auch in ihrem Buch *Das Leben als letzte Gelegenheit – Sicherheitsbedürfnisse und Zeitknappheit* Montaigne und Descartes als Antipoden behandelt: Montaigne als den skeptischen Denker, der die Unwägbarkeiten der menschlichen Existenz als unvermeidbar verbunden mit der Fülle des Lebens hinnimmt, und Descartes, der sich aus Angst vor dem Wilden und Unberechenbaren der Natur in eine Welt des Gemachten flüchtet, in der angeblich alles kontrollierbar und beherrschbar sei.[4] Durchgesetzt hat sich freilich, das ist nicht zu leugnen, zunächst in Europa und dann in der ganzen modernen Welt, die Descartes'sche Idee, Sicherheit der Erkenntnis und Sicherheit in der Lebensführung durch die Ersetzung der »wilden« Natur durch eine »gemachte« Umwelt zu erreichen.

Auch Stefan Breuer verortet die Quelle der modernen Sicherheitsbesessenheit in derselben rationalistisch-aufklärerischen Denktradition: »Das sogenannte Projekt der Moderne ist in seinem Ursprung ein Projekt der Sicherheit. Das lässt sich geistesgeschichtlich an Descartes demonstrieren, der die Unsicherheit des Zweifels durch die Methode – den sicheren Weg –

[3.] Kimmich, S. 128.
[4.] Gronemeyer 1993, S. 36 ff.

20

zu überwinden strebte; oder an Hobbes, der als Mittel gegen die Unsicherheit des Krieges aller gegen alle die Einrichtung des sterblichen Gottes, des Leviathan, empfahl. Sicherheitsbedürfnisse standen, wie wir spätestens seit Max Weber wissen, hinter der Rationalisierung des Rechts. Und wenn man Eric Jones (in *The European Miracle,* 1981) glauben kann, so war die Fähigkeit zum ›*disaster management*‹ eine der Besonderheiten, die den Vorsprung der europäischen Nationalstaaten gegenüber den Imperien Asiens begründete.«[5]

Was Adorno und Horkheimer, aber auch Gronemeyer und Breuer bei ihrer Kritik vor allem im Auge haben, ist die objektivistische, positivistische Wissenschaft, die um die Subjektseite verkürzte und darum die Natur und den Menschen als Störfaktoren auffassende instrumentelle Vernunft, deren Siegeszug zwar mit der Aufklärung zusammenhängt, aber gleichzeitig eine Verengung derselben darstellt. Hier haben wir es in der Tat mit einem Prozess von erstaunlicher Willkür zu tun, in dem durch Ausgrenzen, Aussperren, Definieren und Verteidigen des Definierten auf Kosten der Vielfalt des Lebens und der Zwiespältigkeit der Phänomene eine scheinbare Sicherheit der Erkenntnis geschaffen wird, die nach dem Motto *savoir pour prévoir* sich ihre praktisch-technische Entsprechung nach und nach erzeugt.

Das Interessante ist nun aber, dass Adorno und Horkheimer die Sicherheitsbesessenheit der modernen Wissenschaft historisch-soziologisch ausschließlich dem bürgerlichen Besitzindividualismus zuordnen. Adorno hat dies besonders an der Philosophie Edmund Husserls deutlich zu machen versucht: »Angst prägt das Ideal der Husserl'schen Philosophie als das der absoluten Sekurität nach dem Modell privaten Eigentums. Ihre Reduktionen sind solche auf das Sichere: auf

[5] In: Beck 1991, S. 266.

die Bewusstseinsimmanenz der Erlebnisse, deren Rechtstitel keine Macht dem philosophischen Selbstbewusstsein soll entreißen können, dem sie ›gehören‹; auf die Wesen, die frei von allem faktischen Dasein auch aller Anfechtung des faktischen Daseins Trotz bieten. (...) Sein Drang nach Sekurität ist so groß, dass er mit der verblendeten Naivität allen Besitzglaubens verkennt, wie zwangvoll das Ideal absoluter Sicherheit zu deren eigener Vernichtung treibt; wie die Reduktion der Wesen auf die Bewusstseinswelt sie von Faktischem, Vergänglichem abhängig macht; wie umgekehrt die Wesenhaftigkeit des Bewusstseins dieses allen besonderen Inhalts beraubt und alles, was gesichert werden sollte, dem Zufall preisgibt. Sicherheit bleibt als letzter und einsamer Fetisch zurück, gleich der Millionenzahl auf einer längst abgewerteten Banknote.«

Die von Adorno an dieser Stelle vorgenommene Zuordnung des hypertrophen Sicherheitsstrebens zur bürgerlichen Existenz- und Interessenlage erweist sich bei genauerer Prüfung freilich als nicht haltbar, es sei denn, man dehnte den Begriff ›bürgerlich‹ so weit, dass er alle spezifische soziologische Bedeutung verliert. Denn tatsächlich ist, wie jeder aus Erfahrung heute wissen kann, das Sicherheitsbedürfnis der ›Arbeiterklasse‹ (was immer man darunter heute noch verstehen mag) keineswegs geringer als das des Bürgertums, und die dogmatischen Ideologien, die nach dem Tod von Karl Marx in seinem und im Namen der Arbeiterklasse entwickelt wurden und sich im zwanzigsten Jahrhundert als praxisleitende Modelle über die Welt ausbreiteten, waren nicht minder geprägt von dem Unvermögen, Unsicherheit, Ambivalenzen und Widersprüche zu ertragen, litten nicht weniger unter Realitätsverlust, waren nicht weniger lebensfeindlich als ihre bürgerlichen Äquivalente. Und wenn wir noch weiter in die Geschichte zurückgehen, zur Hysterie bezüglich der fälschlich als *leprös* Bezeichneten, die seit dem 6. Jahrhundert immer wieder in Wellen auftritt, oder zur Panik, die durch die große Pestepidemie im 14. Jahrhundert ausgelöst wurde, dann erkennen wir, dass der Zusammenhang von Angst und endemisch anwachsenden Sicherheitsmaßnahmen, die bis zur Ausrottung der vermeintlich *Schuldigen* gehen können, viel älter ist als die bürgerliche Welt. Auch im Mittelalter und in der frühen Neuzeit kam es gelegentlich zu Angstepidemien, die einem übersteigerten Sicherheitsstreben mit allen destruktiven Folgen den Weg ebneten. Weder in der Theorie noch in der sozialen Wirklichkeit ist also die moderne Sicherheitshysterie ausschließlich als eine bürgerliche Erscheinung deutbar. Offenbar hat sie ihre Wurzeln nicht nur in der spezifisch *kapitalistischen* Produktions- und Lebensweise (obwohl ganz offensichtlich der Leistungsindividualismus der Konkurrenzgesellschaft seinen Anteil daran hat), sondern in darunter liegenden allgemeineren Strukturen und Entwicklungen, vor allem in Angsterfahrungen, die sich über Jahrhunderte hinweg in unserem Gedächtnis lebendig erhalten haben.

Die nach Adorno und Horkheimer von »mythischer Angst« getriebene rationale Weltbewältigung, die immer mehr in eine Überwältigung der Welt und des Menschen einmündet, ist als bürgerliche Ideologie im genauen Sinn nicht zu begreifen. Das erkennt man allein schon daran, dass die praktischen Auswirkungen und Anwendungen des am Ideal perfekter Sicherheit orientierten Denkens sich überall auf der Welt mit der modernen Lebensweise geltend machten. Sowohl die bürgerlich-kapitalistischen als auch die früheren (nach eigenem Verständnis) antibürgerlich-sozialistischen Gesellschaften sehen und sahen in theoretischer Gewissheit ein Mittel zur praktischen Unterwerfung der Welt. Die Natur, die Welt in allen ihren Erscheinungen, auch die Natur des Menschen verfügbar, kontrollierbar, beherrschbar zu machen, ist das Programm nicht nur der bürgerlichen Moderne. Horst Eberhard Richter spricht denn auch in seinem Buch *Der Gotteskomplex* von einer »neurotischen Flucht aus narzisstischer Ohnmacht in die Illusion narzisstischer Allmacht« und kommt zu dem Ergebnis: »Der psychische Hintergrund unserer so imposant scheinenden neueren Zivilisation ist nichts anderes als ein von tiefen unbewältigten Ängsten genährter infantiler Größenwahn.«[6]

Die Radikalisierung des wissenschaftlich-technischen Zugriffs macht von Anfang an auch vor dem Menschen nicht halt. Auch seine bedrohlich chaotische Natur gilt es zu zivilisieren, zu kontrollieren, zu disziplinieren, zu manipulieren. Von der pädagogischen Besessenheit älterer und neuerer Volksaufklärer über die modernen Erziehungsdiktatoren und Sozialhygieniker bis hin zu den fantastischen Möglichkeiten der genetischen Veränderung des Menschen führt eine Linie theoretischer und praktischer Befassung mit der menschlichen Natur, die Selbstgewissheit und Selbstsicherheit nur dadurch meint gewinnen zu können, dass sie das *dominium hominis* im technischen Sinn auch auf die Menschen, ihre Triebe, ihre Fantasien, ihre Erbanlagen ausdehnt.

Daniel Frei hat in einer Studie zum Thema *Sicherheit* schon vor Jahren fünf Gründe dafür angeführt, dass das Sicherheitsstreben in der modernen Industriegesellschaft ein solch inflationäres Ausmaß angenommen hat:

- wachsende Komplexität und Interdependenz bei hoher Arbeitsteilung;
- hohes Tempo des sozialen Wandels und Schwund des Vertrauten;
- wachsendes Risiko bei Entscheidungen, mögliche Fehlentscheidungen haben umfassendere negative Folgen;
- Normverlust und Legitimationskrise – da der Geltungsanspruch gemeinsamer Normen erodiert, werden die Handlungen der anderen unberechenbarer;

[6.] Richter 1979, S. 29.

- im Zeitalter der Atombombe – wir könnten hinzufügen: im Zeitalter des Terrorismus – kann kein Staat mehr seinen eigenen Bürgern Sicherheit garantieren.[7]

Wenn Frei recht hat und wir vor der destruktiven Dynamik der modernen Lebensweise nicht kapitulieren wollen, dann müssen wir die Ursachen, die objektiven und die subjektiven, unseres übermäßigen Sicherheitsbedürfnisses genauer ins Auge fassen. Vielleicht erkennen wir dann, dass wir, um relativ angstfrei leben zu können, die Struktur und Dynamik unserer Gesellschaft und die Form unseres Zusammenlebens tief greifend verändern müssen. Folgt man Freis Fingerzeig, so ergeben sich praktische Aufgaben, die in ähnlicher Weise in der Notwendigkeit konvergieren, die industrialistische Produktions- und Lebensweise zu verändern, wie sie vor allem die ökologische Debatte seit den siebziger Jahren zunehmend deutlich gemacht hat: die Reduktion von kritischer Komplexität, organisatorische Dezentralisierung und Verminderung der Abhängigkeit von Fremdleistungen durch Stärkung der Selbsthilfekompetenz, die Herausbildung eines neuen Techniktyps gemäß sozialen und ökologischen Parametern, die bewusste Begrenzung des wissenschaftlich-technischen Zugriffs auf die außermenschliche und die menschliche Natur und Rückbesinnung auf die soziale Produktivität kleinerer Einheiten in einem Raum der Öffentlichkeit, der die Spannung des Andersseins aushält. Womöglich sind dies weit wirksamere Wege zur Bewältigung unseres Sicherheitsproblems als die immer weiter getriebene technische Perfektionierung am alten Modell.

Die Schwierigkeit besteht allerdings darin, dass die lebensfeindlichen, Angst erzeugenden und Freiheit knebelnden industrialistischen Strukturen, die uns zu immer aufwendigeren

[7.] Frei 1977, passim.

Sicherheitsvorkehrungen nötigen, selbst schon eine Antwort auf Angst und Unsicherheit sind. Es handelt sich hier ganz offensichtlich um einen jener sich selbst verstärkenden Prozesse, bei denen die Lösung des Problems zugleich die Wiederkehr des Problems in radikalisierter Form darstellt. Aus einem solchen Teufelskreis kommt man nur heraus, wenn es gelingt, die Bedingungen, unter denen er abläuft, zu verändern.

Damit sind wir wieder bei der Frage nach der eigentlichen Triebkraft der Entwicklung. Angst ist, wie Heidegger in *Sein und Zeit* sich ausdrückt, ein »Existential«, eine Grundbefindlichkeit menschlichen Lebens. Freud und die an ihn anschließende Psychologie sieht die Quelle aller Ängste im Geburtstrauma. Sie gilt ihm als die Urangst, auf die alle anderen Ängste aufruhen. Gleichzeitig kann durch die Zuwendung der Mutter zum Säugling offenbar eine Art *Urvertrauen* entstehen, das im späteren Leben hilft, Gefahren und Gefährdungen auszuhalten und zu bestehen. Völlig angstfrei zu leben, ist uns nicht möglich. Wir können uns allenfalls fragen, wie wir sinnvoll und produktiv mit der Angst umgehen können. Entängstigung als Programm ist in dieser Beschränkung möglich und sinnvoll.

Wie können wir lernen, mit der existenziellen Angst, mit der Tatsache, dass wir sterben müssen, mit der »mythischen Angst« umzugehen, die Adorno und Horkheimer zufolge als Triebkraft der modernen wissenschaftlich-technischen Zivilisation wirkt? Wie überwinden wir die Angst vor dem Unbegriffenen und Unbegreiflichen, die »fast pathologische Angst vor allem, das nicht direkt untersucht und unter Kontrolle gebracht werden kann«, eine Angst, von der Lewis Mumford sagt, dass sie »das wissenschaftliche Äquivalent eines viel älteren Atavismus, der Angst vor der Dunkelheit« sei? Oder mit Ludwig Marcuse gefragt: Wie lernen wir »die Angst vor der nächsten Sekunde« zu ertragen, ohne ins Reich des vorgeblich Absoluten, Ewigen, Unveränderlichen zu flüchten, »jener philosophischen Erfindung ›Sein‹ – von der Nietzsche sagte, dass es ›die Erdichtung des am Werden Leidenden‹ ist«?

Wir könnten auch fragen: Wie lernen wir leben, leben im Bewusstsein unserer Endlichkeit, in Gemeinschaft mit anderen und unter dem Schutz von Institutionen, im Vertrauen auf unsere Selbsthilfekompetenz, aber ohne uns gegen jene fundamentale existenzielle Ungewissheit aufzulehnen, die unaufhebbar zur condition humaine gehört und nichts anderes als der Spielraum der Freiheit ist?

# Teil I

# Eine Gesellschaft in Angst

# 1. Die prekäre Existenz des Menschen

Im Leben jedes Menschen, zuweilen auch ganzer Gesellschaften, gibt es Phasen des euphorischen Aufbruchs, in denen es für einen Augenblick so aussieht, als sei alles möglich, das Gelingen garantiert. Solche Aufbruchseuphorie kann gewaltige Kräfte freisetzen, zu Taten anspornen, die zuvor gänzlich außerhalb unserer Reichweite zu liegen schienen. Aber in der Regel lässt die Ernüchterung nicht lange auf sich warten. Wenn wir an die Grenzen unserer Gestaltungsmacht geraten, stellen wir erschrocken fest, was wir eigentlich schon immer wussten: dass wir nicht allmächtig sind, dass die Welt uns nicht zu Gebote steht und wir keineswegs alles können, was wir nur fest genug wollen.

Die moderne Heldengestalt des stolzen, wirkmächtigen und autonomen Individuums gibt es bei genauerem Hinsehen gar nicht. Wir werden als hilfsbedürftige Kreaturen geboren, bleiben unser Leben lang tausend Gefährdungen ausgesetzt und von anderen Menschen, ihren Leistungen und ihrer Zuwendung abhängig. Der Selfmademan, der angeblich alles, was er hat und was er ist, sich selbst verdankt, erst recht der von keinem selbstkritischen Gedanken angekränkelte, von Sieg zu Sieg eilende Erfolgsmensch ist eine selbstgefällige Fiktion, die sich bei der ersten ernsteren Krankheit, beim ersten Schicksalsschlag, spätestens aber in der Todesstunde in nichts auflöst.

Andererseits wissen wir, dass uns niemand die Verantwortung für unser Leben abnehmen kann. Wir allein müssen als freie Menschen entscheiden, wie wir uns in dieser oder jener Lebenssituation verhalten, welchen Weg wir einschlagen, was wir uns zumuten können und was nicht. Letztlich müssen wir selbst für unsere Taten und ihre Folgen einstehen, auch wenn wir den Eindruck haben, eher Opfer als Täter zu sein. Und wenn wir uns vor lauter Verzagtheit gar nicht zum Handeln aufraffen können, liefern wir uns erst recht dem Schicksal aus. Vielleicht werden wir geltend machen können, dass der eigene Anteil an unserem Versagen eher gering ist, dass wir nicht absehen konnten, wozu das, was wir taten, führen musste; vielleicht wird man uns mildernde Umstände einräumen. Dennoch müssen wir für unser Handeln und Nichthandeln, für unsere Fehler und Irrtümer geradestehen, die eigenen Unzulänglichkeiten ertragen, uns mit unserem Scheitern abfinden lernen. Und wenn wir Schuld auf uns geladen haben, müssen wir mit den Vorwürfen der anderen und den eigenen Gewissensbissen fertig werden.

Das Bewusstsein der eigenen Sterblichkeit und der mit der Freiheit unauflöslich verbundenen Verantwortung für sich selbst und andere macht das Leben der Menschen zu einem jederzeit vom Absturz bedrohten Drahtseilakt. Kein Wunder, dass sie von Ängsten heimgesucht werden, dass sie vorsorgend sich gegen alle möglichen Gefahren zu wappnen suchen, sich mit anderen zusammentun, um die vielfältigen Risiken, denen sie ausgesetzt sind, zu minimieren. Der Mensch hat von Natur aus keinen schützenden Panzer, kein wärmendes Fell, kein furchterregendes Gebiss oder krallenbewehrte Tatzen, mit denen er seine Feinde in die Flucht schlagen kann, und seine Schnelligkeit und Ausdauer reichen im Ernstfall nicht aus, sich den Nachstellungen von Raubtieren zu entziehen. Anders als dem Tier fehlt dem Menschen auch die zuverlässige Anleitung durch Instinkte. Der Mensch ist in vieler Hinsicht ein *Mängelwesen,* und er ist sich seines Ausgeliefertseins aufgrund seiner mangelhaften natürlichen Ausstattung schmerzhaft bewusst.

Sobald im Menschen das Selbstbewusstsein erwacht, ist es normalerweise um seine Sicherheit, auch um seine Selbstsicherheit geschehen. Kaum dass er sich an eine Unternehmung wagt, malt ihm seine Fantasie tausend mögliche Gefahren, tausend Möglichkeiten des Scheiterns aus. Ihn befallen Zweifel, ob der Weg, den er beschreitet, der richtige ist, ob die Wahl der Mittel, die er getroffen hat, ihm zum Vorteil gerät. Er erwägt alternative Möglichkeiten des Handelns und kann sich lange nicht für eine von ihnen entscheiden. Und wenn er sich entschieden hat, befallen ihn Zweifel an der Richtigkeit der getroffenen Entscheidung. Auf sich allein gestellt, ist er allzu oft ratlos. Darum hält er sich an andere, tut, was die anderen in vergleichbaren Situationen tun, bespricht sich mit ihnen, holt sich Rat bei einem Weisen, einem Orakel, einem guten Freund, einer Autorität, einem Fachmann, verlässt sich darauf, dass das, was sich in der Vergangenheit bei anderen als richtig erwiesen hat, auch für ihn in der gegebenen Situation das Richtige ist, wählt das Bewährte. Aber auch das weiß er längst: Das Bewährte kann das Falsche sein, wenn die Bedingungen sich geändert haben. Ganz lassen sich die Zweifel niemals ausräumen.

Gerade weil der Mensch seine eigene Existenz von Anfang an als prekär erlebt, ist er seit jeher bemüht, seine eklatanten Mängel erfindungsreich auszugleichen, das, was die Natur ihm verwehrt hat, die gedankenlose Instinktsicherheit des Tiers, durch Fantasie, durch Technik und Organisation wettzumachen. In dem Maße, in dem ihm das gelingt – und die Erfolge auf diesem Weg sind in der Tat erstaunlich –, neigt er allerdings dazu zu vergessen, dass sich an seiner existenziellen Grundkonstellation trotz aller Anstrengungen zur Kontrolle des Schicksals, trotz des Schutzgürtels der Institutionen, mit dem er sich im Laufe der Geschichte umgeben hat, nichts verändert hat. Wir können uns über die condition humaine nicht erheben, unsere Stellung in der Welt bleibt prekär, wir sind zur Freiheit verdammt und zum Irrtum, wir sind sterblich und träumen dennoch immer wieder ausschweifend über unsere Verhältnisse, als wären wir es nicht.

Der antike Prometheus-Mythos deutet den Zwiespalt in der condition humaine als Konflikt zwischen den Menschen und den Göttern. Prometheus, der das Feuer vom Himmel holt und es zu den Menschen bringt, der Mensch, der sein Los in die eigenen Hände nimmt und mit Hilfe seines Verstandes sich die Kräfte der Natur zu unterwerfen trachtet, um so seine Lebensbedingungen zu verbessern, macht sich der Hybris, der Anmaßung und des Ungehorsams gegenüber den Göttern schuldig und wird schrecklich bestraft. Im Volksmärchen vom Butt lebt diese Vorstellung fort: Ilsebill, die sein will wie Gott, verliert alles bereits Gewonnene und landet wieder im Pisspott. Das Christentum ist in dieser Frage ambivalent. Einerseits gibt es den biblischen Auftrag an die ersten Menschen, sich die Erde untertan zu machen, andererseits wird eine allzu frohgemute Selbstermächtigung als Auflehnung gegen die göttliche Ordnung verdammt, provoziert den Zorn Gottes oder – in säkularisierter Fassung – einen Rattenschwanz unbeabsichtigter und unvorhergesehener negativer Folgen, die *poena naturalis.*

Das Leben, so stellt es sich den meisten Menschen dar, ist ein ständiger Balanceakt zwischen Selbstbescheidung und Selbstermächtigung, zwischen vorsichtiger Bewahrung des Erreichten und Gegebenen und kühner Nutzung sich bietender Erweiterungs- und Steigerungschancen, zwischen *Demut* und sträflichem *Übermut*. Wann ist es genug, wann schon zu viel? Was *müssen* wir tun, um uns vor dem Verderben zu schützen, was *dürfen* wir gefahrlos tun, um unser Los zu verbessern, was *sollten* wir unterlassen, um Folgewirkungen unseres Tuns zu vermeiden, die sich zu einer Katastrophe akkumulieren könnten? *Rauchen kann tödlich sein.* Das schreiben wir zur Warnung auf Zigarettenpackungen. Ein modernes *Memento mori* vergleichbar mit dem Brauch im antiken Rom, dem im Triumphzug heimkehrenden Konsul einen Sklaven beizugeben, der dem Triumphator ins Ohr flüsterte: *Bedenke, dass du sterblich bist.* Aber soll man, nur weil Rauchen tödlich sein kann, gleich ganz mit dem Rauchen aufhören? Wie wahrscheinlich ist es, dass man an Lungenkrebs erkrankt, wenn man dann und wann oder regelmäßig oder gar übermäßig raucht? Und gibt es nicht auch Menschen, die an Lungenkrebs erkranken, obwohl sie ihr Leben lang nie eine einzige Zigarette geraucht haben?

Wir sprechen von Schicksalsschlägen, wenn einem von uns passiert, was mit einer gewissen Wahrscheinlichkeit uns allen passieren könnte. Man kann wenig oder gar nicht rauchen und doch Lungenkrebs bekommen; man kann so vorsichtig wie möglich fahren und doch auf der Autobahn ohne eigenes Verschulden in einen Unfall verwickelt werden und für den Rest des Lebens behindert sein. Um das Verhängnis anzulocken, genügt es, zur falschen Zeit am falschen Ort zu sein. Das Risiko lässt sich berechnen, aber wen es aus der großen Zahl der statistisch in Frage Kommenden trifft, können wir nicht vorhersagen. Gegen Schicksalsschläge gibt es keinen Schutz. Wie können wir uns überhaupt wirksam schützen, wenn das statistisch erfasste und berechnete Unheil jederzeit, an jedem Ort über uns hereinbrechen kann? Die Frage ist für uns Heutige besonders schwer zu beantworten, da sich in der Moderne die uns umgebende Welt zu einem kaum noch überschaubaren Gewirr von Wechselbeziehungen entwickelt hat. Da die Komplexität der Welt, in der wir agieren, uns überfordert und wir (zum Glück, werden wir bei einigem Nachdenken einräumen) noch immer nicht gelernt haben, unser zukünftiges Schicksal vorherzusehen, leben wir in beständiger Unsicherheit.

Dass wir unter solchen Bedingungen überhaupt leben können, über weite Strecken sogar recht unbeschwert und heiter, zeigt in welch erstaunlichem Maß es den Menschen gelungen ist und immer wieder gelingt, sich mit ihrer prekären Lage zu arrangieren. Abgesehen davon, dass wir die Gabe haben, gelegentlich unsere Besorgnisse zu verdrängen oder einfach zu vergessen, was uns so alles zustoßen kann, sind es im Wesentlichen zwei Strategien, mit denen wir die uns bedrohenden Gefahren zu bannen versuchen: durch das Errichten von Barrieren und die Ausgrenzung von Gefahrenpotenzialen einerseits und durch die Verwandlung von Gefahren in Risiken und ihre Kollektivierung im System der Versicherung andererseits.

Im Mittelalter schützten sich die Stadtbürger durch eine Stadtmauer mit Türmen und bewaffneten Wächtern. Die Gefahr, die von feindlichen Heeren, marodierenden Soldaten und Räubern drohte, wurde auf diese Weise mehr oder weniger effektiv ausgegrenzt. Dasselbe sollten im großen Maßstab die Chinesische Mauer oder später Festungsgürtel wie die Maginot-Linie leisten. Heute träumen manche von einem befestigten Europa, in das kein Islamist, kein Afrikaner, kein russischer Mafioso eindringen kann. In den USA, wo sich seit den achtziger Jahren immer mehr Wohlhabende in sogenannten *gated communities* einmauern, sollen exorbitante Rüstungsanstrengungen, präventive Kriege und die unter George W. Bush ins Leben gerufene Heimatschutzbehörde Ähnliches für die ganze Nation leisten. Und wo selbst die eigenen Landsleute und Mitbürger zu Feinden werden können, gilt immer noch die eigene Wohnung als letzte Bastion gegen die feindliche Außenwelt: *My home is my castle.* Die wehrhafte Demokratie wird selbst in Deutschland immer häufiger durch eine wehrhafte Privatsphäre mit Alarmanlage und gut sortiertem Waffenschrank ergänzt.

Aber nur ein kleiner Teil der uns bedrohenden Gefahren geht von feindlichen Mächten aus, die sich identifizieren und ins Außen verbannen lassen. Die meisten Gefahren lassen sich heute keinem *Feind* zuordnen, sondern sind mit unserem

Tun, mit unserer Lebensweise, mit der komplizierten und anfälligen technischen Ausstattung unserer Lebenswelt verbunden. Typisch für die neuzeitliche Sicherheitskultur ist die Umwandlung dieser Gefahren in Risiken und die technischorganisatorische Minimierung des Risikos durch Sicherheitstechnik. Die Umwandlung von Gefahren in Risiken ist eine Methode der Zähmung der Gefahr, die erst in der Neuzeit ihre klassische Form annimmt: Man teilt sie in handhabbare Einzelgefahren, macht sie berechenbar und verteilt die Verantwortung für Prävention und Kompensation auf viele Schultern. »Risiko ist die durch Portionierung berechenbar gemachte Gefahr, und die Kultur des Risikos gründet sich auf die Überzeugung, dass Berechenbarkeit eine zureichende Form der Beherrschbarkeit darstellt.«[8]

Beherrschbar wird die zum berechenbaren Risiko gewandelte Gefahr vor allem durch das Versicherungswesen. In der Moderne ist es durch die nahezu flächendeckende Anwendung des Versicherungsprinzips in der Tat gelungen, ein hohes Maß an Risikotoleranz zu erzeugen. »Das Versicherungsprinzip«, schreibt Thomas Blanke, »vergesellschaftet die Gefahren zu Risiken und emanzipiert die Gesellschaft zu einer ungeahnten Risikoakzeptanz.«[9] Vermutlich ist dies einer der Faktoren, die wesentlich zur Dynamisierung der modernen Gesellschaft beigetragen haben, seit die ersten *merchant adventurers* auf die Idee kamen, ihre von Schiffbruch, Piraterie und Meuterei bedrohten Frachten bei Lloyds versichern zu lassen. In den meisten Fällen gehen wir Risiken ganz bewusst ein, um einen Nutzen zu erzielen. Es ist ein klares Kalkül: Ich nehme das Risiko eines Unfalls in Kauf, um bei Glatteis mit dem Auto zu meinem Arbeitsplatz zu gelangen, an dem ich das Geld für meinen Lebensunterhalt verdiene. Ich besuche

[8.] Münkler 2010, S. 27.
[9.] Blanke, S. 281.

36

ein Konzert meiner Lieblingsband, wohl wissend, dass ich dort Gefahr laufe, mir den Grippevirus einzufangen, von dem gerade jetzt in allen Medien die Rede ist. Allerdings: Die ganz großen Risiken, das hat die jüngste Finanzkrise wieder einmal bewiesen, gehen die angeblich so mutigen Freibeuter der Weltmärkte nur dann ein, wenn sie sicher sein können, die Folgen auf Unbeteiligte abwälzen zu können.

Das Problem für uns Heutige ist, dass das doppelte Sicherheitskonzept der Ausgrenzung von Gefahren und der Bearbeitung von Risiken ganz offensichtlich an seine Grenzen kommt: die Externalisierung von Gefahren, die von *feindlichen Kräften* ausgehen, aber auch die übersichtliche Bilanzierung von Risiko und Nutzen meiner eigenen Handlungen und der der vielen anderen funktioniert in einer eng verflochtenen globalisierten Welt zunehmend weniger. Gleichzeitig versagt in der von Ulrich Beck sogenannten *Risikogesellschaft* das Versicherungsprinzip, wo immer wir es wie bei der Kernkraft, der Genmanipulation oder dem Klimawandel, bei Tankerhavarien oder einer leckgeschlagenen Tiefseebohrung mit nicht eingrenzbaren Risiken zu tun haben. Das Ergebnis ist, dass über der modernen Gesellschaft permanent eine latente Katastrophendrohung liegt, die sich in der diffusen Bereitschaft großer Teile der Bevölkerung niederschlägt, überall Gefahren zu wittern und darauf panikartig zu reagieren, besonders wenn diese durch die Medien hochgespielt werden.

Die Lage des Menschen bleibt, das erkennen wir heute, trotz der ins Maßlose gesteigerten Sicherheitsanstrengungen auch im 21. Jahrhundert prekär, ja, es scheint, dass sie in mancher Hinsicht prekärer wird, sodass Angst und Unsicherheit wachsen und damit auch die Gefahr hysterischer Reaktionen. Eine ganz normale Grippewelle wird in den Medien schnell zu einer drohenden Pandemie hochgeredet, und wenn nur scheinbar neutrale Experten der pharmazeutischen Industrie, die ein Jahrhundertgeschäft wittert, die düsteren Prognosen bestätigen, ist es auch für ausgeglichene Gemüter schwer, gelassen zu bleiben. Umso erstaunlicher, dass bisher die Menschen der westlichen Welt alles in allem zumeist immer noch relativ kontrolliert auf Bedrohungen reagieren. Das gilt selbst für die Gefahr terroristischer Anschläge. Ein Grund dafür ist sicher, dass der Glaube an die Möglichkeit, die sich weitenden Lücken im modernen Sicherheitsregime durch technisch-organisatorische Verbesserungen schließen zu können, immer noch verbreitet ist. Aber dieser Glaube steht auf einem bröckelnden Fundament. Es könnte durchaus sein, dass wir uns über kurz oder lang von ihm verabschieden müssen, wie wir uns schon von so vielen ehernen Glaubenssätzen des 19. und 20. Jahrhunderts verabschiedet haben. Bei der Atomenergie scheint es nun nach den Katastrophen von Windscale, Harrisburg, Tschernobyl und Fukushima – jedenfalls in Deutschland – so weit zu sein.

Womöglich ist es viel entscheidender für die Fähigkeit, mit Risiken halbwegs rational umzugehen, dass die Menschen in aller Regel immer noch nicht dem von den Neoliberalen propagierten Menschenbild entsprechen. Wäre der Mensch tatsächlich jenes radikal vereinzelte, allein seinen egoistischen Trieben und Interessen ausgelieferte Individuum, das Thomas Hobbes zur Grundlage seiner politischen Philosophie machte und zu dem uns die marktradikale Gesellschaft heute abrichten möchte, wäre ein panischer Kampf aller gegen alle, wären plötzlich aufwallende Angstepidemien, wären moderne Hexenjagden und Versuche verzweifelter Abkapselung in Kleinstgemeinschaften wohl längst an der Tagesordnung. Aber die psychische Grundausstattung des Mängelwesens Mensch ist nicht so einseitig, wie oft angenommen wird. Neuere psychologische und hirnphysiologische Untersuchungen belegen, was uns auch die eigene Lebenserfahrung lehrt und was eine lange Reihe von Philosophen von Shaftesbury und

Hume bis Carus und Buber vielen ihrer Zeitgenossen entgegenhielten: dass es im Menschen neben den unleugbaren egoistischen auch gesellige, empathische Anlagen gibt.

Der Mensch ist *im Naturzustand* keineswegs des Menschen Wolf, wie Thomas Hobbes unterstellte. Die meisten Menschen starten ins Leben mit der frühen beglückenden Erfahrung von Geborgenheit in der wärmenden Nähe der Mutter und bilden auf diese Weise eine Art Urvertrauen aus, das sich im späteren Leben im Regelfall bewährt. Sie machen die Erfahrung von Freundschaft und Liebe und begegnen Tausenden von Menschen, die in ihren Reaktionen berechenbar sind, die sich ihnen gegenüber freundlich, distanziert höflich oder zuvorkommend, jedenfalls nicht aggressiv verhalten. Hilfsbereitschaft und Anteilnahme am Schicksal anderer sind keineswegs so selten, wie oft behauptet wird. Der Psychologe Michael Tomasello, Direktor am Max-Planck-Institut für Evolutionäre Anthropologie in Leipzig, hält altruistische Motive beim Menschen für ein geradezu universell verbreitetes Ergebnis der Evolution: »Das Hilfsmotiv ist sehr früh im Leben da, und es ist, davon bin ich überzeugt, die Grundeinstellung.«[10] Wenn wir uns nicht durch aufgebauschte Berichte in den Medien verrückt machen lassen, können wir wissen, dass der Mensch eher selten dem Menschen ein Wolf ist. Dieses Wissen kann helfen, auch in unübersichtlichen und gefahrvollen Situationen *auf dem Teppich* zu bleiben und ein gewisses Maß an Selbstkontrolle zu behalten. Wirklich gefährlich wird die Lage erst, wenn in einer Gesellschaft die Erfahrungsräume zerstört werden, in denen diese Lebenszuversicht wachsen kann und immer wieder bestätigt wird. Unter diesem Aspekt ist die statistisch belegte Zunahme von Single-Existenzen besonders problematisch.

[10] Interview in der Süddeutschen Zeitung vom 2. Dezember 2011.

Eines der größten Probleme heute ist, dass in der Ökonomie und damit in einem der wichtigsten Teilbereiche gesellschaftlicher Tätigkeit ein Menschenbild und eine Handlungstheorie vorherrschen, die die komplexe Realität menschlicher Praxis verzerrt wiedergeben und die Werte- bzw. Tugendbasis gelingender Kommunikation und Interaktion nahezu vollständig ausblenden. Auf die Probleme, die sich daraus ergeben, hat der Philosoph Julian Nida-Rümelin in seinem Buch *Die Optimierungsfalle* hingewiesen: »Eine Rationalitätstheorie, die zum alleinigen Kriterium die auf den eigenen Vorteil gerichtete Folgenoptimierung des jeweiligen Handelns hat, ist in doppeltem Sinne unverantwortlich: Zum einen darf sich eine wissenschaftliche Theorie nicht derart weit von den empirischen Realitäten entfernen, um als seriös gelten zu können. Zum anderen aber wirkt diese Theorie, zumal wenn sie in einer so mächtigen Disziplin wie der ökonomischen vertreten wird, auf die Praxis zurück und verändert diese.«[11] Nida-Rümelin zeigt überzeugend, was die Folge sein könnte: Je mehr Menschen in immer mehr Praxisfeldern einer Handlungstheorie folgen, die keine anderen Handlungsgründe als die Optimierung des Eigeninteresses gelten lässt, desto schneller erodiert die Vertrauensbasis der Gesellschaft und damit auch der gesellschaftliche Zusammenhalt. Was dies in der Praxis bedeutet, erleben wir heute angesichts der von marktradikalen Politikern betriebenen hemmungslosen Ökonomisierung des Gesundheitswesens. Wenn aber Ärzte durch gesetzliche Vorgaben de facto angehalten werden, den ökonomischen Erfolg über das Patientenwohl zu stellen, wird auf Dauer das unerlässliche Vertrauensverhältnis zwischen Arzt und Patient irreparablen Schaden erleiden.

Unser Glück ist es, dass es immer noch viele Menschen gibt, die die Vernunft der vorherrschenden ökonomischen Ra-

---

[11.] Nida-Rümelin, S. 236 f.

tionalität bezweifeln, ja, dass sogar viele von denen, die der heute dominierenden ökonomischen Rationalitätstheorie anhängen, in ihrer alltäglichen Praxis außerhalb der wirtschaftlichen Handlungszusammenhänge – teilweise sogar innerhalb derselben – sich stillschweigend und zumeist unbewusst gänzlich anders verhalten, als es ihre Lieblingstheorie ihnen nahelegt. Allerdings gibt es keine Garantie dafür, dass dies auf Dauer so bleibt. Wenn die Menschen sich tatsächlich mehrheitlich ausschließlich von eigennützigen Motiven leiten ließen, wären Kommunikation und Kooperation und damit ein zivilisiertes Zusammenleben der Menschen ebenso wenig möglich wie ein produktives Wirtschaften. Eine Gesellschaft, die so verfasst wäre, wie es die vorherrschende ökonomische Handlungstheorie und das dominierende Menschenbild des Homo oeconomicus nahelegen, wäre die Hölle auf Erden.

Jeremy Rifkin hat in seinem Buch *Die empathische Zivilisation: Wege zu einem globalen Bewusstsein* in beeindruckender Weise dargelegt, dass die Fähigkeit und die Neigung zur Empathie zu den natürlichen Anlagen des Menschen gehören. Was Shaftesbury, Hume, Rousseau, Adam Smith, Schopenhauer, Carl Gustav Carus, Martin Buber und viele andere der alltäglichen Erfahrung entnahmen und zur Grundlage ihres Denkens machten, die Tatsache nämlich, dass es im Menschen eine natürliche Anlage zur Mitmenschlichkeit gibt, wird heute durch die experimentelle Psychologie und durch die moderne Biowissenschaft bestätigt. Ob wir das in uns vorhandene empathische Potenzial nutzen, um mit den wachsenden Sicherheitsproblemen der modernen Gesellschaft vernünftig umzugehen, ob es uns gelingt, aufbauend auf der anderen, der gesellig-empathischen Seite der menschlichen Natur unser Zusammenleben auf dem Planeten Erde so zu reorganisieren, dass katastrophische Zuspitzungen vermieden werden können, kann niemand vorhersehen. Die Möglichkeit dazu haben wir. Allerdings nicht, wenn wir uns von Theorien verrückt machen lassen, die meilenweit von der Realität menschlicher Praxis entfernt sind. Es bedarf dazu jedenfalls keines *neuen Menschen*, keiner jahrzehntelangen Umerziehung unter der strengen Anleitung angeblich weiser Führer, keiner religiösen Erweckung oder genetischen Umprogrammierung. Der *alte Adam*, d. h. die uns von der Evolution mitgegebene Grundausstattung, reicht dazu aus – und weil sie dazu ausreicht, liegt auch in dieser Hinsicht die Verantwortung für die Zukunft des Menschen und seiner Gesellschaft bei uns selbst.

# 2. Die Angst nimmt zu

Wer Abend für Abend die Fernsehnachrichten verfolgt, kann leicht den Eindruck gewinnen, dass die Welt kurz vor dem Untergang steht. Terroranschläge, bürgerkriegsähnliche Auseinandersetzungen, Atomwaffen in den Händen unberechenbarer Regime, Klimawandel und andere Naturkatastrophen, Krankheiten wie AIDS, SARS, Vogel- und Schweinegrippe, das unvermutete Auftreten eines geheimnisvollen neuen EHEC-Erregers, Flugzeugabstürze, Kriminalität, Terror, Flüchtlingsströme, Hunger und Elend – in den Medien sind die apokalyptischen Reiter ständig unterwegs. Dazu kommen die diffusen Abstiegsängste wachsender Teile der sogenannten Mittelschicht, die in jedem Grummeln auf den Märkten, erst recht in der Finanzkrise und der gigantischen Staatsverschuldung Vorboten eines baldigen Zusammenbruchs sehen. Ist der Euro in Gefahr? Bricht Europa auseinander? Reißt die Schuldenkrise in den USA die Weltwirtschaft in den Abgrund oder umgekehrt die in Europa die USA und damit auch den Rest der westlichen Welt? Werden wir bald alle zu Vasallen der neuen Wirtschaftsgroßmächte China und Indien? Sind die fetten Jahre endgültig vorbei? Und was kommt dann?

Das typisch bundesrepublikanische Prinzip Hoffnung *Mir und erst recht meinen Kindern wird es in Zukunft besser gehen*, das die Deutschen in den ersten Jahrzehnten nach dem Krieg verbissen und leistungsstolz an ihrem *Wirtschaftswunder* werkeln ließ, ist längst einer verbreiteten Zukunftsangst gewichen. Die große Mehrheit ist heute einigermaßen verlässlichen Umfragen zufolge der Meinung, dass es ihnen in Zukunft, besonders aber ihren Kindern und Enkeln, weniger gut gehen wird. Die Entwicklung der letzten zwanzig, dreißig Jahre scheint ihren Pessimismus zu bestätigen. Zwar glauben sie nach wie vor an so etwas wie Fortschritt, aber Fortschritt ist in ihren Augen ein wertmäßig neutraler, *autopoietischer* Prozess wissenschaftlich-technisch-ökonomischer Entwicklung, der sie vor sich hertreibt und sie schließlich doch wie eine Lawine zu überrollen droht. Die meisten Menschen in Deutschland glauben nicht mehr daran, dass sie selbst oder die Politiker oder überirdische Mächte dem Fortschritt eine andere, segensreichere Richtung geben könnten. Vorherrschend ist heute ein merkwürdiger Fortschritts*fatalismus*, der sich auf die paradoxe Formel bringen ließe: Der Fortschritt geht weiter, da kann man nichts machen, ob er aber wirklich fortschrittlich ist, ist höchst fraglich.

*Wir blicken in die Zukunft wie in eine Geschützmündung.* Das Rühmkorf-Zitat ist auf uns gemünzt. Zwar wissen wir nicht, ob das Geschütz überhaupt geladen ist und wann und von wem das Kommando *Feuer!* gegeben wird. Aber wir sind uns zumeist ziemlich sicher, dass aus der Richtung, in die wir blicken, nicht viel Gutes kommen kann. Wir trainieren *positives Denken*, machen jeden Morgen Lachübungen vor dem Spiegel, um uns in eine optimistische Grundstimmung zu bringen. Wenn man uns nach unserem Befinden fragt, beteuern wir trotzig, dass es uns gut geht. Wir renommieren mit Erfolgen, von denen wir wissen, dass sie, wenn es darauf ankommt, nicht wirklich zählen. Wir geben uns cool und signalisieren unserer Umwelt, dass uns so leicht nichts aus der Fassung bringt. Und dennoch tickt in uns die Angst wie eine Zeitbombe. Nachts lässt sie uns nicht schlafen, sie legt sich wie Mehltau über unsere flotten Sprüche; wenn wir unbeobachtet sind, spiegelt sie sich in unseren Augen.

*Angst*, sagt ein Sprichwort, *ist ein schlechter Ratgeber.* Und in der Tat ist die Geschichte voller Beispiele dafür, dass in Zeiten grassierender Angst die Menschen oft in einen gefährlichen Zustand der Lähmung verfallen oder eruptiv und panikartig reagieren, nicht selten mit irrationalem und gewaltsamem

Fehlverhalten. Jean Delumeau hat in seiner umfassenden Studie *Angst im Abendland. Die Geschichte kollektiver Ängste im Europa des 14. bis 18. Jahrhunderts* diesen Zusammenhang für die europäische Umbruchzeit von der Renaissance bis zur Französischen Revolution belegt. Ist es also ratsam, Augen und Ohren vor den auf uns einprasselnden negativen Botschaften und düsteren Warnungen zu verschließen und einfach drauflos zu leben? Wohl kaum. Denn wir wissen aus Erfahrung auch, dass blindes Vertrauen und leichtfertiges Missachten aller Warnungen nicht selten der direkte Weg ins Verderben ist. Die Katastrophen von Tschernobyl und Fukushima sind Belege dafür. Der sorgenvolle Blick in die Zukunft kann unsere Wahrnehmung schärfen, sodass wir Wege aus der Gefahr entdecken, die dem Sorglosen verborgen bleiben. *Hans-guck-in-die-Luft* ist ebenso wenig ein empfehlenswertes Erfolgsmodell wie die *Kassandra*.

Wenn Kierkegaard, Freud und Heidegger zwischen *Angst* und *Furcht* unterscheiden, haben sie – bei allen auch sie unterscheidenden Voraussetzungen und weitergehenden Implikationen – eine wichtige Differenz im Blick: *Angst* als das ungerichtete, d. h. nicht von einer konkreten Bedrohung ausgelöste Gefühl – bei Kierkegaard »ein Urphänomen«, bei Heidegger eine »Grundbefindlichkeit« des Daseins, bei Freud Folge des »Geburtstraumas« – und *Furcht* als gerichtetes, sich auf eine konkrete Gefahr beziehendes Gefühl des Bedrohtseins. Furcht ist *akzidentiell*, aktiviert die Intelligenz, indem sie die Suche nach Auswegen aus der bedrohlichen Situation nahelegt. Angst ist *existenziell*. Dem Philosophen mag sie Einblick in das Wesen des Menschen und in die Grundbedingungen der Existenz eröffnen, bei Kierkegaard ist sie sogar die Grundbedingung für den erlösenden »Sprung in den Glauben«, bei den meisten Menschen aber paralysiert sie eher den Verstand und macht sie anfällig für irrationale, auch selbstdestruktive Reaktionen. *Ich befürchte etwas,* aber: *ich ängstige mich.*

Wir leben heute in einer Epoche, in der für immer mehr Menschen sich die vielen konkreten Anlässe zur Furcht zu einer diffusen Angst verdichten und die unterschwellige Bereitschaft, sich zu ängstigen, überall Gefahren und feindliche Mächte entdeckt. Für Deutschland ist die Zunahme der Angst an dem seit 1991 jährlich von der Versicherungsgruppe R+V veröffentlichten *Angstindex* abzulesen, und wir haben allen Grund anzunehmen, dass die Situation in den meisten westlichen Gesellschaften ähnlich ist. Angstwellen gab es auch früher schon. So etwa gegen Ende des »langen« 19. Jahrhunderts, in den Pestzeiten des 6. und des 15. Jahrhunderts und vor der ersten nachchristlichen Jahrtausendwende, auch wenn die auslösenden Ursachen heute sicher andere sind als damals. Aus der berechtigten Furcht, die eigenen Kinder könnten nicht die für ihr weiteres Leben benötigten Bildungsvoraussetzungen erwerben, wenn sie eine Schule besuchen, in der viele Kinder mit dem berühmt-berüchtigten *Migrationshintergrund* erst einmal mühsam Deutsch lernen müssen, entwickelt sich heute bei vielen eine allgemeine diffuse Angst vor Überfremdung, die jederzeit in Hass und Gewalt umschlagen kann. Der Islam bläht sich in den Köpfen vieler Menschen zu einer ebenso unheimlichen wie allgegenwärtigen Bedrohung auf. Die durchaus berechtigte Furcht vor der unkontrollierten Macht der global operierenden Finanzwirtschaft führt bei vielen Menschen zu Verschwörungsfantasien, die in jedem Politiker, die im Staat, in den europäischen Institutionen, dem Weltwährungsfonds, der Weltbank und der WTO nur noch Agenten eines einzigen Verderben bringenden Molochs zu erkennen vermögen. Die zahlreichen nicht zu leugnenden Vorboten einer irreversiblen Zerstörung der Biosphäre nähren bei nicht wenigen eine tief sitzende Angst vor dem großen endzeitlichen Strafgericht, das wir mit unserer Hybris, mit unserer Gier und unserem Allmachtswahn heraufbeschworen haben.

Wo eine solche diffuse Angst sich wie eine Dunstglocke über die Gesellschaft legt, tendieren viele Menschen dazu, alle konkreten Gefährdungen in ein umfassendes Bedrohungspanorama einzuordnen und ihnen damit eine alle menschlichen Eingriffsmöglichkeiten übersteigende geradezu dämonische Bedeutung anzuheften. Dass ein solches Verhalten den Blick für die eigenen Handlungsmöglichkeiten trübt und Abwehrkräfte lähmt und auf diese Weise reale Bedrohungen eher noch verstärkt, liegt auf der Hand. Am Ende kann dies dazu führen, dass man resigniert und tatenlos sich einem vermeintlich unabwendbaren Schicksal ergibt oder in einem letzten verzweifelten Akt des Widerstands dem erstbesten politischen Scharlatan folgt, der einen Königsweg aus aller Unsicherheit und Angst, aus aller Lethargie und allem Lebensüberdruss weist.

Es muss uns hellhörig machen, wenn seit Jahren immer wieder zu hören und zu lesen ist, dass überall in der westlichen Welt depressive Erkrankungen dramatisch zunehmen. In Deutschland sind nach neuesten Erhebungen bereits sechs Prozent der Bevölkerung im klinischen Sinne depressiv. Die Depression ist damit zu einer neuen Volkskrankheit geworden. Nun ist es sicher richtig, dass heute bei Patienten und Ärzten eine gewisse Neigung besteht, ganz normale Traurigkeit zur *Depression* zu erklären und damit zu pathologisieren, worauf vor allem Allan Horwitz und Jerome Wakefield in ihrem Buch *The Loss of Sadness* hingewiesen haben. Andererseits ist eine solche modische Empfänglichkeit für *Worst-Case-Szenarien*, die wir auch in anderen Zusammenhängen beobachten können, wohl selbst Ausdruck einer tieferen Verunsicherung unserer Gesellschaft, deren Ursachen es ebenso zu erforschen gälte wie die der ernst zu nehmenden depressiven Erkrankungen. In den meisten Fällen wird es jedenfalls wohl nicht damit getan sein, den Menschen zu sagen: Stellt euch nicht so an! Was ihr für eine Krankheit haltet, ist ganz normal.

Über die Ursachen depressiver Erkrankungen besteht unter den Fachleuten nach wie vor keine Einigkeit. Einige Wissenschaftler sind der Meinung, Depressionen seien generell oder mehrheitlich genetisch bedingt. Andere sehen in der Depression vor allem eine gestörte Balance chemischer Prozesse im Körper. Wenn sie recht haben, wenn es an den Genen liegt oder an nachlassender *synaptischer Plastizität* oder einem anderen Defekt im Gehirn, sind vielleicht Pillen und Pülverchen das richtige Mittel dagegen. Allerdings ist bisher nirgends bewiesen worden, dass die chemischen Veränderungen im Gehirn, die diese Wissenschaftler feststellen, die *Ursache* und nicht die *Folge* der depressiven Erkrankung sind. Außerdem bleibt die Frage, warum gerade heute diese Defekte vermehrt auftreten, aus dieser Perspektive unbeantwortet. Die Mehrheit der Mediziner ist denn auch der Meinung, dass soziale Faktoren wie Stress, Vereinsamung, mangelnde Anerkennung im Beruf und im Privatleben sowie Statusangst bei der Auslösung der Krankheit eine wichtige, wenn nicht die zentrale Rolle spielen. Wenn sie Recht haben, ist es mit Pillen und Pülverchen sicher nicht getan.

Der technokratische Glaube an die Machbarkeit des Glücks hat in den achtziger Jahren vor allem einige Pharmakologen zu euphorischen Prognosen veranlasst, was die Behandlung von depressiven Erkrankungen angeht. »Sie hätten sich keinen besseren Augenblick in der Geschichte der Menschheit aussuchen können, um sich unglücklich zu fühlen.« Mit diesem Satz eröffnet der Psychiater Mark Gold sein Buch *The Good News about Depression*[12] Die gute Nachricht, die ihn so euphorisch stimmte, waren die neuen Antidepressiva, die damals auf den Markt kamen. Aber inzwischen wissen wir, dass möglicherweise mit diesen Mitteln zwar eine Zeitlang die Symptome der Depression ausgeschaltet, nicht aber ihr tiefe-

[12.] zitiert nach Alain Ehrenberg, 2004, S. 207.

48

rer Grund behandelt wird. Seit einiger Zeit beobachten Ärzte und Psychologen sogar so etwas wie *resistente* Depressionen. Alain Ehrenberg kommt denn auch in seinem Buch zu einer Schlussfolgerung, die in eine ganz andere Richtung weist: »Im Zeitalter der unbegrenzten Möglichkeiten symbolisiert die Depression das Unbeherrschbare. Wir können unsere geistige und körperliche Natur manipulieren, wir können unsere Grenzen mit verschiedenen Mitteln zurückdrängen, aber diese Manipulation befreit uns von nichts.«[13]

Gerade das auch von Delumeau festgestellte periodische Auftreten von Angstwellen legt den Verdacht nahe, dass soziale und damit geschichtlich variable Faktoren für die Zunahme depressiver Erkrankungen zumindest mitverantwortlich sind. In diesem Zusammenhang ist eine auffällige historische Parallele vielleicht erhellend. Wie Barbara Ehrenreich in ihrem Buch *Dancing in the Streets – The History of Collective Joy* detailliert beschrieben hat, gab es im ausgehenden 16. und im 17. Jahrhundert eine, damals *Melancholie* genannte, Epidemie allgemeiner Lebensangst und Lebensunlust. Die Autorin sieht den Hauptgrund für die damalige Depressionswelle in der um diese Zeit schnell um sich greifenden kalvinistisch-puritanisch geprägten Lustfeindlichkeit, in der rigiden Einschränkung aller öffentlichen Feste und Lustbarkeiten und der damit einhergehenden Vereinzelung der Menschen. Vermutlich spielen in diesem Zusammenhang auch noch andere Besonderheiten der kalvinistisch-puritanischen Lehre und Glaubenspraxis eine Rolle: zum Beispiel, dass sich die Menschen, wenn sie der neuen Lehre folgten, einer prinzipiell unbeeinflussbaren göttlichen Instanz gegenübersahen, die nach unergründlichem Ratschluss Gnade gewährt oder Verdammnis verordnet. Möglich auch, dass die den gläubigen Puritanern abverlangte selbstquälerische Gewissenserfor-

[13.] Ebd., S. 277.

49

schung und Lebensbuchführung als ein besonderer Stressfaktor wirkte.

Es liegt nahe, bei der Suche nach den Gründen für die aktuelle Depressionswelle den Blick auf in ihren Wirkungen vergleichbare Entwicklungen in der modernen Gesellschaft zu lenken. Alain Ehrenberg hat in seiner Studie *Das erschöpfte Selbst – Depression und Gesellschaft in der Gegenwart* diesen Zusammenhang umfassend untersucht. So erscheint es einigermaßen plausibel, dass die mit der neoliberalen Revolution zusammenhängenden Veränderungen der Arbeits- und Lebenswelt hier eine zentrale Rolle spielen. Moderne Managementstrategien und moderne Formen der Arbeitsorganisation setzen fast immer auf die Internalisierung von Marktbeziehungen. So wie der gläubige Puritaner sich unmittelbar dem unbegreiflichen und unbeeinflussbaren Richtspruch seines Gottes ausgesetzt sah, so sieht sich der arbeitende Mensch heute zumeist der schicksalhaften Gewalt des Marktgeschehens und dem irrationalen Geschehen an der Börse ausgeliefert. Der Unterschied ist freilich, dass in unserer Gesellschaft die Vorstellung vorherrscht, dass jeder der souveräne Gestalter seines Ichs und seines Lebens ist oder zumindest sein sollte. »Die autonome Handlung«, schreibt Ehrenberg in seinem 2012 erschienenen Buch *Das Unbehagen in der Gesellschaft,* »ist der am höchsten bewertete Handlungsstil, derjenige, den wir am meisten *erwarten* und den wir am meisten *achten.*«[14] Überall werden die Reste patriarchalischer und hierarchischer Herrschaft in Unternehmen und Betrieben abgebaut, wird Verantwortung auf die Arbeitenden übertragen – ohne ihnen freilich Einfluss auf die Bedingungen einzuräumen, unter denen sie operieren. Daraus resultiert ein Zwang zur Selbstinstrumentalisierung und Selbstökonomisierung, der bei vielen zu einer gefährlichen Selbstüberforderung und in

[14.] Ehrenberg, 2012, S. 21.

der Folge oft zu Versagensängsten führt. Ganz ähnlich, wie der gläubige Puritaner angehalten wurde, über sein Tun und Lassen ununterbrochen Rechenschaft abzulegen und es am Maßstab der strengen religiösen Gesetze zu messen, wird vom modernen Arbeitnehmer verlangt, dass er sich in allem, was er tut und was er ist, ständig zum Zweck möglichst günstiger Quartalsergebnisse optimiert.

Eine besondere Perfidie besteht darin, dass die neuen Zwänge ideologisch zu neuen Freiheiten umgedeutet werden und damit in einer Gesellschaft, die Emanzipation, Selbstbestimmung und Eigeninitiative zur allgemeinen Norm erhoben hat, nur schwer offen kritisiert und verarbeitet werden können. Die rastlose Anpassung des eigenen Selbst an die wechselnden Bedingungen seiner Verwertbarkeit wird von den Propheten des Neoliberalismus als allseitige Entfaltung der eigenen Persönlichkeit gefeiert, der Zwang zu exzessiver Mobilität als Befreiung aus provinzieller Enge und Abhängigkeit, die uferlose Flexibilisierung der Arbeitszeiten und die Job-Hopperei als Überwindung nervtötender Routine. Kein Wunder, dass immer mehr Menschen, die unter den modernen Arbeitsverhältnissen leiden, sich ihrer Schwäche schämen, statt zu protestieren. Sie fühlen sich alleingelassen und unverstanden, suchen insgeheim die Schuld für alle Beschwernisse bei sich selbst. Wenn sie trotzdem über ihr Arbeitsleid reden, erscheinen sie fast zwangsläufig als unemanzipiert, wehleidig und rückwärtsgewandt. Von allen Seiten wird ihnen empfohlen, »positiv« zu denken, nur ja den Kopf nicht hängen zu lassen, sondern sich am eigenen Schopf aus dem Sumpf zu ziehen, es nach jedem Scheitern noch einmal und noch energischer zu versuchen.

Der verordnete Optimismus und Aktivismus kann, wie Günter Scheich in seinem Buch *Positives Denken macht krank* nachgewiesen hat, alles noch schlimmer machen. Wenn man den

Menschen ständig sagt: »Du schaffst, was du willst!« – so ein Buchtitel von Erich J. Lejeune –, sie es aber allzu offensichtlich keineswegs immer schaffen, wenn in unserer Gesellschaft nur noch Leistung zählt und die Schwachen und weniger Glücklichen, die Arbeitslosen und Sozialhilfeempfänger als Versager stigmatisiert werden, dann muss es nicht verwundern, wenn es bei vielen Menschen zu einer fundamentalen Erschütterung des Selbstbewusstseins kommt. Wenn Lebenserfolg heißt, *der Beste* zu sein oder zumindest in die Medaillenränge zu kommen, egal, in welchem Leistungsfeld man sich tummelt, dann sind massenhaftes Versagen und Frustration programmiert, denn die Rangplätze sind nicht beliebig vermehrbar und Gewinner gibt es nur, wenn es viele Verlierer gibt.

Und die Gewinner, die, die es schaffen, es immer wieder unter Anspannung aller Kräfte und getrieben von Versagensangst doch noch einmal schaffen? Irgendwann brechen vielleicht auch sie zusammen, leiden unter Nervosität, Übermüdung, Konzentrationsschwäche, Bluthochdruck, Schlaflosigkeit. Sie fühlen sich taub und leer, sind ausgebrannt. *Burnout* heißt das entsprechende modische Fachwort für diesen Zustand, oder japanisch: *karoshi*. Möglich, dass die Betroffenen von der Überforderung all die Jahre gar nichts ahnten, bis es auf einmal gar nicht mehr ging. Möglich auch, dass sie lange Zeit den kraftstrotzenden Macher und unverwüstlichen Optimisten nur spielten, weil sie glaubten, dass sie das sich selbst und ihrer Umwelt schuldig seien. Mittlerweile wissen wir aus vereinzelten Äußerungen, die nach dem großen Crash von 2008 kursierten, dass auch die Stars der globalisierten Finanzwelt, die hyperaktiven *Masters of the Universe,* sich ihrer Sache keineswegs so sicher waren, wie sie glauben machten. Nur sind sie in der Regel, als ihre Kartenhäuser zusammenstürzten, nicht zur Verantwortung gezogen worden. Und darum machen die meisten von ihnen, wie wir heute erleben, einfach weiter, als sei gar nichts geschehen, schicken ihre Kinder in einen Elitekindergarten, wo sie schon mit drei Jahren Chinesisch lernen, und danach auf ein Internat in England, damit sie spätestens mit achtzehn ihr Studium der Finanzwirtschaft antreten und schon mit sechsundzwanzig die erste selbstverdiente Million auf dem Konto haben.

Kann es sein, dass der zur Schau gestellte Optimismus der Marktradikalisten und Technikfantasten in Wirklichkeit nur ein lautes Pfeifen im dunklen Wald ist, das ihre und unsere Angst übertönen soll? Vielleicht wissen auch sie im Grunde oder ahnen zumindest, dass es so nicht auf Dauer, dass es so gar nicht mehr lange weitergehen kann. Vielleicht versagen sie sich und uns nur deswegen jedes Innehalten und jeden Moment der Besinnung, weil auch ihnen klar ist, dass man über den Zustand der Welt und über ihre Zukunft nur allzu leicht ins Grübeln gerät, wenn man einen Augenblick innehält, den Blick schweifen lässt und sich fragt, wozu das alles gut sein soll.

Es gibt ja heute gute Gründe, mit Sorge in die Zukunft zu blicken. Wir erleben immer wieder, dass die bisher so zuverlässige, die moderne Entwicklung begleitende Methode, Gefahren zu Risiken umzudeuten – d.h., sie versicherungstechnisch zu vergesellschaften, ihre Eintrittswahrscheinlichkeit zu berechnen und gegebenenfalls für (monetären) Schadensausgleich zu sorgen –, in immer mehr Bereichen nicht mehr funktioniert, weil nicht nur gegen Krieg und Terror, sondern auch gegen Atomunfälle, das Versinken einer Ölplattform im Meer, einen Chemieunfall wie in Bhopal, außer Kontrolle geratene Genmanipulationen oder die Klimakatastrophe keine Versicherung mehr hilft. Die erstaunlich große Risikoakzeptanz, die unsere Gesellschaft bisher auszeichnete, wird dadurch untergraben. »Wo sie (die moderne Gesellschaft, d.V.) an die Grenzen der Versicherbarkeit stößt, (...) beginnt der latente Katastrophismus der Risikogesellschaft. Versagt aber der arithmetische Verharmlosungszauber der Kollektivierung, so hört auch die Risikoakzeptanz allmählich auf.«[15]

Dies ist der Zusammenhang, den Petra Steinberger in ihrem ansonsten informativen Artikel *Das kann böse enden* in der *Süddeutschen Zeitung* vom 20./21. August 2011 über die moderne Risikoscheu unberücksichtigt lässt. Die auffällige Zunahme der Risikoscheu ist nicht in erster Linie der Überalterung der Gesellschaft geschuldet. Sie auf die Bequemlichkeit alternder Wohlstandsbürger zurückzuführen, die, um ihre Privatidylle nicht in Gefahr zu bringen, jedes Abenteuer, jeden Schritt in unbekanntes Terrain nach Möglichkeit vermeiden, führt in die Irre. Eine solche *Moralisierung* des Problems übersieht, dass es grundlegende objektive Veränderungen in der Struktur und Dynamik unserer Gesellschaft gibt, die den sozialen Zusammenhalt und die Vertrauensbasis erschüttern und damit auf Dauer auch die Fähigkeit untergraben, mit Risiken einigermaßen gelassen umzugehen.

Die ständige Beschleunigung der Innovation führt schon heute dazu, dass die Auswirkungen neuer Techniken und neuer Produkte auf die Umwelt nicht mehr einigermaßen zuverlässig überprüft werden können. Das, was man in den siebziger Jahren *Technikfolgenabschätzung* oder vorzugsweise auf Englisch *technology assessment* nannte, kommt heute systematisch zu kurz. Alles ist immer schneller im Fluss; die Reaktionen der natürlichen Umwelt und der anderen Mit- und Gegenspieler auf den globalen Märkten sind kaum kalkulierbar. Für die gehetzten Akteure bleibt einfach keine Zeit, die Folgen des eigenen Tuns einigermaßen sorgfältig abzuschätzen. Weil die weltweite Konkurrenz nicht schläft, weil in China, Indien und Brasilien Millionen und Abermillionen nur darauf warten, unseren Platz einzunehmen, glauben wir, uns kein Innehal-

---

15. Blanke, S. 281.

ten, keine Pause, keinen Moment kritischer Selbstbesinnung erlauben zu können. Schon steht der Sabbat, der Sonntag als Zeit der Besinnung und der Reflexion zur Disposition. Feiertage, Gelegenheiten zu kollektiven Festen, werden von den modernen Leistungsanbetern für überflüssig erklärt. Sie vergessen dabei, dass die hochinnovative Kultur Europas bis in die Neuzeit und die Moderne hinein gerade nicht auf besinnungslosem Aktivismus rund um die Uhr beruht, sieben Tage in der Woche und 365 Tage im Jahr, sondern auf dem rhythmischen Wechsel von Anspannung und Entspannung, von Aktivität und Reflexion, von vorwärtsdrängender Neuerung und kritisch prüfendem Rückblick, von zielgerichteter Arbeit und ausgelassener Feier.

Auch ist es keineswegs ausgemacht, dass die moderne Beschleunigung des Wandels, dass die Schnelligkeit, mit der technische Innovationen und verbesserte Produktgenerationen einander ablösen, ausschließlich und auf Dauer als Bereicherung des Lebens empfunden wird. Dieser Prozess, der einerseits als *Fortschritt* gedeutet und begrüßt wird, generiert nämlich ein vertracktes Sinnproblem, worauf der Soziologe Gerhard Schulze in seinem Buch *Die beste aller Welten* hingewiesen hat. Die moderne Steigerungslogik, so Schulze, führe in der Konsequenz dazu, dass jede Leistung (und jede Erwerbung), sobald sie getätigt sei, sogleich wieder entwertet werde, weil sofort die möglichen Verbesserungen bzw. die schon entwickelten besseren Produkte in den Blick gerieten. Wenn aber die erwarteten Gratifikationen des Fortschritts sich nicht mehr einstellen, weil das soeben Erreichte sich als schon nicht mehr gut genug erweist, wird Leistung auf Dauer sinnlos, schlägt Genuss in Frustration um. Die Redewendung, dass *das Bessere der Feind des Guten* sei, wird oft gedankenlos zur Rechtfertigung beschleunigter Innovation verwendet. Was aber, wenn die Menschen die moderne Steigerungslogik so weit verinnerlichen, dass es für sie gar kein fraglos Gutes mehr gibt – nichts, das man vorbehaltlos bejahen, für das man Dankbarkeit empfinden könnte, sondern nur noch Verbesserungsbedürftiges? Ist es dann nicht zu erwarten, dass sie inmitten aller Innovations- und Fortschrittshektik immer häufiger von Trauer und einem Gefühl der Vergeblichkeit allen menschlichen Strebens heimgesucht werden?

Paul Virilio hat 2010 in einem Gespräch mit Bertrand Richard einen anderen Aspekt der Beschleunigung als Grund der wachsenden Angst bezeichnet. In diesem Zusammenhang weist er darauf hin, dass »die Angst ein konstitutives Element der Lebensweise wird, ein Element der Art der Beziehung zur Welt der Phänomene«.[16] Sie sei nicht mehr gerichtet wie die Furcht, sondern eine allgemeine Disposition, eine Weise, die Welt zu betrachten. Seiner Meinung nach ist die sich in allen Bereichen des sozialen Lebens durchsetzende Beschleunigung mit ihrer Konsequenz der Schrumpfung des Raums selbst der eigentliche Grund für die Ausweitung der Angst. »Heute ist es die begrenzte, saturierte, geschrumpfte Welt selbst, die uns umklammert und in eine Art Klaustrophobie ›hineinstresst‹: die um sich greifenden Börsenkrisen, der blinde Terrorismus, die rasenden Pandemien, die ›berufsbedingten‹ Selbstmorde ... Die Angst ist Welt geworden, *Panik* im Sinne von ›Totalität‹.«[17] Dies dürfe allerdings, das fügt er hinzu, nicht so verstanden werden, dass die zahlreichen Gefährdungen, die in dieses Bedrohungspanorama eingeordnet werden, nicht wirklich existierten.

Wer heute mit Sorge in die Zukunft blickt, wer den Beteuerungen der Technokraten, man habe alles zuverlässig im Griff, misstraut, ist nicht notwendig im klinischen Sinn depressiv

[16.] Virilio, S. 19.
[17.] Ebd., S. 16.

oder ein krankhafter Hypochonder. Auch wäre es töricht, so jemanden als *Angsthasen* oder *Weichei* lächerlich zu machen. Die Durchökonomisierung der Gesellschaft und die von manchen als Angst-Lust-Rausch erlebte Beschleunigung der Veränderungsprozesse sind ja tatsächlich gefährlich. Schwer ersetzbare Rohstoffe werden tatsächlich knapp, sodass die Gefahr von Ressourcenkriegen wächst, wie das *SIPRI-Jahrbuch 2011* warnend hervorhebt. Die Nutzung der Atomkraft birgt tatsächlich Gefahren, die nicht beherrschbar, weil nicht eingrenzbar sind, und das blinde Vertrauen der Betreiber von Kernkraftwerken darauf, dass ihnen bezüglich des ungelösten Entsorgungsproblems schon noch rechtzeitig etwas einfallen wird, ist tatsächlich unverantwortlicher Leichtsinn. Dass Terroristen, welcher Couleur auch immer, sich in den Besitz von strahlendem Material oder gar Atomwaffen bringen, ist keineswegs ausgeschlossen, vielmehr wahrscheinlich. Niemand, der bei Verstand ist, leugnet heute noch den Klimawandel, und wenn die Berechnungen des Ökonomen Nicholas Stern halbwegs zutreffen, werden uns dadurch so gigantische Kosten entstehen, dass von einem Nettonutzen des wissenschaftlich-technisch-ökonomischen Fortschritts unseres Typs keine Rede mehr sein kann. Kein Wunder also, dass sich Angst ausbreitet und den Beschwichtigern langsam, aber sicher die Argumente ausgehen. Im naiven Vertrauen auf unsere Fähigkeit, die Risiken der Technik beherrschen zu können, haben wir uns auf einen gefährlichen Blindflug begeben. Jetzt, da die Szenerie erhellt wird, erkennen wir mit Entsetzen, worauf wir uns eingelassen haben. Vielleicht bleibt uns in dieser Lage ja gar nichts anderes übrig, als mit Hans Jonas auf die Angst als »heuristisches Prinzip« zu setzen. Aber hieße das im Kern nicht, die Angst dadurch zu überwinden, dass man sie in Furcht und die Furcht in Sorge verwandelt?

Was so lange so erstaunlich gut funktionierte, die Kleinarbeitung von Gefahren zu Risiken, funktioniert immer weniger.

Ulrich Beck hat dieses Phänomen in seinem Buch *Die Risi-kogesellschaft* analysiert und ist ihm einige Jahre nach dessen Erscheinen in dem Band *Politik in der Risikogesellschaft* noch einmal nachgegangen: »*Die ›Restrisikogesellschaft‹ ist eine ver-sicherungslose Gesellschaft,* deren Versicherungsschutz para-doxerweise mit der Größe der Gefahr abnimmt. (...) An die Stelle der Nachsorge, die Sicherheit in der Gefahr verbürgt, tritt das Dogma technischer Irrtumslosigkeit, das der nächste Unfall widerlegt. Hüter des Tabus wird die Königin des Irr-tums, die Wissenschaft.«[18] Wie François Ewald gezeigt hat, führt dies zu einer folgenreichen Umdeutung des Risikos im Bewusstsein der Menschen: »Das Risiko ist zu einer ontologi-schen Größe geworden. Fortan ist das Leben in einem essen-ziellen Sinn prekär. Der Tod ist nicht mehr das Jenseits des Lebens, er ist vielmehr dem Leben eingeschrieben, begleitet das Leben in der Form des Risikos – vom infinitesimalen Ri-siko einzelner Umweltbelastungen bis hin zum totalen Risi-ko einer Katastrophe oder der nuklearen Bedrohung.«[19] Das aber heißt nichts anderes, als dass aus dem Risiko als einer bezüglich seiner Eintrittswahrscheinlichkeit berechenbaren *Möglichkeit* eine jederzeit *präsente* Bedrohung wird.

Das eigentliche Problem ist, sollte man meinen, nicht die Angst, sondern das, was Angst macht. Aber heute wirkt sich erschwerend aus, dass die Dynamik des globalisierten Ka-pitalismus viele Menschen entwurzelt und sie somit radikal vereinzelt, ihnen den Schutz und die Sinnhaftigkeit gemein-schaftlicher Strukturen nimmt und ihrem Leben die Chance der Planbarkeit. Sie werden hinausgestoßen in eine Konfron-tation mit Risiken und Unwägbarkeiten, die allenfalls Heroen bewältigen könnten. Das Ergebnis ist bei immer mehr Men-schen eine grassierende Angst, ein tief im Gemüt nistendes

[18.] Beck 1991, S. 122.
[19.] Ewald, S. 227, Übers. d. V.

Gefühl der Verunsicherung, das, wenn es von den Medien noch geschürt wird, leicht zu hysterischem Verhalten, womöglich zu Exzessen der Gewalt führen kann. Barry Glassner, Professor für Soziologie an der University of Southern California in Los Angeles, hat in seinem Buch *The Culture of Fear* (Die Kultur der Angst) dieses Phänomen am Beispiel der USA beschrieben. Inzwischen ist sein Befund auch für die deutsche Gesellschaft vielfach bestätigt worden.

Es ist ein verstörender Befund, den Richard Wilkinson und Kate Pickett in ihrem Buch *The Spirit Level – Why Greater Equality Makes Societies Stronger* anhand einer Fülle empirischen Materials belegen: nämlich dass, »während die Wohlstandsgesellschaften reicher wurden, gleichzeitig das Niveau der Angst, der Depression und zahlreicher sozialer Probleme ständig anstieg«[20] Für die beiden Autoren gibt es keinen Zweifel, dass daran die durch die marktradikale Mobilisierung angetriebene Entwicklung zu immer ungestümerem Wachstum und zu immer größerer Ungleichheit einen erheblichen Anteil hat. »Größere Ungleichheit geht mit hoher Wahrscheinlichkeit mit erhöhter Statuskonkurrenz und Angst vor Statusverlust einher.«[21] Es zeigt sich dies auch daran, dass in Gesellschaften mit hoher Ungleichheit das Misstrauen gegenüber den Mitbürgern bedeutend höher ist als in Gesellschaften mit größerer Gleichheit.[22] Die Neigung zu aggressiver Konfliktlösung nimmt ebenso zu wie das *Mobbing* am Arbeitsplatz. Wenn dazukommt, dass stabile Lebensgemeinschaften und Nachbarschaften unter dem Druck von Statuskonkurrenz und wachsenden Mobilitätsanforderungen zerbrechen, wenn die globalisierten Marktbeziehungen einerseits als irrationale Schicksalsmacht erscheinen und andererseits jedes Individu-

---

[20.] Wilkinson/Pickett, S. 6, Übers. d.V.
[21.] Ebd., S. 44, Übers. d.V.
[22.] Wilkinson/Pickett, S. 52 f.

um angehalten wird, die Verantwortung für seinen Status bei sich selbst zu suchen, ist die Wahrscheinlichkeit hoch, dass dies zu einer Überforderung des Selbst führt und daraus bei vielen eine Lebensangst erwächst, die sich immer häufiger in klinischen Befunden äußert. Und zwar auch bei denen, die äußerlich einen besonders selbstbewussten, ja, arroganten Eindruck machen. Denn, so Wilkinson und Pickett: »Äußerlich werden wir abgebrühter und härter angesichts der Ängste vor Statusverlust, aber innerlich – wie die Literatur zum Narzissmus zeigt – werden wir wahrscheinlich verletzlicher, empfindlicher gegenüber Kritik, weniger aufmerksam bezüglich unserer persönlichen Beziehungen und uneinsichtiger, was unsere eigenen Fehler angeht.«[23]

Es ist wohl so, dass die meisten Menschen Lebenszuversicht und eine gelassene Selbstsicherheit nur entwickeln können, wenn sie nicht permanent neuen Herausforderungen und unkalkulierbaren Risiken ausgesetzt sind und wenn sie in einer Gesellschaft leben, in der der andere nicht in erster Linie der Konkurrent um knappe Ressourcen oder ein Gegenstand des Neides bzw. der Verachtung ist, sondern ein Ebenbürtiger, mit dem man vertrauensvoll und auf Augenhöhe verkehren kann. Was Menschen brauchen, um halbwegs glücklich zu leben, ist ein Wechsel von Anstrengung und Ruhephasen, sind relativ stabile Sozialbeziehungen, eine Umwelt, die ihnen bei allem Wandel doch in Maßen vertraut bleibt, vor allem aber die begründete Überzeugung, dass ihr Leben – zumindest ansatzweise – planbar ist. Genau das aber ist bei immer mehr Menschen heute nicht mehr der Fall. Der globale Kapitalismus wälzt alle Lebensverhältnisse immer schneller um, reißt die Menschen aus ihren Lebenszusammenhängen heraus, zwingt sie in immer kürzeren Abständen, sich neuen Bedingungen anzupassen. Und wenn sie die geforderten Anpas-

23. Ebd., S. 45, Übers. d. V.

sungsleistungen nicht erbringen, werden sie als überflüssig ausgesondert, gelten sie, selbst wenn sie über hervorragende Qualifikationen verfügen und sich soeben noch stolz zu den *Leistungsträgern* zählten, nur mehr als Ballast – und fühlen sich nicht selten auch so.

Wenn gleichzeitig, wie von neoliberal inspirierten Wissenschaftlern und Politikern gefordert und von mächtigen Interessen bzw. der gigantischen Staatsverschuldung erzwungen, der Staat sich von seinen sozialen Schutzaufgaben zurückzieht und die notwendigen Ausgleichsleistungen nicht mehr erbringt, sondern seinerseits den Marginalisierten und Depravierten mit bürokratisiertem Misstrauen begegnet, wenn Arbeitslose und Sozialhilfeempfänger pauschal als Trittbrettfahrer und Sozialbetrüger verdächtigt, wenn sie mit ständigen Leistungskürzungen schikaniert werden und mit Kontrollen, die sie in ihrer Menschenwürde verletzen, sind die Voraussetzungen für eine massenhafte gesellschaftliche Entwertung von Menschenleben gegeben. Bei nicht wenigen führt dies dazu, dass sie keinen Sinn mehr in ihrem Leben erkennen können, dass sie sich selbst als überflüssig, als Ausschussware, als sozialen Abfall betrachten.

Wir haben es also nicht einfach mit einer objektiv feststellbaren Zunahme von Bedrohungen zu tun, sondern mit einer Doppelbewegung: Auf der einen Seite wachsen die der modernen Lebensweise inhärenten Risiken und werden durch die Sensationsberichterstattung in den Medien zu umfassenden Bedrohungen aufgebläht, tauchen mit der Nutzung der Kernkraft und der sich anbahnenden Klimakatastrophe immer häufiger Gefahren auf, die sich nicht mehr in bewährter Weise als Risiken bagatellisieren oder als Machenschaften feindlicher Kräfte externalisieren lassen. Auf der anderen Seite erodiert die subjektive Fähigkeit der Menschen, mit Risiken und Gefahren einigermaßen rational und gelassen umzugehen. Beides zusammen hat zur Folge, dass ein Klima der Angst sich über die Gesellschaft legt, in dem die Gefahr hysterischer Reaktionen tendenziell zunimmt.

# 3. Kriminalität und abweichendes Verhalten

Ein Klima gelassener Zivilität kann nur entstehen und bestehen, wenn die Menschen einander vertrauen, nicht grenzenlos und in jeder Hinsicht, aber doch so weit, wie es für den alltäglichen Verkehr miteinander unerlässlich erscheint. Auch wenn wir in modernen Gesellschaften die meisten Menschen, denen wir täglich begegnen, nicht persönlich kennen, verlassen wir uns doch gewöhnlich darauf, dass sie sich in aller Regel so verhalten, wie wir es von ihnen aufgrund früherer Erfahrung oder aufgrund geltender Konventionen erwarten. Und meistens wird diese Erwartung nicht enttäuscht. Die Menschen, mit denen wir zu tun haben, sind für uns zwar zumeist Fremde, aber als Fremde sind sie doch weitgehend berechenbar in dem, was sie tun und wie sie es tun. Ausnahmen kommen vor, sind erträglich, manchmal sogar erwünscht als amüsante oder das Nachdenken provozierende Abwechslung, aber eben nur vor dem Hintergrund dessen, was wir als normales Verhalten betrachten, vor allem in den dem Alltag enthobenen Sphären der Kunst und der Unterhaltung. Eben weil der Zusammenhang von Konvention und Zivilität den meisten Menschen intuitiv bewusst ist, wird abweichendes Verhalten, wenn es im Ernstfall des Alltags auftritt, oft als irritierend, zuweilen gar als bedrohlich wahrgenommen.

Solange abweichendes Verhalten eine punktuelle Erscheinung inmitten eines ungefährdeten Kontinuums konventionell vertrauter Alltagserfahrung ist, bleibt die dadurch ausgelöste Irritation in der Regel folgenlos. Nachdem der erste *Schock* überwunden ist, wird das, was *bedrohlich* erschien, zumeist als *kurios* wahrgenommen und damit zum Material für amüsante oder nachdenklich stimmende Geschichten. Sobald aber in der Gesellschaft als ganzer unter dem Druck fortschreitender Individualisierung und Pluralisierung der Vorrat an geteilten Erfahrungen, Werten und Verhaltensnormen und damit der sichere Rückhalt der *mehrheitsgesellschaftlichen* Kultur schmilzt, wächst die Gefahr, dass abweichendes Verhalten zu nachhaltiger Beunruhigung führt und aggressives Verhalten gegenüber »Fremden« fördert, selbst dann, wenn es sich bei diesen eigentlich um einheimische Minderheiten handelt.

Wenn wir uns heute in Europa umschauen, erkennen wir überall, dass *das Fremde* und *die Fremden* wieder verstärkt zur Projektionsfläche für Ängste und Aggressionen werden. Ausländerhass und Angst vor Überfremdung, bis vor wenigen Jahren noch Erscheinungen, die auf eine überschaubare Gruppe von Rechtsradikalen beschränkt zu sein schienen, sind heute auch in der bürgerlichen Mitte der Gesellschaft anzutreffen. Das ist schon seit einiger Zeit so in Österreich und in Italien, das ist aber heute nahezu überall in Osteuropa und auch in Frankreich so, wo der *Front National* sich mittlerweile zu einer ernsthaften politischen Konkurrenz der Konservativen und der Sozialisten entwickelt hat. Sogar in den Niederlanden und in den skandinavischen Ländern, die lange Zeit als Paradebeispiele für Zivilität und Gelassenheit im Umgang mit Fremden galten, wächst die Angst vor Überfremdung. Die Bilder aus Lampedusa, wo afrikanische Bootsflüchtlinge anlanden, um sich auf den Weg in die Länder Europas zu machen, wenn sie denn der Abschiebung entgehen können, schrecken die durch Globalisierung und Finanzkrise ohnehin verunsicherten Bürger. Die »Einwanderung in den Sozialstaat« (Thilo Sarrazin), so die immer wieder geäußerte Befürchtung, wird, wenn sie nicht energisch gestoppt wird, über kurz oder lang dem Wohlstand der Europäer ein Ende bereiten. Diese düsteren Ahnungen verbinden sich mit der Angst vor wachsender Drogenkriminalität und islamistischem Terror. Die durch das Buch von Thilo Sarrazin befeuerte neueste Islamdebatte in Deutschland beweist, wie schnell dieses Gebräu aus Angst und Aggression das Denken und Sprechen in der Mitte der Gesellschaft vergiften kann.

*Deutschland schafft sich ab – Wie wir unser Land aufs Spiel setzen,* so der apokalyptische Titel des Sarrazinbuches. Der sensationelle Verkaufserfolg und die Tatsache, dass bei Sarrazins Auftritten keineswegs nur die bekannte Klientel rassistischer und xenophobischer Botschaften Beifall spendet, sondern in großer Zahl auch Angehörige der gebildeten Schichten, beweist, dass die vom Autor prognostizierte baldige Übernahme Deutschlands durch sich stärker vermehrende islamische Immigranten ein gewaltiges Angstpotenzial aktiviert. Bemerkenswerte Integrationserfolge, wie sie der inzwischen emeritierte Universitätsprofessor Klaus Bade und sein Team im *Jahresgutachten Einwanderungsgesellschaft 2010* akribisch nachweisen, werden als »Schönrederei«, »Gutmenschentum« oder gar als bewusste »Täuschung« abgetan, ein Einwanderungsstopp für Türken oder zumindest ein Minarett-Verbot nach schweizerischem Muster als probate Mittel gegen die arglistige »Landnahme« durch die Muslime gefordert. Der von Samuel Huntington schon vor Jahren ausgerufene »Kampf der Kulturen« erscheint im allgemeinen Klima der Verunsicherung vielen als ein verzweifelter Abwehrkampf.

Die Debatte, die Sarrazin mit seinem Buch ausgelöst hat, ist alles andere als eine Integrationsdebatte. Sarrazin träumt vielmehr den alten Traum von einem kulturell homogenen Deutschtum, dem er »die Muslime« als Inbegriff des *Fremden* entgegenstellt. »Die Muslime« dienen ihm als Kontrastfolie, gegen die sich so etwas wie deutsche Identität umso deutlicher abzeichnen soll. Damit bedient er bei vielen Menschen die Sehnsucht nach einer Klarheit und Eindeutigkeit, die es in der modernen Gesellschaft – auch ohne Zuwanderung aus islamischen Ländern – nicht mehr geben kann. Entsprechend vage bleibt denn auch in der ganzen Debatte um Sarrazins Buch, was unter »deutscher Identität« oder »deutscher Leitkultur« konkret zu verstehen sei.

Das kann auch gar nicht anders sein, denn wir modernen Menschen leben schon seit Langem in Gesellschaften, die religiös, kulturell und bezüglich der Zugehörigkeit zu Klassen, Schichten und Lebensstilmilieus pluralistisch sind. Sobald wir aus dem eigenen Haus treten, spätestens wenn wir den eigenen Stadtteil verlassen, sind wir darauf vorbereitet, auf Menschen zu treffen, die anderen als den eigenen Konventionen folgen, deren Verhalten uns nicht immer auf Anhieb plausibel ist, die zuweilen Dinge tun, die uns auf den ersten Blick befremden, vielleicht gar ängstigen. Eine freie Gesellschaft kann unter modernen Bedingungen offenbar nur funktionieren, wenn sie eine hohe Toleranz gegenüber abweichendem Verhalten praktiziert, ja, diese Toleranz gegenüber abweichendem Verhalten gewissermaßen selbst zur Konvention erhebt. Anders ausgedrückt: Das für ein zivilisiertes Zusammenleben unerlässliche Korsett von Konventionen muss immer wieder neu austariert werden; es darf nicht so eng geschnürt, nicht so starr sein, dass es keine gelegentlichen Abweichungen oder gar grundsätzlichen Veränderungen gestattet. Vor allem muss es aber eher auf Inklusion oder Integration denn auf Ausgrenzung angelegt sein.

Wir müssen uns mit wachsender Komplexität, mit religiöser und kultureller Pluralität, mit einer Vielzahl von Lebensstilen auf engstem Raum, mit abweichendem Verhalten im vertrauten Umfeld abfinden. Wenn wir die Dinge nüchtern betrachten, müssen wir sogar einräumen, dass abweichendes Verhalten ein für die Entwicklung der modernen Gesellschaft wichtiges innovatives Potenzial darstellt und eine allzu rigide Durchsetzung konformen Verhaltens, ob durch Strafandrohung und Strafverfolgung oder durch *technische Prävention,* alles andere als wünschenswert wäre. Die eigentliche kulturelle Leistung, die in einer kulturell, nach Weltanschauung, Religionszugehörigkeit und Lebensstil pluralistischen Gesellschaft von jedem Einzelnen verlangt wird, liegt also darin, dass er die eigene kulturelle Prägung insoweit relativiert, als er sie in einen weiteren konventionellen Rahmen einordnet, der ein tolerantes Umgehen mit Angehörigen anderer kultureller Prägungen ermöglicht. Um es mit den Worten Zygmunt Baumanns auszudrücken: »Zivilität ist die Fähigkeit (...), mit Fremden zu interagieren, ohne ihnen ihr Fremdsein zum Vorwurf zu machen oder sie zu nötigen, das, was sie zu Fremden macht, abzulegen oder zu verleugnen.«[24]

Der konventionelle Rahmen einer modernen zivilisierten Gesellschaft wird zwangsläufig weiter sein müssen als das Konventionengerüst, das uns zumeist noch aus den Erzählungen und aus der Praxis unserer Großeltern vertraut ist. Um grenzenlose Permissivität im Sinne des *anything goes*, wie einige befürchten, handelt es sich aber nicht. Der hier angesprochene weitere Rahmen enthält durchaus Verbindlichkeiten. Er hat eine in der alltäglichen Praxis beglaubigte konventionelle und eine von Staats wegen sanktionierte Seite. Die Kant'sche Formel *Räsoniert so viel ihr wollt, aber gehorcht* – nämlich dem Gesetz – ist bis heute das Denkmodell, nach dem pluralistische Gesellschaften Meinungsfreiheit und kulturellen Eigensinn mit den Erfordernissen zivilisierten Zusammenlebens in einer Gesellschaft zusammenzubringen versuchen. Es gibt nach diesem Modell also abweichendes Verhalten, das toleriert, zu dem möglicherweise sogar ermuntert wird, und solches, das die Gesellschaft um ihrer Selbsterhaltung willen nicht tolerieren darf oder meint, nicht tolerieren zu dürfen, und das sie deshalb unter Strafe stellt. Freilich ist die saubere Trennung zwischen legitimer Abweichung und strafwürdigem Vergehen nicht immer so leicht zu leisten, wie es die kantische Formel suggeriert. Selbst im angeblich so liberalen Kalifornien konnte man zum Beispiel bis in die siebziger Jahre hinein noch wegen »auffälligen Verhaltens« verhaftet werden.

[24] Baumann 2003, S. 125.

Dass Kriminalität *grundsätzlich* nicht toleriert werden darf, ist in allen Gesellschaften, die über den Status der Stammesgesellschaft mit ihrer Partikularethik hinausgekommen sind, Konsens, keineswegs aber immer, was als kriminell zu gelten hat und was nicht. Zwar herrscht über kulturelle Unterschiede hinweg weltweit weitgehende Einigkeit darüber, dass Mord, Körperverletzung, Betrug, Diebstahl und Raub strafwürdige Verbrechen sind, die nicht geduldet werden dürfen; solange wir uns auf diese Phänomene beschränken, können wir als rechtschaffene Bürger in der Tat immer noch eine klare Scheidelinie zu den Gesetzesbrechern ziehen. Aber wenn wir in die Details gehen, ist auch hier die Einigkeit sehr schnell vorbei. In demokratischen Gesellschaften gab und gibt es häufig öffentlich ausgetragenen Streit darüber, was schon als kriminell zu gelten hat und was noch erlaubt sein sollte. Auch dann, wenn man grundsätzlich darin übereinstimmt, dass Freiheit, die mehr sein soll als individuelle Willkür auf Kosten anderer, nur als institutionalisierte Freiheit, dass Freiheit, die für alle Mitglieder eines Gemeinwesens gleichermaßen gelten soll, nur unter dem Gesetz, d. h. nur in einem sanktionierten Ordnungsrahmen möglich ist.

Der erbitterte Streit um die Präimplantationsdiagnostik (PID) ist ein solches Beispiel, desgleichen die immer noch nicht ganz ausgestandenen Auseinandersetzungen um die Abtreibung und um die erst 1994 vom Bundestag beschlossene Abschaffung des § 175 StGB sowie die Legalisierung der Homo-Ehe. Alle diese Konflikte sind *innerkulturelle* Konflikte der westlichen Gesellschaften, haben also nichts mit der Einwanderung von Menschen anderer Religion und Kultur zu tun. Dazu kommen Konflikte, die aus dem Zusammenleben von Menschen unterschiedlicher Kulturen und Entwicklungsstadien in unserer Gesellschaft herrühren. Da Menschen, die aus traditionalen islamischen Gesellschaften zu uns kommen, zuweilen die Zwangsverheiratung oder die Klitorisbeschneidung als eine in ihrer Kultur geltende Konvention und nicht als kriminellen Eingriff in das Selbstbestimmungsrecht einer jungen Frau betrachten, sehen sie in der Strafverfolgung in solchen Fällen oft einen illegitimen Angriff auf ihre Kultur, während Deutsche dies in aller Regel als notwendige Maßnahme zur Verteidigung des Selbstbestimmungsrechts der Frau werten.

In den zuletzt genannten Fällen geben die Allgemeine Erklärung der Menschenrechte und das geltende Recht in allen westlichen Gesellschaften eine klare pragmatische Orientierung. Nicht wenige Menschen schließen daraus, dass eine Präzisierung und Ausweitung der Rechtsvorschriften, eine Intensivierung der Strafverfolgung und eine Verschärfung der Strafen der einzige Erfolg versprechende Weg sei, um abweichendes Verhalten und Kriminalität einzudämmen und so zu mehr Sicherheit zu gelangen. Freilich zeigt sich immer wieder, dass die Dinge so einfach nicht sind. Intensivere Strafverfolgung und schärfere Strafen mögen abschreckend wirken, wenn es sich bei den Straftaten um gemeinschaftsschädliche Vorteilskalküle handelt wie z. B. bei Steuerhinterziehung und anderen Formen von Wirtschaftskriminalität. Es gibt aber keine überzeugenden Belege dafür, dass auf diese Weise auch die Zahl der Kapitalverbrechen, insbesondere der Trieb- und Affekttaten, reduziert werden könnte. Erst recht trifft dies für jene »Mörder mit gutem Gewissen zu«, von denen Albert Camus in seinem Essay *Der Mensch in der Revolte* spricht, jenen Fanatikern und wahnhaften Überzeugungstätern, die Ideologien folgen, die, wie Camus sich ausdrückt, »aus Mördern Richter machen«. Ein Osama bin Laden oder ein Anders Behring Breivik sind durch keine noch so rigide Strafandrohung zu beeindrucken.

In den USA glauben dennoch auch heute noch viele Menschen an die vermeintlich wissenschaftlich belegte Behauptung, die der Ökonom Isaac Ehrlich 1975 verbreitete, dass jede Exekution acht Morde verhindere. Dabei haben neuere Untersuchungen längst gezeigt, dass gerade bei Tötungsdelikten von einer wirksamen Abschreckung durch die Todesstrafe keine Rede sein kann. Auch längere Haftstrafen, wie sie in den letzten Jahrzehnten vor allem in den USA und in Großbritannien eingeführt wurden, haben dort nachweislich nicht zu einer Reduzierung der Kapitalverbrechen und der Kriminalitätsraten insgesamt geführt. Eher spricht manches für den umgekehrten Effekt. Aber es gibt auch grundsätzliche Einwände gegen eine Politik, die vornehmlich oder gar ausschließlich auf Strafen bzw. Anreize setzt. »Verhaltenssteuerung über Strafen und Anreize lässt die Persönlichkeitsentwicklung verkümmern. Eine humane Gesellschaft setzt auf die menschliche Fähigkeit, sich von den besseren Gründen leiten zu lassen, Mitgefühl zu empfinden, Rücksicht zu nehmen und mit anderen auch dann zu kooperieren, wenn es im Einzelfall nicht im eigenen Interesse ist.«[25]

Die von manchen gehegte Hoffnung, eine weitgehend homogene Kultur ließe sich durch »Law and Order«-Maßnahmen doch noch einmal herstellen, ist eine Illusion. Wir müssen uns damit abfinden, dass moderne Gesellschaften unaufhebbar pluralistisch sind. Im Alltag haben die meisten von uns ja auch durchaus gelernt, mit dieser Situation einigermaßen pragmatisch umzugehen. Allerdings muss man wissen: Toleranz gegenüber anderen Lebensentwürfen, überhaupt ein gelassener Umgang mit Differenzen und Ambiguitäten ist nur zu erwarten, wenn die Menschen einander trotz aller Fremdheit mit einem Grundvertrauen begegnen und darauf setzen, dass auch die anderen um der gelingenden Kommunikation und Interaktion willen alles tun, um dieses Vertrauen zu rechtfertigen. Der Rechtsstaat ist nicht mehr – aber auch nicht weniger – als

[25.] Nida-Rümelin, S. 98.

die »Ausfallbürgschaft« (Kurt Imhof), wenn die vertrauensbasierte soziale Ordnung einmal nicht funktioniert. Wo die Vertrauensbasis – aus welchen Gründen auch immer – schwindet, wird auch abweichendes Verhalten, werden Differenzen, wird Unübersichtlichkeit vor allem als bedrohlich empfunden, wächst die Neigung, sich in vermeintlich homogenen Kollektiven abzusondern und sich Fremden gegenüber aggressiv ablehnend zu verhalten.

Wie Richard Wilkinson und Kate Pickett in ihrer Untersuchung zu Fragen der Gleichheit gezeigt haben, ist das Misstrauen zwischen den Menschen in Gesellschaften mit überdurchschnittlicher Ungleichheit besonders groß. Die Angst, vom anderen angegriffen, übervorteilt, hintergangen zu werden, wächst, wie sich statistisch belegen lässt, in allen Schichten, wenn die materiellen Lebensverhältnisse ungleicher werden. Dann ertönt zumeist der Ruf nach strengeren Gesetzen, mehr Polizei und strengeren Strafen besonders laut, und kaum eine Regierung kann es sich leisten, dem Ruf nicht zu folgen. Freilich heißt das noch keineswegs, dass wir uns bezüglich Mord, Körperverletzung, Raub, Diebstahl und Betrug sicherer fühlen könnten. Bei aller Einigkeit darüber, dass dies strafwürdige Verbrechen sind, und bei aller Entschlossenheit und Strenge, mit der sie verfolgt und geahndet werden, haben sie in einigen modernen Gesellschaften, allen voran in den USA, in den letzten Jahrzehnten dennoch einen bedrohlichen Umfang angenommen. Besonders wenn es um Tötungsdelikte geht, stehen die USA – zumindest in der westlichen Welt – ziemlich einsam an der Spitze. Richard Wilkinson und Kate Pickett haben in ihrem Buch überzeugend darlegen können, dass auch hier wiederum die materielle Ungleichheit und die dadurch intensivierten Ängste vor Statusverlust den entscheidenden Unterschied ausmachen. Wenn die Entwicklung der westlichen Gesellschaften, wie dies in den letzten Jahrzehnten der Fall war, auch in Zukunft zu weiter wachsender Ungleichheit führt, muss offenbar damit gerechnet werden, dass Kapitaldelikte wie Mord und Totschlag an Häufigkeit zunehmen. Denn: »Eine große Masse empirischer Belege weist auf einen eindeutigen Zusammenhang zwischen größerer Ungleichheit und einer höheren Rate von Tötungsdelikten hin.«[26]

Konformität im Verhalten ist in modernen Gesellschaften, in denen die Menschen sich selbst als Individuen verstehen, ohnehin alles andere als selbstverständlich. Sie ist unter diesen Bedingungen nur als Ergebnis komplizierter Lern- und Aushandlungsprozesse und allenfalls begrenzt auf wenige Bereiche denkbar. Aber immerhin scheint es so zu sein, dass ein hoher Grad an materieller Gleichheit die Vertrauensbasis in der Gesellschaft stärkt und damit unaggressives und gesetzeskonformes Verhalten fördert. Womit wir uns freilich abfinden müssen, ist, dass in modernen Gesellschaften Konventionen sich mit der Zeit verändern und je nach Milieu, Generation und Weltanschauungsgruppe variieren. Und dies trifft eben auch in einem gewissen Umfang zu auf das, was als kriminell gilt. Dass eine solche Dynamisierung des Ordnungsrahmens von vielen Menschen oft sogar als Befreiung erlebt wird, lässt sich an der Geschichte der bürgerlichen Gesellschaft ablesen. Wer nicht an Gott glaubt und dies offen bekennt, wird in einer modernen Gesellschaft nicht mehr wie noch im 18., teilweise bis ins 19. Jahrhundert hinein, gerichtlich verfolgt. Abtreibung im frühen Stadium der Schwangerschaft ist heute in den meisten westlichen Ländern kein strafwürdiges Verbrechen mehr. Dasselbe gilt für Homosexualität. Lehrer, die noch vor wenigen Jahrzehnten straflos Schüler verprügeln durften, hätten heute, wenn ihr Verhalten angezeigt würde, mit Strafverfolgung zu rechnen. Die eigene Tochter gegen ihren Willen zwangsweise zu verheiraten, gilt in unserer Gesellschaft heute, anders als noch vor zwei-, dreihundert Jahren, als strafbares Vergehen.

[26] Wilkinson/Pickett, S.135, Übers. d.V.

Allerdings können dieselben Veränderungen, die die einen als Fortschritt begrüßen, bei anderen Ängste auslösen, Ängste vor uferloser Permissivität, davor, dass nun alles ins Rutschen gerät und überhaupt keine klare Trennlinie mehr zwischen *gut* und *böse*, zwischen *erlaubt* und *verboten* gezogen wird. Auch wenn die meisten Menschen in modernen Gesellschaften sich allmählich daran gewöhnt haben, dass Konventionen sich wandeln und innerhalb der eigenen Gesellschaft nach Religionszugehörigkeit und kulturellem Milieu, manchmal auch zwischen den Generationen variieren, tun sie sich doch schwer damit, anzuerkennen, dass keineswegs immer Einigkeit darüber herzustellen ist, was kriminell ist und was nicht.

Was den meisten Menschen besonders schwerfällt, ist die Erkenntnis, dass wir dauerhaft mit dem Verbrechen und mit den Verbrechern leben müssen, ja, dass weder Verdrängen noch Wegsperren uns davor bewahren kann, im Verbrechen auch eine *eigene* Möglichkeit zu sehen. Das Verbrechen ist nicht das schlechthin andere, sondern Teil unseres Lebens, sogar unseres Selbst, ein »integrierender Bestandteil einer jeden gesunden Gesellschaft«, wie Emile Durkheim es einmal ausgedrückt hat. Nach dem Strafrechtler Bernhard Haffke folgt aus dieser Einsicht das Gebot, »das abweichende Verhalten nicht zu perhorreszieren und zum ›Bösen‹ zu dämonisieren«.[27] Das bedeutet aber nichts anderes, als dass die entlastende Strategie, abweichendes Verhalten einfach ins Außen zu verweisen, wie es populistische Bewegungen in aller Regel tun, in der modernen Gesellschaft schlicht nicht funktioniert. Anders gesagt: Wir dürfen den Fremden nicht zum Feind und den Kriminellen nicht zum *Unmenschen* stempeln, wir dürfen ihm nicht seine Menschenwürde absprechen, sondern müssen ihn als Teil der Gesellschaft akzeptieren. »Kriminalität«,

[27.] Haffke, S. 21.

so Haffke in provokativer Zuspitzung, »ist nicht pathologisch, sondern normal«.[28]

Freilich wirkt es auf die meisten Menschen keineswegs beruhigend, wenn ihnen gesagt wird, Kriminalität sei normal. Oft ist es gerade die Verbindung zwischen biederer Normalität und monströsen Verbrechen, die die Menschen am tiefsten verstört. Mit einem Schlag wird uns dann die Nachtseite der vergesellschafteten Vernunft enthüllt und löst in uns Panik aus. Das gilt für viele Fälle von Sexualverbrechen, insbesondere Kindesmissbrauch durch biedere Onkel, Väter, Lehrer oder Priester, das gilt für jene Fälle, in denen eifrige Studenten oder nette Nachbarn urplötzlich als islamistische Selbstmordterroristen oder rechtsradikale Massenmörder in den Medien auftauchen, das gilt erst recht, wenn wie an der Colombine High School, an der Mississippi Tech, in Erfurt, Emsdetten, Winnenden, im finnischen Kauhajoki oder in Aurora/Colorado unauffällige junge Männer plötzlich zu Amokläufern werden und scheinbar grundlos ein Massaker anrichten.

Wenn sich grauenhafte Verbrechen überall und jederzeit ereignen können, wenn biedere Nachbarn, unauffällige und freundliche junge Leute sich, wie es scheint, von einem Augenblick zum anderen in Täter verwandeln können, dann ist diese statistisch betrachtet durchaus erwartbare *Normalität* des Verbrechens noch angsterregender als die Vorstellung eines uns wesensfremden *Bösen*. Die Botschaft dieser Verbrechen lautet: Man kann nie und nirgends sicher sein; die Bedrohung ist auch dort, wo alles auf den ersten Blick vertraut, normal, geordnet erscheint: in der Universität, im Einkaufszentrum, in der Schule, im Kino, im Ferienlager, im Rathaus, in der Unternehmensverwaltung, sogar im Gerichtssaal. In vielen Fällen sind die Taten ganz offensichtlich keine Taten

---

[28.] Ebd., S. 20.

von Sonderlingen oder Außenseitern, sondern von ganz normalen Menschen, von, zumindest auf den ersten Blick, bieder wirkenden Mittelschichtangehörigen aus äußerlich intakten Familien. Der moderne Amokläufer gehört zu den Erscheinungen, die unsere Gesellschaft am tiefsten erschrecken und verstören, weil durch ihn das Soziale selbst zur Bedrohung zu werden scheint. Über den Amokläufer schreibt Joseph Vogel: »Er kommt aus dem Unauffälligen. Er folgt dem Gesetz der Serie. Seine Wahl ist beliebig und seine Wahllosigkeit exakt.« Er tritt auf »als alltägliche Monstrosität, mit der eine unspürbare Gefahr plötzliche Gestalt annimmt und verdeutlicht, dass im solidarischen Frieden die Panik und der Ernstfall eingeschlossen bleiben.«[29]

Wie aber soll man sich gegen monströse Taten schützen, die im ganz normalen Leben unserer Gesellschaft heranreifen und plötzlich, ohne Vorwarnung über uns hereinbrechen? Müssen wir im Alltag misstrauischer sein, überall und stets nach ersten Anzeichen für ein geplantes Verbrechen, für eine sich anbahnende Katastrophe fahnden? Tun wir gut daran, niemandem, auch den Menschen, mit denen wir seit Langem Umgang pflegen und die wir zu kennen glauben, über den Weg zu trauen? Die Sicherheitsindustrie und die Geheimdienste haben ein natürliches Interesse daran, ein solch pauschales Misstrauen zu säen, und allzu oft und allzu gern gehen ihnen die Medien und in der Folge große Teile der Öffentlichkeit auf den Leim. Die immer wieder aufkommende Forderung nach einer umfassenden Vorratsdatenspeicherung belegt das. Wenn, wie in Fällen von Terrorverdacht oder Kindesentführung, die Emotionen des Publikums besonders hochschlagen, werden selbst rechtsstaatliche, in der Menschenrechtserklärung von 1948 feierlich verkündete Grundsätze wie das Folterverbot leicht in Frage gestellt. Oder es kommt zu Tabubrüchen. So gesche-

[29.] Vogel, in: Münkler, S. 248.

hen im Jahr 2012, als das Verfassungsgericht erstmals den Einsatz der Bundeswehr im Inneren bei einer »Ausnahmesituation katastrophischen Ausmaßes« – was immer das sein mag – für erlaubt erklärt. Ein weiterer Schritt zur Aushöhlung der grundgesetzlich garantierten Demokratie, der keinen öffentlichen Aufschrei auslöst, weil er vielen Menschen als im Interesse unserer Sicherheit notwendige Maßnahme erscheint. Reißerische Berichte über Sexualverbrechen an Kindern führen nicht selten zu teilweise absurden Sicherheitsmaßnahmen. »Die Mehrheit«, schreibt Joachim Käppner in der Wochenendbeilage der *Süddeutschen Zeitung* vom 4./5. Juni 2011, »glaubt (…), die Gefahr für Kinder, von einem Sexualmörder geschnappt und getötet zu werden, sei um ein Vielfaches höher als früher. (…) Dabei sind solche furchtbaren Taten heute weitaus seltener (…).« Viele Eltern wagen es nicht mehr, ihre Kinder ohne Aufsicht draußen spielen zu lassen, fahren sie jeden Morgen mit dem Auto zur nahen Schule und holen sie nach Schulschluss wieder ab, verdächtigen jeden Lehrer, jeden Nachbarn, der sich Kindern gegenüber etwas weniger reserviert benimmt, als es üblich ist. »Es *herrscht* Angst. Angst verkauft Zeitungen, Angst bringt Wählerstimmen, Angst treibt Sicherheitspolitiker zu Höchstleistungen, Angst ist nicht mehr wegzudenken aus Gegenwartsdiagnosen und Zukunftsprognosen.«[30]

Jeder vierte Deutsche, das zeigen Umfragen, hat Angst, Opfer einer Straftat zu werden. Entsprechend misstrauisch begegnen viele heute ihren Mitmenschen. Hinter der Fassade des hilfsbereiten Nachbarn, des pflichtbewussten Beamten, des kinderlieben Onkels oder Nennonkels, das ist die Botschaft, die boulevardeske Medien täglich verbreiten, steckt oft ein Dieb, ein Betrüger, ein Kinderschänder, ein Terrorist. Aber ein solcher generalisierter Misstrauensmalus ist der sicherste

[30.] Trojanow/Zeh, S. 109.

Weg zur Zerstörung von Zivilität und Humanität. Ohne Vertrauen geht es nicht. Nur wenn wir unseren Mitmenschen, den Nachbarn, Freunden und Kollegen, aber auch den vielen Fremden, mit denen wir in der modernen Gesellschaft täglich umgehen, mit einem Vorschuss an Vertrauen begegnen, können wir in zivilen und humanen Verhältnissen leben. Ein risikofreies Leben gibt es nicht, aber wir haben, nüchtern betrachtet, auch keinen Grund anzunehmen, dass tödliche Gefahren an jeder Straßenecke und hinter jeder Gartenhecke lauern. Ein unvoreingenommener Blick auf unsere alltägliche Erfahrung mag uns helfen, auf dem Teppich zu bleiben und uns von der öffentlichen Sicherheitshysterie nicht anstecken zu lassen. Wir sollten uns die zahllosen unspektakulären Fälle immer wieder ins Gedächtnis rufen, in denen sich Vertrauen im Alltag bewährt, und uns klarmachen, dass die monströsen Verbrechen, von denen wir aus der Presse und dem Fernsehen erfahren, uns vor allem deshalb so verstören, weil sie äußerst seltene Ausnahmen sind.

# 4. Das Ungleichgewicht des Schreckens

Das berühmt-berüchtigte *Gleichgewicht des Schreckens* zwischen dem westlichen und dem östlichen Gesellschaftssystem in der Zeit des Kalten Krieges war furchteinflößend genug, und es gehört zu den größten, bis heute nicht ausreichend erklärten Sensationen der Geschichte, dass diese hochgefährliche Konstellation unblutig überwunden werden konnte. Gerade noch rechtzeitig, könnte man sagen. Denn in der Tat führte die Logik der wechselseitigen Bedrohung in den Nachkriegsjahrzehnten dazu, dass die Welt immer radikaler von dem fehlerlosen Funktionieren einer gewaltigen militärischen Sicherungs- und Bedrohungsmaschine abhängig wurde. Eine prinzipiell unendliche Folge aufeinander antwortender Vor- und Nachrüstungen und der damit einhergehende Fortschritt der atomaren Waffentechnik bewirkten, dass die Reaktionszeiten auf der jeweils anderen Seite immer weiter schrumpften, sodass am Ende nicht einmal mehr Zeit für eine politische Entscheidung über den Einsatz von Atomwaffen blieb. Die sich anbietende Lösung hieß *automatische Antwort*, d. h. die Entscheidung über die Auslösung der Apokalypse musste aus technischen Gründen, weil ein verhängnisvolles Fehlverhalten der involvierten Menschen unter wachsendem Zeitdruck immer wahrscheinlicher wurde, der Zerstörungsmaschine selbst überlassen werden. Die Politik der Abschreckung, deren Ratio darin bestand, dass sie mit dem Selbsterhaltungsinteresse handelnder Menschen kalkulierte, wurde dadurch eben diesem Handlungszusammenhang entzogen und automatisiert.

Die ironische Pointe dieser Entwicklung bestand darin, dass der gewaltige Abschreckungsapparat, der aufgebaut worden war, um die Bevölkerung vor der Unterjochung unter einer fremden Macht zu bewahren, selbst immer offensichtlicher zu einer fremden Macht wurde, der die Menschen auf Gedeih und Verderb unterworfen waren. Aber schon bald zeigte sich, dass auch die bedingungslose Unterwerfung unter die Abschreckungsmaschine nicht jene Sicherheit erzeugte, die man sich davon versprochen hatte. Mehrmals kam es zu Fehlmeldungen der Warnsysteme, stiegen Atombomber auf, wurden mit Atombomben bestückte Raketen in ihren Silos startklar gemacht, stand die Menschheit am Rande der Selbstauslöschung. Dass in all diesen Fällen der Fehler noch rechtzeitig entdeckt und der vermeintliche Zweitschlag abgeblasen werden würde, war auch für eher heitere Gemüter nicht zu erwarten gewesen. Das lähmende Gefühl, in einer *Endzeit* (Günther Anders) zu leben, breitete sich aus. Schon die Kubakrise des Jahres 1961 hatte die Welt an den Rand des Abgrunds geführt. Dass die von vielen erwartete Apokalypse ausblieb, war allein der Tatsache zu verdanken, dass die sowjetische Führung, womit durchaus nicht zu rechnen war, im letzten Moment doch noch einlenkte, was Robert McNamara, den damaligen US-Verteidigungsminister, zu dem vielsagenden Kommentar veranlasste: »Wir haben Glück gehabt.«

Heute gehören der Ost-West-Gegensatz und damit auch das alte Gleichgewicht des Schreckens der Geschichte an. Aber die von vielen nach 1989 erwartete *Friedensdividende* ist ausgeblieben. Insbesondere in den USA ist die Fixierung auf eine Sicherheitspolitik mit militärischen Mitteln ungebrochen. Da in einer Demokratie aber immer die Gefahr besteht, dass die öffentliche Meinung sich gegen Kriege und kriegerische Aktionen wenden könnte, wenn diese erhebliche eigene Opfer fordern, forcieren die USA seit einiger Zeit den Einsatz unbemannter Drohnen und anderer Kampfroboter. Mit Hilfe dieser per Mausklick ferngesteuerten Waffen sollen beispielsweise in Afghanistan und in Pakistan Terroristen zur Strecke gebracht werden, ohne dass eigene Soldaten gefährdet werden. Noch müssen allerdings Menschen an Bildschirmen die übermittelten Aufklärungsdaten sichten, die Ziele bestimmen und den Beschuss auslösen. Weil es dabei regelmäßig zu Fehlern kommt, werden weit mehr unschuldige Zivilisten als Al-Qaida-Kämpfer getroffen. Auch das wächst sich leicht zu einem ernsten Legitimitätsproblem aus.

In dieser Situation setzen die technikgläubigen amerikanischen Militärs zunehmend auf Automatisierung. Die Kampfroboter sollen so weiterentwickelt werden, dass sie selbstständig und angeblich fehlerfrei Kämpfer von Zivilisten sowie Feinde von Freunden unterscheiden können und die Entscheidung zur Tötung treffen. Hier wiederholt sich dieselbe katastrophale Fehlentwicklung im Denken, die in der Endphase des Ost-West-Konflikts die *automatische Antwort* als Lösung des Problems schrumpfender Reaktionszeiten empfahl: Um menschliches Versagen auszuschalten, machen wir uns abhängig von autonom funktionierenden technischen Systemen und geraten so in eine radikale Abhängigkeit, die uns nur scheinbar der Verantwortung für die Folgen enthebt. Es ist anzunehmen, dass die Neigung, Konflikte militärisch zu lösen, die in den USA ohnehin groß ist, durch diese militärtechnologische Tendenz weiter befördert wird.

Dabei haben die Anschläge vom 11. September 2001 und die nachfolgenden von Madrid und London sowie die Kriege im Irak und in Afghanistan eigentlich deutlich gemacht, dass es auch nach dem Ende des Ost-West-Gegensatzes für uns keinen militärisch geschützten Frieden geben kann. Kleine Gruppen, sogar einzelne Personen, können, wie der moderne Terrorismus Woche für Woche beweist, mit bescheidenen Mitteln die hochgerüstete westliche Welt in Angst und Schrecken versetzen. Entsprechend panisch hat denn auch die Politik, vor allem in den USA, auf die neue Lage reagiert. »Diese Möglichkeit, dass ein einzelnes Individuum den totalen Krieg beginnen kann, ist furchteinflößend, denn das verändert die traditionellen Kräfteverhältnisse, in denen während des Großteils der Menschheitsgeschichte gelebt und gedacht wurde. Das hat eine Panik erzeugt, nicht nur auf individueller Ebene, sondern auch eine Panik des Politischen, dem gegenüber jeder Maßstab verloren ging, besonders in den USA.«[31]

Für den Westen und seine angeschlagene Führungsmacht, die USA, bedeutet die langsam ins Bewusstsein dringende Erkenntnis, dass auch die gewaltigste militärische Macht und die ausgeklügelsten Kontroll- und Warnsysteme letztlich keine Sicherheit schaffen können, dass vielmehr die nach unseren wissenschaftlich-technisch-ökonomischen Maßstäben am weitesten entwickelten Gesellschaften besonders verwundbar sind, eine tiefgehende Erschütterung des Selbstbewusstseins. Erst allmählich dämmert es den Politikern in den USA, dass der *Krieg gegen den Terrorismus* nicht zu gewinnen ist. Weil der Westen aus dem historisch einmaligen Glücksfall der friedlichen *Revolution* im Sowjetimperium nicht die notwendigen Konsequenzen gezogen hat, ist an die Stelle des *Gleichgewichts des Schreckens* nicht eine neue Weltfriedensordnung getreten, sondern eine Konstellation, die man als *Ungleichgewicht des Schreckens* (Virilio) bezeichnen könnte, eine Konstellation, in der auch die ökonomisch und militärisch Mächtigsten die totalitäre Zerstörungskraft der Ohnmächtigen fürchten müssen.

Was in den achtziger Jahren den Menschen in Mitteleuropa schlagartig bewusst wurde, als die Pentagon-Planungen bezüglich eines *führbaren Atomkriegs* ruchbar wurden, nämlich, dass die Logik der Rüstungseskalation sie zur schutzlos ausgelieferten Dispositionsmasse im Konflikt der Machtblöcke degradierte, das gilt heute praktisch überall auf der Welt. Überall auf der Welt beginnen die Menschen zu begreifen,

---

[31.] Virilio, S. 29.

dass auch der mächtigste Staat und die wachsamsten Geheimdienste sie nicht wirksam schützen können. Dabei geht es gar nicht in erster Linie darum, dass Terroristen oder den Terrorismus fördernde Staaten demnächst über Atomwaffen verfügen könnten. Das ist in der Tat wahrscheinlich, wenn die Proliferation dieses Waffensystems in der gleichen mäßigen Geschwindigkeit fortschreitet wie in den letzten fünf Jahrzehnten. Aber Terroristen brauchen, wie wir gesehen haben, gar keine Atomwaffen, um mitten in den Machtzentren der westlichen Welt unermessliche Zerstörung anzurichten. Herkömmlicher Sprengstoff, biologische Waffen und erst recht kleine Mengen strahlenden Materials genügen dazu vollkommen. Wenn sich im Machtgefüge der Welt nichts grundlegend verändert, spricht vieles dafür, dass alle diese im Prinzip leicht zugänglichen Waffen in den nächsten Jahren in der westlichen Welt zum Einsatz kommen. Damit wird die Verstrahlung ganzer Metropolen wie New York, London, Paris oder Berlin, die Vergiftung von Millionen Menschen durch einen einzelnen Täter oder eine kleine Gruppe eine ernst zu nehmende Möglichkeit, und sie wird umso wahrscheinlicher, je besinnungsloser mächtige Staaten in ihrer Panik um sich schlagen.

Neben der ökologischen Krise und den Schrecken eines außer Kontrolle geratenen Weltfinanzmarkts sind es solche apokalyptischen Ängste, die das Bewusstsein der Menschen heute grundieren. Sie werden noch einmal verstärkt durch die Medien, die den Schrecken Tag für Tag in Bild und Ton über den ganzen Erdball verbreiten. Das Verstörendste dürfte dabei das Auftreten von Selbstmordattentätern sein. Unsere moderne Welt, die in ihrem Denken und Handeln, die in all ihren Ordnungs- und Sicherungssystemen stets das von eigennützigen Interessen geleitete und in diesem Sinne *vernünftig* kalkulierende Individuum voraussetzt, ist mit diesem Phänomen völlig überfordert. Wie soll man Gegner bekämpfen, wie soll man mit Gegnern verhandeln, die bei ihren gegen uns gerichteten Aktionen zwar im Sinne westlicher Rationalität planvoll vorgehen, aber das rudimentärste *rationale* Interesse an der Selbsterhaltung vermissen lassen? Haben wir es hier womöglich mit einer besonderen Form von Geisteskrankheit zu tun, und wenn ja: Was sind ihre Ursachen und wie wäre sie, wenn die von ihr Befallenen rechtzeitig diagnostisch identifiziert werden könnten, zu behandeln? Oder ist der Selbstmordattentäter doch eher Ausdruck eines sozialen und politischen Problems, auf das mit politischen Mitteln zu antworten wäre?

Hier ist vom *Ungleichgewicht des Schreckens* die Rede, um die Asymmetrie im Verhältnis der Konfliktparteien deutlich zu machen. Es sind die Machtlosen, die Gedemütigten, die in ihrer Würde tief Verletzten, die den Westen heute mit ihrer *Irrationalität* in Schrecken versetzen. Zur Zeit des Ost-West-Gegensatzes hatte es der Westen mit einem machtvollen Gegner zu tun, der – zumindest nach Stalins Tod – bei allen Unterschieden doch im Wesentlichen derselben Rationalität des Denkens und Handelns folgte wie der Westen selbst. Die Sowjetunion und ihre Verbündeten waren zwar als Gegner gefährlich, aber in ihren Aktionen und Reaktionen durchaus berechenbar. Die NATO und die westliche Diplomatie konnten davon ausgehen, dass sich die andere Seite im politischen Schachspiel im Großen und Ganzen an die Regeln halten würde. Man konnte mit diesem Gegner sogar Verträge schließen und so einen halbwegs gesicherten Status quo erreichen und am Ende, befördert durch die neue Ostpolitik und den Helsinki-Prozess, eine den Ost-West-Gegensatz überwindende Dynamik in Gang setzen. Das ist in der gegenwärtigen Phase des Ungleichgewichts des Schreckens anders. Die Bedrohung ist ubiquitär geworden, ist nicht mehr lokalisierbar als ein »Reich des Bösen« oder als identifizierbare Gruppe von »Schurkenstaaten«, wie noch George W. Bush glauben machte. Auf der *anderen Seite*, die es so gar nicht mehr gibt, befindet sich niemand, der als potenzieller Partner für Verträge in Frage käme.

Die Bedrohung, der wir im Zeitalter der asymmetrischen Konflikte ausgesetzt sind, ist umso unheimlicher, je schwerer sie zu identifizieren ist. Es entspricht der Logik des Terrorismus, dass er keine Front errichtet, keine unpassierbare Trennlinie zwischen *uns* und *ihnen*. Die Gewalt steckt unerkannt in der Gesellschaft, in der wir uns bewegen, sie kann jederzeit und an jedem Ort über jeden von uns hereinbrechen, sie ist so sehr Bestandteil des Sozialen, dass im Prinzip jeder als potenzieller Täter und potenzielles Opfer in Frage kommt. Auch Samuel Hutchinsons Versuch, die neue Konfliktlage als *Kampf der Kulturen* zu deuten, führt in die Irre. Der Terrorismus lässt sich keiner Kultur, keiner Religion, keiner Nation, keiner sozialen Gruppe eindeutig zuordnen. Genau das aber macht den Terrorismus zu einem so wirksamen zersetzenden Gift in der modernen Gesellschaft. Weil im Prinzip alle Gesellschaftsmitglieder unter dem Verdacht der Täter- oder Komplizenschaft stehen, untergräbt der Terrorismus das Vertrauen, ohne das hochkomplexe moderne Gesellschaften nicht lebensfähig sind.

In Norwegen haben Bevölkerung und Regierung nach den Anschlägen des Massenmörders Anders Behring Breivik bewiesen, dass sie die tödliche Gefahr für die Gesellschaft begriffen haben. In einer großartigen Manifestation der Gemeinschaftlichkeit demonstrierten sie ihre Entschlossenheit, die Vertrauensgrundlagen einer offenen demokratischen Gesellschaft zu erhalten. Es ist anzunehmen, dass sich hier schon ein Lernprozess angesichts der falschen und kontraproduktiven Reaktion in den USA auf die Anschläge auf das World Trade Center auswirkte. Denn in den USA hatten Regierung und Bevölkerung nach einer ähnlichen Katastrophe ganz anders reagiert: George W. Bush erklärte den *Krieg gegen den Terrorismus,* viele Amerikaner sahen auf einmal in ihren muslimischen Mitbürgern potenzielle Terroristen, im großen Stil wurden demokratische Grundrechte abgebaut, Menschen ohne Gerichtsurteil gefangen gehalten, Folterpraktiken von Staats wegen legitimiert. Es geschah, was in solchen Situationen allzu oft geschieht: Bei dem Versuch, sich gegen einen Angriff zur Wehr zu setzen, ließ sich ein demokratisches Gemeinwesen dazu verleiten, der inhumanen und antidemokratischen Logik seiner Feinde zu folgen.

Nirgends hat der Terrorismus, vor allem der islamistische, zerstörerischer gewirkt als in der Gesellschaft der USA. Bis heute ist es dort nicht gelungen, die Vertrauensbasis wiederherzustellen, die für das Funktionieren einer komplexen Gesellschaft unerlässlich ist. Die politische Sphäre ist in einem Maße vergiftet wie seit dem Sezessionskrieg nicht mehr. Die von der *Tea Party* in eine unsinnige Radikalisierung getriebenen Republikaner sind kaum noch zu Kompromissen mit der Demokratischen Partei fähig, der gewählte Präsident Barack Obama wird auf öffentlichen Kundgebungen und auf Fox TV je nach Bedarf als neuer Stalin oder neuer Hitler beschimpft. Das Land, das unter einem riesigen Schuldenberg und unter der immer noch hohen Arbeitslosigkeit ächzt, rüstet weiter auf – nach außen und im Innern. In der sich schnell ausbreitenden Atmosphäre des Misstrauens wird mittlerweile auch die traditionell lebendige Kultur der einst weltweit bewunderten Townhall-Demokratie in Mitleidenschaft gezogen.

Das eigentlich Tragische an dieser Situation ist, dass die naheliegende Methode der Angstreduktion durch die Externalisierung der Bedrohung nicht mehr funktioniert. Der Versuch, dem Terrorismus durch die Intervention im Irak, in Afghanistan oder am Horn von Afrika die Basis zu entziehen, ist gescheitert, die übliche pauschale Stigmatisierung des Islam als Feind des Westens hat sich spätestens nach den jüngsten demokratischen Erhebungen in der islamischen Welt erledigt, und die blutigen Anschläge von Bologna 1980, auf dem Oktoberfest in München im selben Jahr, in Oklahoma City

1995, in Norwegen 2011 und die erst kürzlich ans Licht ge-
kommenen Morde eines rechtsradikalen Untergrundnetzes
in Deutschland haben bewiesen, dass Terrorismus keineswegs
ein Spezifikum islamistischer Radikalität ist. Terroristische
Gewalt scheint – zumindest auch – ein Zerfallsprodukt jener
geordneten westlichen Welt zu sein, die sich nach dem Zweiten Weltkrieg im Wohlfahrtsstaat mit geregelten Arbeitsbeziehungen und umfassender sozialer Absicherung etablierte.

Freiheit und Demokratie haben – das zeigte sich im annus
mirabilis 1989 und das hat sich im Jahr 2011 in den demokratischen Aufstandsbewegungen in der islamischen Welt er-
neut erwiesen – nichts von ihrer Attraktivität eingebüßt. Aber
wenn sie, wie es leider im Westen allzu oft der Fall ist, mit
mitleidloser Durchsetzung der jeweils eigenen ökonomischen
Interessen, mit arroganter Machtdemonstration und Missachtung der weniger Erfolgreichen und anderer Kulturen,
mit der Erzeugung massenhaften Elends und der Auflösung
aller sozialer Bindungen einhergehen, setzen sie vagabun-
dierende destruktive Kräfte frei, die sich jederzeit, an jedem
Ort gewaltsam manifestieren können. Der Terrorismus als
markantester Ausdruck dieser Gewalt entstammt nicht dem
Zusammenstoß eines historisch zurückgebliebenen Bewusstseins mit der avancierten Moderne, sondern ist das Ergebnis
eines Zurückbleibens der Moderne hinter ihren eigenen Ansprüchen, ihren eigenen Versprechen von Freiheit, Gleichheit
und Brüderlichkeit. Wir können auch sagen: Terrorismus ist
der Ausdruck der verzweifelten Moderne.

# 5. Der Verfall lebensleitender Institutionen

Wer vor fünfzig, sechzig Jahren einen Lebenslauf schreiben musste, für den waren die markanten Stationen, die er zu erwähnen hatte, weitgehend vorgegeben: Geburt, Einschulung, Kommunion oder Konfirmation, Hauptschulabschluss, Mittlere Reife oder Abitur, Wehrdienst, Lehre oder Studium, Berufseintritt, Eheschließung, Geburt der Kinder, der eine oder andere Karriereschritt, vielleicht noch ein Hinweis auf langjährige Mitarbeit bei der Caritas oder der Diakonie, auf die Mitgliedschaft in einem Verein, einer Gewerkschaft, einer Partei, schließlich Ruhestand. Ein Leben führen, das hieß noch vor wenigen Jahrzehnten für die meisten Menschen, eine im wesentlichen bekannte Reihe von Stationen zu durchlaufen und dabei einen weitgehend vorgeprägten Satz von Rollen einzunehmen. Der Lebenslauf fand in der Regel auf einer vorgezeichneten Bahn statt, war weitestgehend absehbar und in Grenzen planbar. Wem das nicht abenteuerlich genug war, der konnte aus der Routine ausbrechen, sich verweigern, auf fantasievolle und provokative Weise anders leben, aber zumeist auch wieder in die Sicherheit eines institutionalisierten Lebens zurückkehren, wenn er des Abenteuers überdrüssig wurde.

Das ist heute anders. Wer als junger Mensch heute »ins Leben tritt«, weiß in der Regel nicht so recht, worauf er sich da einlässt und wohin die Reise geht. Die alten Laufbahnordnungen sind demontiert, der lebenslange Beruf auf der Basis in der Jugend erworbener Qualifikationen eine Ausnahme, die Garantien des Sozialstaats und politisch geregelter Arbeitsbeziehungen sind durchlöchert. Leben ist für eine wachsende Zahl von Menschen zum unberechenbaren Risiko geworden. Während die Menschen über Jahrtausende davon ausgehen konnten, dass die Welt, in der sie lebten, morgen und übermorgen mehr oder weniger so aussehen würde, wie heute, leben sie heute in dem Bewusstsein, dass morgen schon alles anders sein kann: faszinierend, beunruhigend, deprimierend anders.

Überall haben die traditionell lebensleitenden Institutionen – Kirchen, Parteien, Gewerkschaften, Nachbarschaftsvereine, Kleingartenkolonien, stabile Belegschaften an festen Arbeitsplätzen – unter dem Druck gesteigerter Mobilitätsanforderungen und angesichts radikalisierter Marktbeziehungen in einer globalisierten Welt ihre bindende und Halt gebende Funktion weitgehend eingebüßt. Gleichzeitig sind nahezu überall in der westlichen Welt die Halteseile des sozialstaatlichen Sicherungssystems brüchig geworden. »Alles was Sicherheit bietet«, schreibt Zygmunt Baumann in seinem Buch *Die flüchtige Moderne,* »verdampft, während die dem Individuum zugeschriebenen (...) Verantwortlichkeiten in bisher unbekanntem Maße wachsen.«[32] Den Menschen wird immer öfter zugemutet, als radikale Individualisten ihr Leben sozusagen aus dem Nichts selbst zu entwerfen und sich auf eine Reise zu begeben, von der niemand wissen kann, wohin sie geht. Das mag auf den ersten Blick für manchen stimulierend erscheinen und eine Zeitlang gar als berauschende Freiheit erlebt werden, erweist sich aber bald für die meisten Menschen schlicht als Überforderung.

Natürlich gab es auch schon früher Krisenzeiten, in denen die tradierten Rahmenbedingungen des Lebens fragwürdig wurden und die Menschen sich gezwungen sahen, ihrem Leben eine neue Ordnung zu geben, so z. B. in der hellenistischen Epoche, als die epikureische Tendenz des Denkens die Sorge um das Selbst in den Mittelpunkt der Philosophie rückte, im 5. Jahrhundert unserer Zeitrechnung, als die antike Welt zusammenbrach, und während der Renaissance, die unter dem

[32] Baumann 2003, S. 200.

Tarnnamen der *Wiedergeburt* den Auftakt zu einer langen Reihe revolutionärer Veränderungen gab. Aber erst die Moderne bringt eine derart schnelle Folge grundstürzend neuer Erkenntnisse der Wissenschaft und einen so umfassenden, sich ständig beschleunigenden Wandel, dass bei den Menschen neben den euphorischen Fortschrittserwartungen auch eine tiefe existenzielle Verwirrung erzeugt wird.

Gustave Flaubert hat in seinem aus dem Nachlass veröffentlichten Roman *Bouvard und Pécuchet* die Lage des modernen Menschen ironisch am Beispiel zweier bildungsbeflissener Rentner geschildert, die sich vergebens bemühen, Ordnung in das auf sie einstürmende Wissenschaos zu bringen, um so Sicherheit zu erlangen:

»»*Die Sonne ist millionenmal größer als die Erde, der Sirius ist zwölfmal so groß wie die Sonne, die Kometen haben eine Länge von vierunddreißig Millionen Meilen.*‹
›*Das ist ja zum Verrücktwerden*‹, sagte Bouvard (...).
*Pécuchet fuhr fort:*
›*Die Geschwindigkeit des Lichts beträgt achtzigtausend Meilen pro Sekunde. Ein Lichtstrahl der Milchstraße braucht sechs Jahrhunderte, bis er zu uns kommt. Und so kann es vorkommen, dass ein Stern, den wir beobachten, längst verschwunden ist. Viele sieht man nur zu gewissen Zeiten, andere kommen niemals wieder oder ändern ihre Stellung; alles ist in Bewegung, alles vergeht.*‹
›*Aber die Sonne bewegt sich nicht.*‹
›*Das glaubte man früher. Heute sagen die Gelehrten, sie bewege sich mit rasender Geschwindigkeit auf das Sternenbild des Herkules zu.*‹«[33]

Der verzweifelte Versuch der beiden Biedermänner Bouvard und Pécuchet, durch die Einverleibung aller wissenschaftli-

---

[33.] Flaubert, S. 101.

cher Erkenntnisse ihrer Zeit festen Boden unter den Füßen zu bekommen, scheitert auf absurde Weise – ein Menetekel, das unsere heutige Situation schlagartig erhellt. Wenn alles in Bewegung ist, wir uns an nichts Verlässliches mehr halten können, verlieren wir selbst, verliert unser Leben seinen fassbaren Sinn. Niklas Luhmann hat die moderne Orientierungslosigkeit in seiner systemtheoretischen Begrifflichkeit so benannt: »Die moralische Gewissheit guten Handelns versagt als Angstdämpfung, wo hohe, nahezu beliebige Komplexität der Welt und der Gesellschaft institutionalisiert sind. Dann wird Sicherheit zum Problem und zum Thema.«[34]

Natürlich wissen wir alle, dass Sicherheit und Geborgenheit auch als beengend erlebt werden und Atemnot erzeugen können. Die überraschungslose Stereotypie des Alltags, die im Großen und Ganzen immer gleichen Tages-, Wochen- und Jahresabläufe, die Arbeits- und Freizeit-, die Haushalts- und Eheroutine verursachen nicht selten quälende Langeweile und Überdruss und nähren den verzweifelten Wunsch nach Abwechslung. In unserer Gesellschaft, in der die Autonomie zum »höchsten Wert« (Alain Ehrenberg) geworden ist, werden solche Reaktionen wahrscheinlicher und natürlich tragen auch sie zur Delegitimierung sozialer Bindungen und Institutionen bei. Aber wenn alles im Fluss ist, wenn wir ständig mit neuen Herausforderungen konfrontiert werden, wenn um uns herum die Welt sich in rasendem Tempo verändert, geraten wir unter Dauerstress, verlieren die Orientierung und brechen am Ende womöglich unter der psychischen Überforderung zusammen. Ohne einen festen Bezugspunkt, ohne eine übersichtliche Rhythmisierung des Alltags, ohne stabile Leitplanken, ohne Verpflichtungen gegenüber der Familie, den Freunden, den Arbeits- oder Vereinskollegen, ohne die Einbettung in stabile Sozialbeziehungen, ganz auf sich selbst

---

[34.] Luhmann 1976, S. 20.

und ihre erratischen Wünsche zurückgeworfen, gelingt es den meisten Menschen offenbar nur schwer, ihrem Leben einen Sinn und eine Kontur zu geben.

Allzu vorschnell glaubten manche Soziologen und Psychologen in den achtziger Jahren eine neue Jugend heranwachsen zu sehen, die radikalindividualistisch nur noch »ihr Ding« mache und sich allenfalls auf Zeit und immer nur unter dem Aspekt des egoistischen Lustgewinns auf andere Menschen einlasse. Nicht einmal die Kontinuität des eigenen Ich schien diese neue Jugend noch nötig zu haben. Ihr »multiples Selbst«, so war zu hören und zu lesen, ermögliche es ihnen, sich chamäleonartig an die sich immer schneller wandelnde Umwelt anzupassen. Für diese neue Jugend, so wurde uns suggeriert, lösten sich die Grenzen zwischen den Kulturen auf, sie sei in der Lage, ihre *Identität* je nach Laune und Bedarf zu wechseln. Jedoch, wie der Kulturanthropologe Christoph Antweiler zu Recht betont, haben Menschen »ein psychisches Bedürfnis an Stabilität und Standardisierung«, wozu außerdem eine »starke psychische Orientierung und auch physische Beschränkung auf lokale Räume« gehört.[35] Auch die Tatsache, dass alle Jugenduntersuchungen der letzten Jahre regelmäßig zu dem Ergebnis kommen, dass *Familie* und *Freundschaft* auf der persönlichen Wertskala junger Leute ganz oben stehen, scheint das zu belegen. Gegen die starken Kräfte, die die Vereinzelung der Menschen in der modernen Gesellschaft vorantreiben, setzen sich diese offenbar instinktiv zur Wehr, indem sie sich des Schutzes der Kleingemeinschaft zu vergewissern trachten.

Die »zappeligen Wesen, die Ich genannt werden« (Ludwig Marcuse), sind auf sich allein gestellt ganz offensichtlich nicht in der Lage, halbwegs unbeschädigt durchs Leben zu kommen. Ohne stabile, verpflichtende und vertrauenstiftende

---

[35.] Antweiler, S. 58f.

Sozialbeziehungen geht es offenbar nicht. Was Ludwig Marcuse mitten in dem grauenhaften Pandämonium des Zweiten Weltkriegs seiner Zeit bescheinigt, gilt heute erst recht. Die Dynamik der Moderne tendiert dazu, alle einst so klar erscheinenden Konturen von Ich und Welt zu verwischen und so Unsicherheit und Angst zu erzeugen: »Wer heute lebt kann seine Welt nicht fassen – und kann sich selber nicht fassen; und diese Rätselhaftigkeit von Gebilden, mit denen man so eng verbandelt ist wie mit seinem Ich und seiner Gesellschaft, schafft Unsicherheit. Sieht man in die Welt, so sieht man eine undurchdringliche Wildnis. Sieht man in den Spiegel, so verirrt man sich in sich selbst. Die Welt ist eine Fremde; und das eigene Ich ist nicht eine Spur vertrauter.«[36]

Als Jürgen Habermas in den achtziger Jahren von der »neuen Unübersichtlichkeit« sprach, ging es ihm vor allem um die manifeste Krise des Wohlfahrtsstaats und die Erschöpfung der arbeitsgesellschaftlichen Utopie: »Wenn die utopischen Oasen austrocknen, breitet sich eine Wüste von Banalität und Ratlosigkeit aus.«[37] Von den drei zentralen Steuerungsressourcen moderner Gesellschaften, Geld, Macht und Solidarität, so Habermas, hätten sich die beiden ersten zulasten der letzteren durchgesetzt, sodass es auf breiter Basis zu sozialer Desintegration und Sinnverlust komme.[38] Damals freilich, als die Konsequenzen des marktradikalen Rückfalls noch nicht offen zutage lagen, traf diese Einrede auf wenig Zustimmung. Die wohlfahrtsstaatliche Ordnung – die in den USA nach der Roosevelt'schen Politik des *New Deal* und im westlichen Europa unter dem nachwirkenden Schock des Faschismus und angesichts der Herausforderung durch den Sozialismus auf der Basis eines gesellschaftlichen Kompromis-

---

[36.] Marcuse, S. 36.
[37.] Habermas, S. 161.
[38.] Ebd., S. 158.

ses zwischen der Arbeiterbewegung und den bürgerlichen Parteien möglich geworden war –, war im Grunde schon brüchig geworden, als, wiederum in den USA, mit der einseitigen Kündigung des *Bretton Woods*-Vertrags das Ende der Nachkriegszeit eingeläutet wurde. Als daraufhin in Großbritannien Margret Thatcher und in den USA Ronald Reagan die neoliberale Revolution in Gang setzten, die bald die ganze westliche Welt und nach 1989 auch die Länder des ehemaligen Sowjetimperiums erfasste, kam es zu einem Prozess der Deregulierung aller Sozialverhältnisse sowie einer vom Finanzkapital angetriebenen Beschleunigung allen Marktgeschehens, die die Lebenswelten der Menschen von Grund auf destabilisierten.

Die daraus resultierende Unübersichtlichkeit führt nicht nur zu einer wachsenden Angst vor Kontrollverlust. Gleichzeitig schwinden bei vielen Menschen die individuellen Ressourcen, mit der unübersichtlichen Situation fertig zu werden, weil durch die Schwächung und teilweise Auflösung der lebensleitenden Institutionen auch die Möglichkeiten der zivilgesellschaftlichen Selbsthilfe eingeschränkt werden. Das Gefühl, in ein unübersichtliches, nicht kontrollierbares Geschehen verstrickt zu sein, ohne im Notfall auf Ressourcen individueller und kollektiver Selbsthilfe zurückgreifen zu können und dennoch unwiderruflich für das Gelingen des eigenen Lebens verantwortlich zu sein, überfordert immer mehr Menschen, stiftet Versagensängste und fördert depressive Gemütslagen. Sie fühlen sich ausgeliefert, allein gelassen mit einer Welt, die sie nicht mehr begreifen.

Die Nationalstaaten können heute angesichts der Gewalt globalisierter Prozesse die Sicherheitserwartungen der Menschen nicht mehr erfüllen. Im Gegenteil: »Der Postwohlfahrtsstaat aktualisiert Unsicherheit im Spannungsfeld von zugespitzter Individualisierung einerseits und postnationaler Staatlichkeit andererseits.«[39] Anders ausgedrückt: Die heute überall im neoliberalen Ungeist betriebene *Sozialpolitik* (die im Grunde keine Sozialpolitik ist) zerstört solidarische Sicherungen und bürdet den Mühseligen und Beladenen die Verantwortung für ihr Los auf, die sie beim besten Willen nicht tragen können. Auf der Ebene des politisch verfassten Europas könnten neue stabile Sozialbeziehungen im Prinzip institutionalisiert werden. Aber hier herrscht heute eine durch nationale Engstirnigkeit und neoliberale Voreingenommenheit bewirkte Konfusion, die jedes koordinierte Handeln nahezu unmöglich macht. Das Ergebnis ist eine sich ausbreitende Stimmung des *Rette-sich-wer-kann*, die nicht nur immer häufiger zu nationalen Alleingängen führt, sondern auch im Alltagsleben der Menschen den Blick für solidarische Lösungsmöglichkeiten trübt. Zwar hat die frohe Botschaft des Neoliberalismus, dass jeder Einzelne seinen Marschallstab im Tornister trage und, wenn er es nur energisch genug wolle, auch den Aufstieg zu Wohlstand und Sicherheit schaffen könne, nach dem Debakel der Finanzkrise ihre Überzeugungskraft weitgehend eingebüßt. Aber bisher haben weder die einzelnen Mitgliedstaaten der Europäischen Union noch die Union als Ganze daraus die fälligen Schlussfolgerung gezogen und sich zu einer gemeinsamen Finanz-, Wirtschafts- und Sozialpolitik aufraffen können, die allein die Voraussetzungen für mehr Sicherheit schaffen könnte.

Wenn jeder, auf sich allein gestellt, das für ein halbwegs angstfreies Leben notwendige Maß an Sicherheit herstellen muss, sind die meisten Menschen hoffnungslos überfordert. Zwar werden sie, wie dies ja auch aus den Jugenduntersuchungen hervorgeht, mangels anderer Möglichkeiten verstärkt den Schutz kleiner Gemeinschaften suchen. Doch solche Freundschaftsverbände können in unserer modernen Welt mit ihrem

[39.] Reinprecht, S. 29.

hohen Maß an Interdependenz und ihren gesteigerten Mobilitätsanforderungen allzu oft gerade das nicht leisten, was heute am wichtigsten ist: unter schnell wechselnden Bedingungen ein Minimum an Planbarkeit des Lebens zu garantieren. Wenn ihnen der Schutz des Sozialstaates entzogen wird, werden die Inseln des Privaten und des Kleingemeinschaftlichen allzu oft zu Zonen der Verelendung und Verwahrlosung.

Überall in Europa, so sieht es jedenfalls aus, greifen heute Angst und Unsicherheit um sich, übrigens auch – besonders deutlich seit dem 11. September 2001 und erst recht nach der Finanzkrise – in den USA, wo man sich traditionell so gern über die *German Angst* oder den *Europessimismus* mokiert. Es ist ein diffuses Gefühl des Bedrohtseins, in dem sich die Angst vor sozialem Abstieg mit der vor Kriminalität, terroristischen Anschlägen und der wachsenden Macht Chinas und anderer Schwellenländer vermischt. Auf diese Weise wird aus identifizierbaren und abgrenzbaren Gefahren eine unheimliche, unidentifizierbare Bedrohung. Wie sehr davon unser Denken beherrscht wird, zeigt sich an der Tatsache, dass sie sogar in offiziellen Memoranden der NATO ihren Niederschlag findet. In einem Strategiepapier unter dem Titel *Towards a Grand Strategy for an Uncertain World*, verfasst im Auftrag des Bündnisses von fünf ehemaligen Generälen, wird ganz im Sinne dieser diffusen Angststimmung eine umfassende und nicht identifizierbare Bedrohung evoziert: »Die wichtigste Herausforderung der kommenden Jahre wird sein, auf das vorbereitet zu sein, was sich nicht vorhersagen lässt.«[40]

Während wir uns auf Gefahren vorbereiten, die keiner kennt und keiner kennen kann, vernachlässigen wir bedrohliche Entwicklungen, die klar zutage liegen. Es wird heute kaum mehr bezweifelt, dass die durch die neoliberale Revolution

[40] Naumann et al., 2008, S. 26. Übers. d. V.

bewirkte Deregulierung aller Sozialverhältnisse ganz wesentlich zur Verunsicherung der Menschen beigetragen hat. Sie hat nicht nur vielen Menschen die Möglichkeit genommen, ihr Leben einigermaßen zuverlässig zu planen. Sie hat auch die Unterschiede zwischen Arm und Reich drastisch vergrößert und damit im unteren Drittel der Gesellschaft Resignation und Apathie erzeugt, während in den oberen zwei Dritteln die Statuskonkurrenz an Härte noch einmal beträchtlich zunahm. Inzwischen hat sich auch das große Fortschrittsversprechen, das mit diesem Prozess verbunden war, nämlich höhere Wachstumsraten und beschleunigte Innovation und als Folge davon mehr Wohlstand für alle, als trügerisch erwiesen. Die hohen Wachstumsraten stellen sich allen Anstrengungen zum Trotz nicht ein, die zuweilen als ökologisches *Ei des Kolumbus* angepriesene Demanterialisierung des Wachstums durch die Verlagerung von der Realwirtschaft zur Finanzwirtschaft ist ein Flop, und die Beschleunigung der Innovation erweist sich als Quelle neuer kaum beherrschbarer Risiken, weil für so etwas wie Technikfolgenabschätzung gar keine Zeit mehr bleibt. Dagegen geht die Konzentration des Reichtums in wenigen Händen ungebremst weiter, nimmt die Armut schnell weiter zu.

Die erste Reaktion unseres Zivilisationstyps auf Verunsicherung ist immer die Suche nach *technischen* Lösungen. Wenn mit der Kluft zwischen Arm und Reich auch die Kriminalität steigt, versuchen wir uns selbst und unser Hab und Gut mit aufwendiger Sicherungstechnik zu schützen, besuchen einen Kurs in Selbstverteidigung oder schaffen uns, sofern wir uns das leisten können, einen Bodyguard an. Wenn uns angesichts der immer härter werdenden Statuskonkurrenz Versagensangst befällt, gehen wir zum Psychiater, schlucken Antidepressiva oder vertrauen uns einem der zahlreichen Gurus an, die uns mit positivem Denken zum Erfolg zu führen versprechen. Was wir dabei übersehen, ist, dass Sicherheit in erster Linie ein soziales und erst in zweiter Linie ein technisches Problem ist.

Der entscheidende Grund für das sich ausbreitende Klima der Angst ist in der sozialen Verfasstheit unserer Gesellschaft zu suchen. Es gehört unabänderlich zur condition humaine, dass wir allerhand Gefahren ausgesetzt sind: Wir können einen Unfall haben, Opfer eines Verbrechens werden, einen uns lieben Menschen verlieren, krank werden, sterben. Das Wissen um unsere Verletzlichkeit ist uns stets gegenwärtig, aber normalerweise wirft es uns nicht aus der Lebensbahn. In aller Regel haben wir früh gelernt, mit Gefahren zu leben, und gar nicht so selten gelingt es uns, trotz aller Gefahren, die uns umgeben, relativ unbeschwert zu leben. Was uns dabei vor allem hilft, sind stabile und institutionalisierte Beziehungen zu anderen Menschen, von denen wir wissen, dass sie denselben Gefahren ausgesetzt sind wie wir, auf deren Beistand und deren Mitgefühl wir uns im Notfall verlassen können. Wenn wir aber nicht mehr in stabilen sozialen Beziehungen leben, wenn die sozialen Institutionen der Gesellschaft zerbröckeln, wir uns als Einzelkämpfer durchschlagen müssen und unser Verhältnis zu anderen Menschen von Misstrauen und Konkurrenzdenken geprägt ist, dann wird die condition humaine, die unter anderen Bedingungen mit einer gewissen Gelassenheit ertragen werden kann, zu einer niederdrückenden Last. Wir schauen uns um, sehen, dass wir, ganz auf uns allein gestellt, den vielfältigen Gefahren des Lebens begegnen müssen, und mit einem Schlag wird uns unser Ausgesetztsein bewusst. Also *bewaffnen* wir uns, fahren, wenn wir es uns leisten können, in vierradgetriebenen Vorstadtpanzern, rüsten unsere Wohnungen zu Festungen auf, trauen niemandem mehr über den Weg, rufen nach strengeren Gesetzen, härteren Strafen, mehr Polizei.

Eine verständliche Reaktion. Und weil der erhöhte Sicherheitsaufwand in vielen Branchen den Umsatz in die Höhe schnellen lässt, weil er Arbeitsplätze sichert und neue schafft und manchem Politiker eine willkommene Profilierungschance bietet, ist sie durchaus systemrational, erscheint sie vielen auf den ersten Blick als naheliegende und vernünftige Lösung des Problems. Dass sie dennoch nicht vernünftig ist, dämmert uns erst, wenn wir bemerken, dass bei allem bis ins Extrem gesteigertem Sicherheitsaufwand wir uns dennoch keineswegs sicherer *fühlen*. Die technisch-organisatorischen Schutzwälle, die wir um uns errichten, wehren nicht nur Feinde und Gefahren ab, sie hindern uns oft auch daran, mit anderen Menschen vertrauensvolle Beziehungen einzugehen. Die institutionalisierte Kultur des Misstrauens verwandelt Besucher in Eindringlinge, Kollegen in Konkurrenten, Konkurrenten in Feinde, Fremde in potenzielle Attentäter. Aber der Mensch bleibt trotz allem ein soziales Wesen, er ist angewiesen auf den vertrauensvollen Austausch mit anderen, isoliert von seinen Mitmenschen, in einer vermeintlich oder tatsächlich feindlichen Umgebung kann er sich nicht voll entfalten und verliert am Ende womöglich seine Menschlichkeit.

# 6. Gesundheit in Gefahr!

Kein Säbelzahntiger wie seinerzeit im Ostafrikanischen Grabenbruch, kein gefährlicher Drache wie in mittelalterlichen Legenden und Märchen, nicht einmal Löwen, Bären und Wölfe bedrohen uns heute mehr. Wir haben die großen Fressfeinde des Menschen ausgerottet oder in Reservate gesteckt. Dafür fürchten wir uns jetzt vor besonders kleinen und bösartigen Feinden: Mikroben, Bazillen, Viren! Und vor dem Alkohol im Weinglas und dem Zigarettenrauch unseres Nebenmanns, dem Fettgehalt in der Wurst, dem Zucker im Kaffee oder im Kuchen und überhaupt: den Kalorien. Gerade in den Ländern, in denen niemand mehr hungert und die Lebenserwartung so hoch ist wie nie zuvor, sind die Menschen bezüglich ihrer Gesundheit besonders alarmiert. Bei nicht wenigen hat die Sorge um die eigene Gesundheit geradezu wahnhafte Züge angenommen. Wer sich nicht verrückt machen lässt, wer trinkt und isst, was ihm schmeckt, wer vielleicht sogar gelegentlich in fröhlicher Runde zu viel trinkt und zu viel isst und den fälligen Brummschädel bzw. das Völlegefühl als zwar lästige, aber im Grunde normale Begleiterscheinung hinnimmt, wer sich damit abfindet, dass man nicht ewig jung und schlank sein kann und sich auch durch den *Body Mass Index* nicht terrorisieren lässt, der gilt schon fast als ein Asozialer.

Ein Glas Wein am Abend, ein heiter-nachdenkliches Gespräch, ein Essen mit Freunden, tanzen, singen, lieben, lachen – das sind Freuden, die das Leben, zumindest in unseren Breiten, für jeden bereithält, der sie sich ohne Angst gestattet. Epikur in seinem Garten lehrte diese schlichte menschenfreundliche Lebenskunst und wurde eben deswegen jahrhundertelang von misanthropischen Christen als hedonistisches Ungeheuer verleumdet. Auch heute stehen die harmlosen epikureischen Genüsse wieder unter Generalverdacht. Ein neuer Puritanismus, der sich wie die meisten modischen Trends von den USA her über die westliche Welt ausgebreitet hat, vergällt uns allzu oft die kleinen Alltagfreuden. Statt beim Essen und Trinken fröhlich zuzugreifen, zählen wir Kalorien, statt uns im Angesicht eines weißbewölkten Sommerhimmels im Gras auszustrecken, *walken* wir, Stöcke schwingend und schwitzend, auf staubigen Wegen durch Feld und Flur. Weil wir auch in fortgeschrittenem Alter immer noch meinen, kalifornischen Fitnessidealen genügen zu müssen, joggen wir morgens vor dem Frühstück zehn oder fünfzehn Kilometer und quälen uns nach Feierabend anderthalb Stunden lang an den Apparaten im Fitness-Studio. Wir essen fettarm oder, wenn schon Fett, dann nur ungesättigte Fettsäuren (wegen des Cholesterinspiegels), verzichten auf Salz (wegen der Gefahr des Bluthochdrucks), nehmen täglich sechs verschiedene Vitaminpräparate zu uns, mischen in unsere Speisen fade Ballaststoffe (wegen der Verdauung) und schlucken Magnesiumtabletten gegen Krämpfe, die wir womöglich gar nicht bekämen, wenn wir uns nicht aus Gesundheitsgründen meinten überanstrengen zu müssen. Und wenn wir am fünfzigsten Geburtstag erschrocken feststellen, dass wir vermutlich schon mehr als die Hälfte unseres Lebens hinter uns haben, machen wir eine mehrwöchige Anti-Aging-Therapie. Die »atemlosen Besessenheiten der Gesundheit, der Sicherheit, der Korrektheit etc.«, so Robert Pfaller, berauben uns der einfachen Möglichkeiten, das Leben zu genießen.[41]

Der niederländische Arzt und Autor Midas Dekkers hat über den die westliche Welt in immer neuen Schüben heimsuchenden Gesundheitswahn ein ironisch-aufrüttelndes Buch geschrieben.[42] Sein Fazit: All die ausgeklügelten Rezepte, die

[41.] Pfaller, S. 46.
[42.] Dekkers, Der Gesundheitswahn.

uns Heere von Gesundheitsberatern andienen, der ganze ungeheure Aufwand an Präparaten, Geräten und Therapien zur Gesunderhaltung kommt vor allem der ständig wachsenden Gesundheitsindustrie, keineswegs aber unserer Gesundheit zugute. Für den Durchschnittsmenschen ist es das Beste, wenn er isst, was er von zu Hause kennt und was ihm schmeckt, wenn er sich dann und wann aus dem Sessel erhebt, um zum Briefkasten oder in die Eckkneipe zu gehen oder im Garten die Rosen zu schneiden. »Sport treiben ist völlig überflüssig. Was wir brauchen, sind fünf Mal in der Woche eine halbe Stunde Bewegung, noch besser eine Stunde. Rad fahren oder spazieren gehen reichen vollkommen.«[43] Natürlich sollte man bei einer ernsthaften Erkrankung einen Arzt aufsuchen, natürlich gibt es Unfälle, die einen Krankenhausaufenthalt notwendig machen. Aber wir sollten uns nicht einreden lassen, wir seien krank und therapiebedürftig, wenn uns im Grunde nichts fehlt, außer, dass wir nicht mehr ganz so ausdauernd, nicht mehr ganz so schlank und faltenfrei sind wie in unserer Jugend.

Es spricht allerdings wenig dafür, dass solche nicht nur gut gemeinten, sondern auch weisen und zudem wissenschaftlich begründeten Einreden den für viele so einträglichen Trend stoppen könnten. Außerdem, wer könnte das leugnen, gibt es ja tatsächlich Entwicklungen, die zur Sorge um unsere Gesundheit Anlass geben. Ist es denn nicht richtig, dass durch die moderne bewegungsarme Lebensweise und durch allzu viel Fast Food und kalorienreiche Getränke die Zahl der Übergewichtigen zugenommen hat? Und sollte man diesen Menschen in ihrem eigenen Interesse nicht dringend nahelegen, sich mehr zu bewegen und eine variablere Kost zu sich zu nehmen? Natürlich ist dies so, und natürlich kann Sport für Kinder und Erwachsene, abgesehen davon, dass er, maßvoll

---

43. Dekkers, S. 270.

ausgeübt, tatsächlich gesund ist, auch eine wichtige Quelle der Lebensfreude darstellen. Merkwürdigerweise übersieht Dekkers bei seiner Polemik gegen das Sporttreiben vollkommen, dass ganz andere Motive als das Interesse an der eigenen Gesundheit im Sport maßgebend sind: der timotische Trieb, die Lust, sich im Wettbewerb mit anderen zu messen, der natürliche Bewegungsdrang und die Freude an der Verausgabung der Kraft und an der eigenen Geschicklichkeit. Auch bei Themen wie *Gesundheit* und *Sport* geht es eben nicht um ein Entweder-oder, sondern eher um das rechte Maß. Und zum Maßhalten gehört sicher auch, dass man nicht den ganzen Tag am Computer oder vor dem Fernseher sitzt und Fast Food in sich hineinstopft, bis man so übergewichtig ist, dass man sich nur noch mühsam auf die Toilette schleppen kann. Allerdings gehört dazu auch, dass man sich nicht alle Genüsse versagt und seinem Körper nicht Dinge abverlangt, die er nur unter Qualen zu leisten vermag. Diese an sich nicht allzu komplizierte Einsicht ist heute aber nicht leicht zu vermitteln. Denn nichts fällt dem modernen Menschen schwerer, als sich mit den zumeist wenig spektakulären Grundtatsachen des Lebens abzufinden.

Während in der Unterschicht der Arbeitslosen und Hartz-IV-Empfänger Verwahrlosung sich oft auch in der gröbsten Vernachlässigung des Körpers zeigt, scheinen viele Menschen in den mittleren und oberen Schichten heute ihren Körper als eine Maschine zu betrachten, die bei richtiger Wartung ständig Höchstleistungen erbringen müsse, und sind bei geringstem Leistungsabfall entsprechend alarmiert. Immer raffiniertere Ersatzteile sollen den Verschleiß aufhalten, immer ausgeklügeltere Therapien jede vorübergehende Funktionsstörung beheben. Neuerdings kann man auf dem Smartphone mit Hilfe sogenannter *Apps* und winziger Datenchips, die verschluckt werden, die eigenen Herzfrequenzen, Schlafrhythmen, Blutwerte und Menstruationszyklen kontinuierlich erfassen und als *Self-Tracker* anhand der gesammelten Daten jeder sich andeutenden Funktionsstörung, jedem noch so kleinen Fortschritt in der Fitness oder beim Abnehmen auf die Spur kommen – eine Methode, von der ihre Propagandisten behaupten, dass sie ein verlässlich objektives, weil quantifiziertes Bild des eigenen Selbst liefere. Und natürlich ist das Bild des Selbst, das uns auf diese Weise geliefert wird, nie völlig makellos, stets der Optimierung bedürftig.

»Einer therapiesüchtigen Gesellschaft«, schreibt Werner Bartens in der *Süddeutschen Zeitung* vom 16./17. Juli 2011, »bietet eine boomende Befindlichkeitsindustrie Leiden und Leidensablass für jede Lebenslage. Pharmafirmen im Verein mit geschäftstüchtigen Ärzten helfen, Lebensläufe von der Wiege bis zur Bahre zu pathologisieren und die Menschen krankzureden.« Nicht nur, dass wir in immer kürzeren Abständen von neuen Epidemien heimgesucht werden, die uns eine Zeitlang in Atem halten, bis sie von der nächsten verdrängt werden: BSE, SARS, Vogel- und Schweinegrippe, EHEC ... Nun warnt auch noch ein US-Forscherteam um Drew Harvell und Andrew Dobson von der Cornell University davor, dass mit der Erderwärmung voraussichtlich auch die Zahl der Infektionskrankheiten weiter steigen werde, vor allem die, die von Insekten übertragen würden. Vermutlich wird das die Hysterie bezüglich möglicher Ansteckung und parallel dazu die Angebote zur prophylaktischen Therapie noch üppiger ins Kraut schießen lassen. Wer sich in Zukunft wirksam schützen will, so die Botschaft, wird noch sorgfältiger auswählen müssen, was er trinkt und was er isst, wird sich nach Möglichkeit von Menschenansammlungen fernhalten, sich regelmäßig untersuchen und am besten vorbeugend behandeln lassen.

Nicht nur mit der Krankheit, auch mit der Angst vor Krankheit lassen sich hervorragende Geschäfte machen. Wer an keiner Krankheit leidet, dem kann man immerhin suggerieren, dass er zu dieser oder jener Krankheit neige und deshalb dringend vorbeugen müsse. Wer noch keinen Diabetes hat, ist vielleicht ein Fall von *Prä-Diabetes*, wer noch einen normalen Blutdruck hat, ein Fall von *Prä-Hypertonie*, wer keinerlei Anzeichen von Altersdemenz aufweist, kann dennoch wegen *Prä-Demenz* behandelt werden. Wer lebt und sich bester Gesundheit erfreut, ist nach dieser Logik ein Noch-nicht-Toter. Natürlich geht es immer auch darum, den teuren Maschinenpark in den Arztpraxen und Kliniken auszulasten. »Von Hunderttausenden, die jedes Jahr in Deutschland mit Herzkathetern untersucht und behandelt werden, hätte nur jeder Vierte den Eingriff tatsächlich nötig. Bis zu 80 Prozent der Kernspin-Aufnahmen bei Knie- und Rückenschmerzen sind überflüssig, bei Blutuntersuchungen ist es ebenso.«[44]

Trotz aller Fortschritte der modernen Medizin ist es noch immer nicht gelungen, und es wird wohl auch nie gelingen, die Krankheit auszumerzen. Einige Krankheiten haben inzwischen ihren Schrecken verloren (die Pest, Skorbut, Diphterie, Pocken ...), dafür sind neue dazugekommen: AIDS, Kreislauferkrankungen, Burnout ... Zuweilen kehren auch bereits besiegt geglaubte Krankheiten wieder: Tuberkulose, Masern, Windpocken ... Und immer häufiger tauchen in letzter Zeit in Krankenhäusern resistente Keime auf, gegen die kein Kraut gewachsen scheint. Offenbar gilt auch für das Gesundheitswesen, was für andere Tätigkeitsfelder des Menschen gilt: Unsere Bäume wachsen nicht in den Himmel. Andererseits sind die Gefahren für unsere Gesundheit, nüchtern betrachtet, heute geringer denn je. Den größten Anteil daran dürften die Verbesserungen bei der Ernährung, der Hygiene und im Wohnkomfort haben. Aber die insgesamt eher erfreulichen, zumindest aber undramatischen Fakten können uns offenbar nicht beruhigen. Wir leben in ständiger Alarmbereitschaft, was unsere und unserer

---

[44.] Bartens, in: Süddeutsche Zeitung vom 16./17. Juli 2011.

Kinder Gesundheit angeht, und greifen dabei nicht selten zu Vorkehrungen, die absurde Konsequenzen haben. Vor allem in den Mittelschichthaushalten werden die zahlreichen Einzelkinder oft allzu ängstlich behütet und umsorgt. Wenn Sechs- oder Siebenjährige in der Schule nach einer halben Stunde still sitzend verfolgtem Unterricht aus natürlichem Bewegungsdrang anfangen zu zappeln oder in der Klasse herumzulaufen, bescheinigen wir ihnen eine krankhafte Hyperaktivität oder eine nicht minder krankhafte Konzentrationsstörung und schicken sie in ärztliche Behandlung. Vor lauter Angst, dass unseren Kleinen beim Spielen etwas zustoßen könnte, dass sie sich ein Bein brechen oder sich eine Hautabschürfung zuziehen könnten, gestalten wir Spielplätze so sicher, dass die Kinder nicht mehr spielend lernen können, am Klettergerüst ihre Geschicklichkeit zu schulen und so schrittweise ihre Angst zu überwinden. Ein Team um Ellen Sandseter vom Queen Maud University College in Trondheim warnt mittlerweile in einer Studie vor allzu sicheren Spielplätzen: Diese könnten das Risiko für Kinder erhöhen, später eine krankhafte Phobie zu entwickeln. Ähnliche Warnungen sind aus den USA zu hören.

Natürlich hängt die geradezu manische Präokkupation mit Fragen der Gesundheit auch damit zusammen, dass sich an der Krankheit und an der Sorge um die Gesundheit so viel Geld verdienen lässt. Der medizinisch-industrielle Komplex, die mächtige Pharmaindustrie und eine bunte und wachsende Schar von Therapeuten schüren nicht selten die Angst, weil verängstigte Eltern und Dauerpatienten bereitwillig alle Produkte und Dienstleistungen kaufen, die ihnen und ihren Kindern Gesundheit, Leistungskraft und Schönheit versprechen. Und wer gut versichert ist, mag sich sogar einbilden, im eigenen Interesse vernünftig zu handeln, wenn er alles, was bei Ärzten, Therapeuten und bei der Pharmaindustrie im Angebot ist, ausprobiert, um so möglichst viel von den hohen Versicherungsbeiträgen wieder hereinzuholen.

Dennoch: Es wäre ein Irrtum, die exzessive Sorge um die eigene Gesundheit allein oder in erster Linie auf die interessengeleitete Beeinflussung der öffentlichen Meinung durch den medizinisch-industriellen Komplex zurückzuführen. Sicher spielt sie eine nicht unwichtige Rolle, aber letztlich kann sie nur Einstellungen und Trends verstärken, für die es in der Gesellschaft, aus welchen Gründen auch immer, schon eine Prädisposition gibt. Dass der moderne Gesundheitswahn nicht nur das Produkt ökonomischer Interessen ist, sich im Gegenteil durchaus gegen massive ökonomische Interessen durchsetzen kann, sieht man allein schon daran, dass zum Beispiel die Kampagne gegen das Rauchen trotz der massiven Gegenwehr der großen Tabakkonzerne, trotz der vielen Milliarden für Werbung und Lobbyarbeit, die dieser Industriezweig auch heute noch jährlich ausgibt, seit einigen Jahren überaus erfolgreich ist.

Um zu verstehen, aus welchen Quellen sich der moderne Gesundheitswahn speist, muss man sich den geschichtlichen Werdegang der Gesundheitsbewegung vor Augen halten. Sie betrat, nach den noch auf einen kleinen Kreis von Reichen beschränkten Anfängen in der Bäderbewegung, zum ersten Mal Anfang des 20. Jahrhunderts in Europa und in den USA spektakulär die Bühne, und zwar nicht zufällig gemeinsam mit der Jugendbewegung. In den USA propagierte ein Herr Kellogg den Verzehr der von ihm erfundenen *Cornflakes,* ein Herr Fletcher bereiste die Welt, um zu verkünden, dass man, um der Gesundheit willen, unbedingt jeden Bissen im Munde zweiunddreißigmal kauen müsse. Auf dem Monte Verità bei Ascona trafen sich zur gleichen Zeit junge und jung bleiben wollende Menschen, um nackt in der freien Natur die Erde zu bearbeiten und sich vegetarisch zu ernähren. *Lebensreform* hieß das Stichwort, das sich eine Bewegung gab, die die Fesseln und Gewohnheiten einer alt gewordenen Welt abschütteln wollte und die ewige Jugend zum Ideal erhob.

Freilich erweist sich bei näherer Betrachtung, worauf Hartmut Rosa in seiner Untersuchung zur Veränderung der Zeitstruktur in der Moderne hingewiesen hat,[45] dass die Höherbewertung der Jugendlichkeit und damit einhergehend die Abwertung des Alters eng mit der Beschleunigung von innovativen Prozessen in der modernen Gesellschaft verknüpft ist. »Der im Alter drohende Verlust der Offenheit und Flexibilität ist in einer Gesellschaft mit hohen Veränderungsraten ein stigmatisierendes Handicap, wie sich etwa in jenen Berufsbranchen zeigt, in denen schon Vierzigjährige nicht mehr eingestellt werden, weil sie als nicht flexibel und risikofreudig genug erscheinen.«[46] Die Sicht auf das Alter hat sich in der modernen Gesellschaft dadurch dramatisch verändert. »Das Idealbild älterer Menschen ist nicht mehr das des ›weisen Alten‹, sondern das des immer noch flexiblen, wandlungsfähigen *Nicht-wirklich-Alten*, der sich vor der aktiven Anverwandlung des Neuen nicht scheut. Der Zwang zur Jugendlichkeit oder geradewegs zur ›ewigen Pubertät‹ entstammt nicht einer kulturellen Laune der spätmodernen Gesellschaft, sondern ist ihren Temporalstrukturen unaufhebbar eingeschrieben.«[47]

Es scheint, dass unsere moderne Gesellschaft mit ihrer im Gegensatz zu früheren Epochen extrem hohen Bewertung der Jugendlichkeit und ihrer Verleugnung der Endlichkeit zwangsläufig auch der Gesundheit und der gesunden Lebensführung einen immer größeren Stellenwert einräumen muss. Wenn das gesellschaftliche Prestige und der berufliche Erfolg, jedenfalls in der Mittel- und Oberschicht, wesentlich davon abhängen, dass man jung, faltenfrei und dynamisch ist oder zumindest so erscheint, dann müssen Krankheit, nachlassende Fitness und Alter zwangsläufig als existenzielle Be-

---

[45.] Rosa 2005.
[46.] Rosa, S. 188.
[47.] Ebd., S. 189.

drohung empfunden werden. Wenn zudem, worauf Zygmunt Baumann hinweist, in einer Welt des rasenden Wandels der eigene Körper das Beständigste ist, an das man sich halten kann, könnte dies ein weiterer Grund sein, dem Körper und seiner Gesundheit eine geradezu manische Aufmerksamkeit zu widmen. »Der Körper«, schreibt Baumann, »ist gleichsam zum Rückzugsgebiet von Kontinuität und Langlebigkeit geworden. (...) Hier liegt die letzte Verteidigungslinie der Sicherheit, und die ist dem dauernden Beschuss feindlicher Kräfte ausgesetzt; die letzte Oase inmitten windgepeitschter Wanderdünen. Daher rührt der Körperwahn, die Besorgnis um den Körper und seine Verteidigung. Die Grenze zwischen Körper und Außenwelt ist mit die am schärfsten bewachte unserer Welt. Aus dem Bewusstsein der Sterblichkeit heraus sind die Öffnungen des Körpers (als Eintrittspunkte) und seine Oberfläche (als Kontaktregion) zu Brennpunkten panischer Angst geworden.«[48]

Das Merkwürdige ist nun aber, dass die Maßnahmen, die die verängstigten Menschen heute ergreifen, um Krankheiten abzuwehren, ihre Leistungskraft zu erhalten und das Altern nach Möglichkeit hinauszuzögern, immer seltener auf liebevolle Pflege und Schonung des eigenen Körpers und der eigenen Seele, dafür immer häufiger auf Selbstdisziplinierung, Verzicht und Askese hinauslaufen. Es ist dieser puritanische Zug, der dem Bemühen um die eigene Gesundheit oft etwas verbissen Lebensfeindliches gibt. Roger Scruton hat diese sauertöpfischen puritanischen Gesundheitsapostel im Sinn, wenn er in seiner Philosophie des Weins schreibt: »Meiner Meinung nach sollte man die Gesundheitsapostel, die uns die natürliche Freude an allen guten Dingen vergiftet haben, irgendwo zusammen einsperren. Dort können sie sich dann gegenseitig zu Tode langweilen und ihre wirkungslosen Patentlösun-

---

[48.] Baumann, S. 215 f.

gen fürs ewige Leben anpreisen.«[49] Es ist in der Tat kaum zu übersehen, dass Menschen, die besonders akribisch auf ihre Gesundheit achten, oft bedrückt und überanstrengt wirken, ihre Mitmenschen allzu oft mit ihren Ratschlägen nerven und selten Lebensfreude ausstrahlen. Vor allem aber ist, aller Aufmerksamkeit gegenüber dem eigenen Körper zum Trotz, bei den meisten Menschen das Verhältnis zwischen dem Ich und seinem Körper keineswegs intimer, schon gar nicht freundschaftlicher geworden. Zwar ist für den modernen Menschen der Körper nicht mehr wie für den mittelalterlichen Menschen ein Symbol der Vergänglichkeit, in der drastischen Sprache der Bußprediger ein »Madensack«, sondern eher eine letzte verzweifelte Zuflucht auf der Suche nach Beständigkeit. Aber Misstrauen, so scheint es, bleibt angebracht, verlassen kann man sich auf den eigenen Körper nicht. Vor allem sollte man ihm gegenüber nicht allzu nachsichtig sein. Am besten man behandelt ihn wie ein störrisches Reitpferd, das ständig mit Peitschenschlägen angetrieben werden muss.

Es ist kaum zu übersehen, dass der Gesundheitswahn im protestantischen Nordamerika und Nordeuropa verbreiteter ist als im katholisch geprägten Süden. Manchmal kann man sich des Eindrucks nicht erwehren, dass die modernen Gesundheitsfanatiker ähnlich den Geißlern in der Zeit der Kreuzzüge sich mit ihren Verzichtleistungen und ihrer strikten Disziplin für eine Schuld bestrafen, für die ihnen, weil sie keine mediterranen Katholiken sind, die weniger strapaziöse Methode der Schuldbewältigung mittels Beichte, Absolution und einer durch Gebete abzuleistenden Buße nicht zur Verfügung steht. Natürlich würden die meisten derer, die heute so verbissen an ihrer Fitness arbeiten, eine solche Deutung nicht gelten lassen und lauter rationale Gründe für ihr Verhalten anführen. Aber das ändert nichts daran, dass sich solche geschichtlichen

[49.] Scruton, S. 16 f.

Parallelen bei genauerer Betrachtung aufdrängen. So auch die zum 17. Jahrhundert, als der Puritanismus eine Welle der Lebens- und Lustfeindlichkeit auslöste. Die Angst freilich kann mit Verzicht und Bestrafung nicht erfolgreich bekämpft werden. Vielmehr scheinen das Übermaß an Selbstdisziplinierung und die ängstliche Vermeidung jedes unbeschwerten Lebensgenusses zu den tieferen Ursachen für die auffällige Zunahme von Angstzuständen und depressiven Erkrankungen zu gehören.

Auch hier waltet wieder jene merkwürdige Dialektik, die wir auch schon im Zusammenhang mit dem modischen *positiven Denken* erwähnten. So wie positives Denken oftmals krank macht, kann auch die allzu akribische Befassung mit der eigenen Gesundheit krank machen. Am offensichtlichsten ist dies, wenn ältere Menschen glauben, um ihrer Gesundheit willen exzessiv Sport treiben, womöglich an einem der vielen Marathonläufe, die Jahr für Jahr in unseren Städten veranstaltet werden, teilnehmen zu müssen. Überanstrengung, Verschleiß von Bändern, Sehnen und Muskeln sowie bleibende organische Schäden sind nicht selten die Folge. Auch ist inzwischen die Zahl der Sportunfälle größer, als zumeist angenommen wird. Wenn man Midas Dekkers glauben kann, übersteigen sie in den Niederlanden bereits die Zahl der Verkehrsunfälle.

*Vita brevis* – das Leben ist kurz. Die antiken Philosophen, die diese schlichte Erkenntnis zum Ausgangspunkt ihres Philosophierens nahmen, verbanden damit zumeist die Aufforderung, das Leben sinnvoll zu nutzen und zu genießen. Es ist ein Merkmal unserer wissenschaftlich-technischen Kultur, dass wir uns mit diesem *vita brevis* nicht mehr abfinden können. Schon träumen Biowissenschaftler in ihren Laboren davon, mittels genetischer Manipulation Menschen heranzuzüchten, die einhundertfünfzig, vielleicht einmal zweihundert Jahre alt werden. Sogenannte *Transhumanisten* wie die englischen Biowissenschaftler Max More, Nick Bostrom und John Harris glauben gar, die »schreckliche Tatsache des Todes« eines Tages ganz aus der Welt schaffen zu können. Lebensverlängerung um fast jeden Preis ist das Ziel, und in der Tat sind wir damit schon recht weit gekommen, wie sich an der gestiegenen durchschnittlichen Lebenserwartung ablesen lässt. Aber einen immer größeren Anteil unseres verlängerten Lebens bringen wir ironischerweise mit disziplinierten und disziplinierenden Aktivitäten zu, die keinem anderen Zweck dienen sollen, als uns gesund zu erhalten und unser Leben zu verlängern. Dabei gerät allzu leicht aus dem Blick, was das Leben lebenswert macht. Offenbar werden wir auch auf diesem Feld Opfer jener merkwürdigen Verkehrung von Mitteln in Zwecke, die für die Moderne charakteristisch ist. Wie in unserer Kultur oft das Geld nicht mehr ein Mittel zum Kauf begehrter Güter ist, sondern zum Selbstzweck wird, für dessen Anhäufung wir unser ganzes Leben der striktesten Disziplin unterwerfen, so tendieren auch die Übungen und Verzichtleistungen, die wir uns um eines langen Lebens willen meinen auferlegen zu müssen, dazu, die Frage nach der sinn- und freudvollen Gestaltung des Lebens zu verdrängen.

Unsere in vieler Hinsicht so eigennützige Gesellschaft scheint bezüglich der Frage, wie im wohlverstandenen Eigeninteresse glücklich und erfüllt zu leben sei, mit bestürzender Dummheit geschlagen zu sein. Wer sich nicht durch die bunte und kraftstrotzende Fassade blenden lässt, die das Leben unserer ach so dynamischen Leistungsträger umgibt, erkennt, dass über die glitzernde Szenerie ein Grauschleier der Melancholie gebreitet ist. All die umtriebige Aktivität, alle Siegesfanfaren und alles demonstrative Bemühen um Optimismus können nicht verbergen, dass wir uns unserer Sache keineswegs sicher sind. Im Gegenteil, immer mehr Menschen leiden unter Ängsten und Überforderung, und es beschleicht sie zunehmend das Gefühl, einem Phantom hinterherzurennen und dabei das eigentliche, das gute Leben zu verfehlen.

# 7. Wachsende Macht –
## wachsende Verantwortung

*Macht Euch die Erde untertan!* Es gibt kein anderes biblisches Gebot, dass die Menschheit so beflissen und so gründlich befolgt hat. In nur wenigen Jahrhunderten ist es ihr mit Hilfe von Wissenschaft und Technik gelungen, das *dominium hominis*, den Raum also, den der Mensch nach eigenen Vorstellungen gestaltet und beherrscht, bis zum Äußersten auszudehnen. Wir haben die Erde besiedelt, Wälder gerodet, Sümpfe trockengelegt, Tiere gezähmt und Pflanzen gezüchtet; wir haben auch den letzten Winkel der Erde erforscht und an die Stelle der Natur eine zweite, von Menschen gemachte gesetzt; wir sind in den Weltraum vorgestoßen, ins Innere der Materie eingedrungen, haben den genetischen Code entschlüsselt, moderne digitale Technik hat unseren Planeten schrumpfen und den Zugriff auf ungeheure Datenmengen (im wörtlichen und im übertragenen Sinn) zu einem Kinderspiel werden lassen. Heere von Wissenschaftlern sind dabei, das Geheimnis des Lebens und den Ursprung des Weltalls zu enträtseln. Kein Zweifel, noch nie in ihrer ganzen Geschichte waren die Menschen so mächtig wie heute. Aber diese ungeheure Macht erfüllt uns nicht nur mit Stolz, sie ängstigt uns auch, weil sie mit einer schier unmenschlichen Verantwortung verbunden ist. Und wenn wir zu unserer eigenen Überraschung auf Grenzen unserer Gestaltungsmacht stoßen, wenn trotz aller Vorkehrungen das Geschehen um uns herum plötzlich außer Kontrolle gerät und wir mit den ungewollten Folgen unseres eigenen Tuns konfrontiert werden, reagieren wir gekränkt und verängstigt wie alle Herrscher, wenn sie erkennen müssen, dass sie nicht allwissend und allmächtig sind.

»Seit der Mensch sich der Natur bemächtigt hat und diese auf technischen Wegen verändert, hat er Angst«, schreibt der Philosoph Jürgen Mittelstraß in einem Aufsatz unter dem Titel *Die Angst und das Wissen*.[50] Was er meint, ist die Angst vor den Folgen der menschlichen Machtergreifung, die in den mythischen Erzählungen der Griechen von Prometheus und Ikarus als Hybris gedeutet und von den Göttern grausam bestraft wird. Und in der Tat ist es erstaunlich, in welchem Maße sich uns Heutigen bestätigt, was die Menschen in der Antike allenfalls erahnen konnten. Auf immer mehr Feldern werden wir heute mit der Tatsache konfrontiert, dass die machtvollen Systeme, die wir zu unserem Schutz und zur Befriedigung unserer immer weiter gestiegenen Ansprüche ersonnen haben, sich gegen uns wenden. Auch wenn die meisten Menschen wohl nicht der allzu pauschalen Diagnose Wolfgang Königs zustimmen würden, dass »die paradoxe Situation« heute darin bestehe, »dass die zum Schutz der Menschen geschaffene Technik zur Bedrohung der Menschen geworden ist«,[51] so würden sie doch wohl einräumen, dass dies für viele unserer technischen Systeme gilt. Und in dem Maße, in dem es uns gelingt, mit Hilfe von Wissenschaft und Technik unsere Macht auszudehnen, wird auch das von Günther Anders sogenannte »promethische Gefälle zwischen Macht und Verantwortung« zu einem uns bedrängenden Problem.

Freilich, auch das wissen wir: Ein Zurück zu einem ursprünglichen Unschuldszustand gibt es nicht. Wir leben unwiderruflich in einer von Menschen gemachten und darum auch von ihnen zu verantwortenden Welt. Die einzige Option, die uns bleibt, wenn wir nicht als Spezies scheitern wollen, ist die, diese unsere Welt und unsere Stellung in derselben besser zu verstehen und uns nur so viel zuzutrauen, wie wir tatsächlich verantworten können. Man mag in der Entwicklung der Atombombe und im Einstieg in die Nutzung der Kernener-

[50.] In: Dobmeier, S. 16.
[51.] In: Münkler, S. 208.

gie einen unverzeihlichen Sündenfall sehen, aber das ändert nichts daran, dass sich das Wissen um diese bedrohlichen technischen Möglichkeiten nicht mehr aus der Welt schaffen lässt. Solange wir uns nicht dazu durchringen, in Zukunft nicht mehr alles zu tun, was wir können, solange es uns nicht gelingt, einen weltweiten Verzicht auf die Anwendung der nuklearen und der anderen unverantwortbaren Techniken zu vereinbaren und zu garantieren, werden wir mit der Angst vor der eigenen Ungeheuerlichkeit leben müssen.

Der Psychoanalytiker Martin Wangh hat das hohe Angstniveau in der heutigen Gesellschaft einmal als ein *Falloutprodukt* der Atombombe bezeichnet. Auch wenn wir es zu verdrängen suchen oder wortreich dementieren, wir wissen oder ahnen zumindest, dass wir uns mit der militärischen und mit der angeblich so friedlichen energiepolitischen Nutzung der Atomspaltung auf einen Weg begeben haben, den wir niemals hätten beschreiten dürfen. Zwar behaupten immer noch viele Politiker und Wissenschaftler, nach sorgfältiger Abwägung des Für und Wider die Verantwortung für diese Technik übernehmen zu können, aber wenn sie ehrlich sind, werden sie sich eingestehen, dass niemand bei nüchterner Betrachtung der Risiken dies von sich sagen kann. Bei der militärischen Nutzung reduziert sich denn auch, genau besehen, die Sicherheitsdiskussion auf die zumeist nur verklausuliert geäußerte vage Hoffnung, dass die Atombombe niemals einem Regime oder einer Organisation verfügbar sein wird, die selbst dann nicht vor ihrer Anwendung zurückschrecken würden, wenn damit die sichere Selbstvernichtung verbunden wäre. Bei der zivilen Nutzung ist die Lage kaum weniger absurd. Was die Entsorgung des strahlenden Mülls angeht, herrscht ebenfalls das Prinzip Hoffnung, und beim Katastrophenschutz sind der Dilettantismus und die Gesundbeterei derart bestürzend, dass eigentlich nur noch sarkastische Kommentare angebracht sind. Ulrich Beck hat die von Amts wegen verbreiteten idyllischen Vorstellungen, was im Falle eines ernsthaften Störfalls zu tun sei, vor einigen Jahren folgendermaßen kommentiert: »Ausländische Reaktorunfälle finden aus verwaltungstechnischen Gründen nicht statt, inländische Katastrophen sind so liebenswürdig, sich auf eine Gefährdung von neunundzwanzig Kilometer im Umkreis eines Kernkraftwerkes zu beschränken. In diesem Sinne wäre zu unterscheiden zwischen der Verwaltung des Nonsense und der Verwaltung des Nonsense mit Nonsensemitteln.«[52]

Das Fatale an unserer Lage ist, dass die Last der Verantwortung sich nicht einfach auf diejenigen abwälzen lässt, die diese technischen Systeme ersannen und ihre Installierung politisch ermöglichten. Denn der Geist, aus dem heraus sie geschaffen wurden, ist der Geist, der bewusst oder unbewusst auch unser Denken prägt und unser Handeln antreibt. Es sind unsere eigenen Wünsche und Erwartungen, unsere eigenen Machtgelüste und Grandiositätsfantasien, die Wissenschaftler, Techniker und Politiker immer wieder motivieren, Grenzen zu überschreiten – auch solche, die sie vielleicht besser respektierten. Immer wieder haben Denker und Dichter die Welt der Technik als die »große Selbstbegegnung des Menschen« (Josef Luitpold) gepriesen. Und in der Tat hat sich der Mensch mit allen Facetten seines Wesens in seinen Produkten auf imponierende Weise zum Ausdruck gebracht. Heute aber stellen wir erschrocken fest, dass wir im Spiegel unserer eigenen Schöpfungen immer häufiger einem zwielichtigen Ungeheuer begegnen, das uns einerseits fasziniert und andererseits, von Grauen erfasst, zurückschrecken lässt.

Die Ambivalenz unserer Einstellung zu unseren eigenen Produkten ist bei der Gentechnik oder bei der Präimplantationsdiagnostik heute vielleicht am augenfälligsten. Instinktiv

---

[52.] Beck 1991, S. 190.

scheuen die meisten von uns davor zurück, den Lockrufen jener Biowissenschaftler zu folgen, die sich heute daranmachen, als eugenische Anthropotechniker die soziale, geistige und physische Natur des Menschen zu *verbessern*. Viele Menschen lehnen solche Eingriffe in die Schöpfung aus religiösen Gründen ab; sie glauben darin den verwerflichen Versuch des Menschen zu erkennen, Gott zu spielen, und sind überzeugt, dass er nur in einer Katastrophe enden kann. Aber auch ganz und gar säkularisierte Menschen sehen darin nicht selten eine höchst fragwürdige Grenzüberschreitung, weil sie annehmen, dass der Mensch der damit verbundenen Verantwortung nicht gewachsen ist. Wahrscheinlich wären die meisten Menschen froh, wenn unsere Kultur das Wissen um diese Möglichkeit nie hervorgebracht hätte. Aber was, wenn sich herausstellte, dass mit den hier gewonnenen Erkenntnissen tatsächlich schwere Erkrankungen und Behinderungen vermieden werden könnten, wie von interessierter Seite behauptet wird? Wer von uns würde dann freiwillig auf ihre Inanspruchnahme verzichten? Und würden wir, wenn wir uns tatsächlich dem hier möglichen Fortschritt verweigerten, nicht in ein neues moralisches Dilemma geraten, weil wir Leid, das zu verhindern gewesen wäre, nicht verhinderten?

Nicht zu tun, was wir können, das fällt uns modernen Menschen am schwersten. Sobald unsere wissenschaftliche Neugier und unser Machtstreben eine neue technische Möglichkeit hervorgebracht haben, tendiert diese dazu, sich von einer *Möglichkeit* zu einem *Muss* zu entwickeln. Weil wir verhindern können, dass ein behindertes Kind auf die Welt kommt, fühlen wir uns *verpflichtet*, vorbeugend einzugreifen, wenn uns eine entsprechende Diagnose gestellt wird, selbst dann, wenn wir *eigentlich* nicht von der Weisheit eines solchen Handelns überzeugt sind. Schließlich, so sagen wir uns beschwichtigend, können wir so Leid verhindern und uns selbst und der Gesellschaft eine Menge Kosten ersparen. Wenn die Börsen in

New York, London oder Singapur die neuen digitalen Möglichkeiten des *Flash Trading* und des Derivathandels nutzen, müssen wir es in Frankfurt und an jedem anderen Börsenstandort auch tun, um im Wettbewerb bestehen zu können, auch wenn wir ahnen, dass damit im Weltfinanzmarkt ein chaotischer Prozess in Gang gesetzt wird, der fast zwangsläufig in die Katastrophe führen muss.

Wer sich trotz schwerer Bedenken mit den neuen Möglichkeiten arrangiert, wird im Nachhinein oft mehr oder weniger gute Gründe finden, um sein Tun vor sich selbst und vor anderen zu legitimieren. So werden nicht selten aus Zwangsverpflichteten scheinbar überzeugte Anhänger der gefährlichen neuen Techniken. Oder man erklärt sich einfach für nicht zuständig und blendet die eigene Verantwortung aus, konzentriert sich ganz auf sich selbst, die eigene Familie, den eigenen Beruf, das eigene Fortkommen. Die seit den achtziger Jahren des vorigen Jahrhunderts rasant zunehmende Ich-Bezogenheit bei gleichzeitiger Verarmung der sozialen Beziehungen interpretiert Martin Wangh als den – vergeblichen – Versuch, angesichts einer nicht zu verantwortenden Gesamtentwicklung den Kreis menschlicher Verantwortung so radikal zu begrenzen, dass Fragen nach dem Sinn und der moralischen Zulässigkeit riskanter technologischer Großprojekte nach Möglichkeit ausgeblendet werden. Aber, so Wang, die Ängste, die wir verdrängen, holen uns zumeist wieder ein, und als Stirner'sche Einzelne sind wir ihnen erst recht hilflos ausgeliefert.[53]

Horst Eberhard Richter hat schon Ende der siebziger Jahre in seinem Buch *Der Gotteskomplex* die Entwicklung der modernen Gesellschaft als eine »neurotische Flucht aus narzisstischer Ohnmacht in die Illusion narzisstischer Allmacht«

[53.] Wangh 1994.

beschrieben.[54] Für ihn kommt dieser Prozess einer »neurotischen Überkompensation« am Ende des Mittelalters in Gang, als die Menschen sich mehr und mehr aus der Geborgenheit der Gotteskindschaft zu lösen und sich als eigenverantwortliche Individuen zu begreifen beginnen. Der *virtuoso*, der stolz und eigenmächtig alle Fesseln der Tradition abstreifende, von wissenschaftlicher Neugier und prometheischem Schöpferdrang getriebene Renaissancemensch, ist eine frühe Verkörperung dieser angstgetriebenen Selbstermächtigung. Von nun an geht es um die Beherrschung der Natur, um möglichst vollständige Kontrolle – auch der eigenen Emotionen und Triebe. Schwäche ist peinlich, sie wird überspielt und verdrängt oder schlägt um in Grandiositätsfantasien, vergleichbar mit Nietzsches Vorstellung vom »Übermenschen«, die heute in der von Biowissenschaftlern genährten Hoffnung auf die anthropotechnische Verbesserung des Menschen wiederauftaucht. In der Folge werden Tod, Krankheit und Behinderung immer radikaler aus dem öffentlichen gesellschaftlichen Leben hinausgedrängt. »Zu den noch am wenigsten gelösten Schlüsselproblemen unserer Zivilisation«, schreibt Richter, »gehört der Umgang mit der Schwäche, mit der Zerbrechlichkeit, mit der Endlichkeit.«[55]

Heute wird uns von allen Seiten schmerzhaft klargemacht, dass der Versuch des modernen Menschen, gottgleiche Allwissenheit und Allmacht und damit Kontrolle über alle Lebensprozesse zu erlangen, gescheitert ist. Die eine Zeitlang erfolgreich verdrängte Angst kehrt zurück und sie nimmt panische Züge an, wenn wir erkennen, dass die Instrumente und Systeme, die wir zum Zwecke unserer Machterweiterung geschaffen haben, sich längst verselbstständigt haben. Martin Buber hat in seinem Buch *Das dialogische Prinzip* die heu-

54. Richter 1979, S. 29.
55. Ebd., S. 129.

tige Lage früh so beschrieben: »Die Heizer häufen noch die Kohlen, aber die Führer regieren nur noch zum Schein die dahinrasenden Maschinen. Und in diesem Nu, während du redest, kannst du es wie ich hören, dass das Hebelwerk der Wirtschaft in einer ungewohnten Weise zu surren beginnt; die Werkmeister lächeln dich überlegen an, aber der Tod sitzt in ihren Herzen. Sie sagen dir, sie passten den Apparat den Verhältnissen an; aber du merkst, sie können fortan nur noch sich dem Apparat anpassen, solange er es eben erlaubt.«[56]

Die Krise der Moderne, die bei Buber noch in den Bildern der prädigitalen, fordistischen Welt zum Ausdruck gelangt, ist in erster Linie die Krise des Westens. Es ist keineswegs ausgeschlossen, dass aus ihr etwas positiv Neues, eine konviviale Welt, eine der Natur des Menschen angemessenere Lebensweise hervorgeht. Aber um die Krise in diesem Sinne produktiv auflösen zu können, müssten wir sie zunächst einmal anerkennen, müssten wir die Notwendigkeit zu einem grundlegenden Kurswechsel begreifen. Das fällt den meisten von uns auch deswegen schwer, weil trotz aller offensichtlichen Fehlentwicklungen die Vorbildfunktion des Westens in der Welt immer noch groß ist. Wenn wir uns heute in der Welt umschauen, so sehen wir zwar neue aufsteigende Mächte wie China, Indien oder Brasilien, die ihre Mitspracherechte immer nachdrücklicher geltend machen, aber insgesamt ist die Dominanz der westlichen Länder nach wie vor erdrückend. Es wird sich hieran trotz des rasanten Tempos, in dem einige Schwellenländer aufholen, und trotz der unübersehbaren Schwächung der USA und Europas in nächster Zeit wohl auch wenig ändern. Zudem folgt der Aufstieg der Schwellenländer weitestgehend derselben Logik, die die Dominanz des Westens hervorgebracht hat. Damit aber tragen die westlichen Länder auf absehbare Zeit, ob es ihnen gefällt

---

[56.] Buber, S. 50 f.

oder nicht, auch weiterhin die Hauptverantwortung für den Zustand der Welt.

Macht und Verantwortung sind nun einmal nicht voneinander zu trennen. Das wird im Prinzip auch von den meisten westlichen Politikern nicht geleugnet, obwohl sie sich immer noch scheuen, daraus die richtigen, die verantwortungsvollen Konsequenzen zu ziehen. Kaum war Deutschland im Jahre 1990 vereinigt und damit mit Abstand der mächtigste Staat in Europa geworden, war allenthalben die Rede davon, dass Deutschland nun auch mehr Verantwortung übernehmen müsse. Zuvor hatten sich die beiden deutschen Staaten, wenn es um internationale Verpflichtungen ging, meistens mit Erfolg in den Schatten ihres jeweiligen Großverbündeten geduckt. Das, so die fast einhellige Meinung in der Politik und in der veröffentlichten Meinung, sei nun nicht mehr möglich. Aber diese richtige Einsicht führte nicht zu dem naheliegenden Entschluss, die Entwicklungshilfe aufzustocken, sich für faire Austauschbeziehungen mit den Ländern Afrikas einzusetzen oder entschlossen auf Abrüstung und eine Eindämmung des Rüstungsexports zu drängen. Vielmehr ließen sich die Deutschen in fragwürdige Kriege hineinziehen und glaubten ausgerechnet am Hindukusch die Freiheit verteidigen zu müssen. Schlagartig wurde deutlich, was hier in Wirklichkeit mit *Verantwortung* vor allem gemeint gewesen war: die Demonstration der eigenen Macht.

Allerdings ist es, genau besehen, mit dem Selbstbewusstsein der Mächtigen in der westlichen Welt heute nicht mehr allzu weit her – von dem alten Sendungsbewusstsein des 19. und 20. Jahrhunderts gar nicht zu reden. Seit sich gezeigt hat, dass das Schwellenland China die durch den Zusammenbruch der Lehman-Bank ausgelöste Weltfinanzkrise sehr viel besser überstanden hat als die westlichen Länder, seit die Schuldenkrise in Europa und in den USA, die zu einem erheblichen

Teil die Folge der Bankenkrise ist, die Handlungsfähigkeit der Staaten untergräbt, geht im Westen die Angst vor einem unabwendbaren und unumkehrbaren Niedergang um. Aber statt nun wirklich globale Verantwortung zu übernehmen, tun wir alles, um unseren schwindenden Machtvorsprung so lange wie möglich zu erhalten. Wir verbarrikadieren uns in unserem Wohlstand, obwohl wir längst wissen, dass wir ihn nicht werden sichern können, wenn wir ihn nicht mit den anderen teilen. Wir reden zwar von Globalisierung, von globaler Verantwortung, von der Notwendigkeit einer gerechten vorwärtsweisenden Weltinnenpolitik, aber wenn es praktisch wird, wenn es um faire Handelsbeziehungen, um den Zugang zu wichtigen Ressourcen, wenn es um das Teilen von Macht und Reichtum geht, sind alle guten Vorsätze zumeist schnell wieder vergessen. Auch darum ist der Zustand der Welt, wie er ist, werden seit Jahrzehnten G8-, G12-, G20-Gipfel veranstaltet, folgt eine UNO-Konferenz der anderen, während sich die soziale Situation der Mehrheit der Weltbevölkerung verschlechtert, wichtige Rohstoffe, Nahrung und trinkbares Wasser knapp werden und die Erderwärmung mit ihren absehbar katastrophalen Folgen weiter zunimmt.

Vielleicht ist der tiefste Grund der modernen Angst in einem nicht offen eingestandenen Schuldgefühl zu sehen, das mit unserer immer destruktiver werdenden Wirtschafts- und Lebensweise zu tun hat. Selbst wenn wir uns mit den ökologischen Fragen im Detail nicht auskennen, so wissen wir doch in aller Regel, dass wir mit unserer Art zu wirtschaften und zu leben die Biosphäre verwüsten und unseren Kindern und Enkeln damit die Zukunft verbauen. Auch wenn wir es zu verdrängen suchen, wir sind uns doch zumeist bewusst, dass, während wir im Überfluss leben, Millionen von Menschen in Afrika, Lateinamerika und Asien in Armut dahinvegetieren und Hunger leiden. Die Staaten des Westens, in denen nicht mehr als zwölf Prozent der Weltbevölkerung leben, schreibt

Jean Ziegler in seinem Buch *Der Hass auf den Westen,* hätten mit ihren großen Konzernen und der von ihnen dirigierten Finanzwirtschaft sich die ganze Welt unterworfen; sie seien verantwortlich für Hunger, Elend und Unterentwicklung. In der Tat ist es nicht leicht, sich der Einsicht zu entziehen, dass wir alle, die wir vom gegenwärtigen Zustand der Welt profitieren, Komplizen der Spekulanten und Ausbeuter sind. In unserer säkularisierten Kultur werden zwar nur wenige Menschen die archaische Vorstellung teilen, dass unsere Hybris zwangsläufig ein göttliches Strafgericht nach sich ziehen werde. Aber die Erwartung einer Art *poena naturalis,* die ja auch immer eine Schuld voraussetzt, ist möglicherweise unterschwellig auch in unserer modernen Zivilisation virulent und erzeugt heute bei vielen Menschen ein Gefühl schuldhafter Bedrückung, das sich zwar verdrängen, aber in seiner Wirkung nicht ganz ausschalten lässt.

Wieder einmal, wie am Ende der Antike und in der Zeit vor dem Ersten Weltkrieg, verstärkt sich das Gefühl, in einer Endzeit zu leben. Leben mit dem »Restrisiko«, wie lange kann das noch gutgehen? Die Rechnung für die Zerstörung der Biosphäre, für die Verschwendung des über viele Jahrtausende angesammelten Naturkapitals, für die Missachtung der Lebensinteressen der Mehrheit der Weltbevölkerung, für die leichtfertige Überschreitung von Grenzen des Verantwortbaren, wird sie uns heute präsentiert? Müssen wir jetzt für das bezahlen, was wir in unserem Machtrausch angerichtet haben? Lars von Trier hat in dem Film *Melancholia* diese Stimmung in bedrückende Bilder gefasst. Am Ende kommt über die verängstigten Menschen in ihrem prächtigen Schloss ein allen heilsgeschichtlichen Sinns beraubtes apokalyptisches Geschehen: Der Planet *Melancholia* kollidiert mit der Erde und alles Leben, jedenfalls alles höhere, wird auf einen Schlag vernichtet. Die Einzige, die das Verhängnis kommen sieht, ist die depressive Schwester der Hausherrin, und, weil sie längst alle Hoffnung aufgegeben hat, ist sie auch die Einzige, die weiß, was zu tun ist: die hektische Suche nach einem Ausweg aufgeben und das Unvermeidliche gefasst über sich ergehen lassen.

Die Hellsicht des verdunkelten Gemüts – das alte Kassandramotiv gewinnt heute wieder an Faszination. Plötzlich werden technische Katastrophen, die längst in Büchern und Filmen zu unterhaltsamen Erzählungen verarbeitet wurden und all ihre Schrecken verloren zu haben schienen, wieder zu ominösen Zeichen, die wir zuvor in unserem Hochmut meinten missachten zu können. Die »unsinkbare« *Titanic* geht am 15. April 1912, zwei Jahre vor dem Ausbruch des Ersten Weltkriegs, unter und mit ihr eintausendfünfhundert Menschen. War das eine frühe Warnung? Am 3. Mai 1937, zwei Jahre vor dem Ausbruch des Zweiten Weltkriegs, stürzt der Zeppelin *Hindenburg* in New York brennend ab. Auch das ein Menetekel? Viele andere Bilder und Daten von Katastrophen haben sich in unser Gedächtnis eingebrannt. Am 28. Februar 1986 verglüht das Spaceshuttle *Challenger* und mit ihm die sechsköpfige Besatzung, am 3. Juni 1998 bringt ein gebrochener Radreifen bei Eschede einen ICE zum Entgleisen und am 23. Juni 2011 stürzt in China ein Hochgeschwindigkeitszug von einer Brücke. Jährlich sterben im Straßenverkehr 1,2 Millionen Menschen; seit der Erfindung des Automobils sind es insgesamt ca. 50 Millionen. Angeblich absolut sichere Kernkraftwerke explodieren in Three Mile Island, in Tschernobyl, in Fukushima. In der modernen Medienwelt erleben wir alle diese Katastrophen hautnah mit, die Bilder besetzen unsere Fantasie, sind ständig abrufbar, verbinden sich mit anderen Bildern und Schreckensmeldungen.

Weil die meisten Menschen keine klare Vorstellung davon haben, wie wir anders leben könnten, friedlicher, ökologisch vernünftiger, sozial gerechter und dennoch oder auch gerade deswegen glücklicher und erfüllter, weil sie, wenn sie eine Vorstellung von einem anderen Leben haben, in aller Regel nicht daran glauben, dass sich diese angesichts der Schwerkraft unserer Gewohnheiten und der mächtigen Interessen, die mit der bisherigen Lebensweise verbunden sind, durchsetzen ließe, können sie sich nicht zu erlösendem Handeln entschließen, verlieren am Ende gar die Lebenszuversicht, verfallen in Schwermut oder werden zynisch. Vor uns, das ist die zumeist unausgesprochene Überzeugung vieler Menschen, vielleicht der Mehrheit, liegt eine lange Periode des Niedergangs, der harten Verteilungskämpfe und der Ressourcenkriege, des Verzichts und der Freiheitsbeschränkung. Auch wenn man entschlossen ist, um seinen eigenen Anteil am kleiner werdenden Kuchen mit Zähnen und Klauen zu kämpfen – froh wird man in dieser Perspektive nicht.

# 8. Macht Freiheit Angst?

Die *Platzangst*, die Angst, den schützenden Schatten der Kolonnaden oder des Torbogens zu verlassen, auf den offen einsehbaren Platz zu treten und sich neugierigen, womöglich feindlichen Blicken auszusetzen, führen einige Anthropologen auf die Urangst zurück, die unsere frühen Vorfahren im ostafrikanischen Grabenbruch empfanden, als sie sich anschickten, den schützenden Wald zu verlassen, um in der offenen Savanne zu jagen. Wer heute Platzangst hat, hat meist nicht so handfeste Gründe für das ihn beherrschende Gefühl wie unsere Ahnen in Ostafrika. Denn in aller Regel lauern auf offenen Plätzen in unseren Städten keine gefährlichen Säbelzahntiger, und dass man erschossen wird, sobald man die Deckung verlässt und ins Freie tritt, ist – zumindest in der Mitte Europas – auch nicht sehr wahrscheinlich. Platzangst betrachten wir heute gemeinhin als eine Krankheit der Seele, und verweisen die unter ihr Leidenden an den Psychotherapeuten.

Aber möglicherweise ist die Platzangst nur ein Sonderfall einer viel verbreiteteren, Beklommenheit auslösenden Befindlichkeit, die bei den meisten Menschen in unterschiedlichen Graden auftritt, wenn sie den Schritt ins Offene wagen. Wenn Freud und Erich Fromm recht haben, ist das Geburtstrauma, das Hinaustreten aus der Mutterhöhle, die Quelle der Urangst, auf die alle späteren Ängste zurückzuführen sind, auch und gerade die *Furcht vor der Freiheit*, über die Erich Fromm 1993 geschrieben hat. Man muss diese Theorie der Urangst nicht teilen, und tatsächlich ist sie unter Psychologen ja auch umstritten. Aber dass das Hinaustreten ins Leben, dass Emanzipation und die Übernahme von Verantwortung auch immer mit Angst verbunden sind, ist wohl nicht zu leugnen.

*Freiheit* heißt der Lockruf der Moderne, dem heute, wie überall auf der Welt zu beobachten ist, nur wenige auf Dauer widerstehen können, gegen den die Warnungen von Eltern, Lehrern, Vorgesetzten, Priestern, Mullahs und Potentaten in aller Regel wenig auszurichten vermögen, obwohl wir reichlich Erfahrungen damit haben, wie strapaziös die Freiheit sein kann und wie oft sich die damit verbundenen Hoffnungen nicht oder jedenfalls nicht in vollem Umfang erfüllen. Weil der Ruf der Freiheit so unwiderstehlich ist, verlassen sich ihre Gegner, die selbst ernannten Vormünder und Diktatoren, auch lieber auf Verbote, Einschüchterung und Zwangsmaßnahmen als auf ihre angeblich so triftigen Argumente für eine hierarchische Ordnung, bei der die Masse dem Willen einiger weniger oder eines Einzelnen untertan ist.

Das Streben nach Freiheit gilt uns heute gemeinhin als selbstverständliches Menschenrecht, gar als etwas, das seit eh und je in der Natur des Menschen angelegt ist. Dass dennoch mehr als zweitausend Jahre europäischer Geschichte vergehen mussten, bis mit der amerikanischen und der französischen Revolution die Idee der Menschenrechte und des demokratischen Rechtsstaats sich allmählich in einem kleinen Teil der Welt durchsetzte, dass es auch danach immer wieder zu schrecklichen Rückfällen kam, sollte allerdings nicht übersehen werden. Emanzipation ist, wie wir aus Erfahrung wissen, in aller Regel nicht konfliktlos und ohne Anstrengung zu haben, weil sie gegen die Arroganz der Macht und gegen tradierte Dummheit und Verantwortungsscheu erkämpft werden muss. Dennoch wird die grundsätzliche Legitimität des Projekts seit dem 18. Jahrhundert, abgesehen von hinterwäldlerischen Rassisten und Fundamentalisten, kaum noch ernsthaft in Zweifel gezogen. Und doch ist mit jedem Schritt auf dem Weg der Befreiung, wie die Geschichte zeigt, auch ein Erschrecken verbunden, ein Erschrecken über die eigene Kühnheit, ein Erschrecken vielleicht auch vor der Verantwortung, die wir auf uns laden, wenn wir mit Kant den *Ausgang aus der selbstverschuldeten Unmündigkeit* wagen. Es beschleicht uns, wenn wir uns aus Abhängigkeiten befreien, eine hartnäckige Angst vor den möglichen Folgen einer Reise ins Ungewisse, vielleicht manchmal auch immer noch die beklemmende Furcht, der Hybris der Selbstermächtigung könne die Strafe der Götter auf dem Fuße folgen.

Freiheit ist fraglos ein kostbares Gut, und wo sie uns vorenthalten wird, sehnen wir uns nach ihr wie nach dem Paradies. Aber zugleich ist Freiheit immer auch eine Quelle von Unsicherheit, nährt sie Ängste. Die eigene und die Freiheit der anderen. Wir können nicht sicher wissen, was in den Köpfen der anderen vor sich geht, welche Absichten sie hegen, ob sie womöglich etwas im Schilde führen, was uns schaden könnte. Die Freiheit der anderen, ob es sich dabei um Familienangehörige, Nachbarn oder Fremde handelt, ist zwar Voraussetzung unserer eigenen Freiheit, aber sie bedeutet auch Kontrollverlust. Der Staat, die Eliten, die Mächtigen haben Angst vor der Freiheit, weil emanzipierte Bürger im Gegensatz zu Untertanen nicht berechenbar sind, weil sie sich nach Lust und Laune vernetzen, sich mit anderen zusammentun, um wer weiß was auszuhecken. Auch die moderne Kontrollhysterie des Staates ist ein Produkt der Angst vor der Freiheit; und sie nimmt mit der größeren Bewegungs- und Informationsfreiheit der Menschen im digitalen Zeitalter noch einmal zu.

Wir neigen dazu, zu übersehen, dass Unsicherheit notwendig und unabänderlich zum Leben eines freien Menschen gehört, und träumen von einem Zustand absoluter Sicherheit, den es nicht gibt und den es, wenn wir unsere Humanität ernst nehmen, auch gar nicht geben sollte. In seinem großen Werk *Angst im Abendland* weist der französische Historiker Jean Delumeau nach, dass Zauberei, Hexenwahn und Judenverfolgung, religiöse Ekstase und Inquisition im neuzeitlichen Europa nicht, wie es zum Beispiel bei Jacob Burckhardt den Anschein hat, als Überbleibsel »aus dem dunkelsten Mittelalter« anzusehen sind, sondern die Kehrseite des von Burckhardt so imposant geschilderten Prozesses darstellen, in dem der Mensch der Renaissance aus tradierten kollektiven Bindungen heraustritt und sich als freies Individuum begreift. Die individuelle Selbstermächtigung, das, was wir Freiheit nennen, ist offenbar von Anfang an mit Angst verbunden, und eben diese Angst ist das Eingangstor, durch das die Feinde der Freiheit und der Menschenrechte immer wieder einzudringen verstehen.

Derselbe Zusammenhang von kühnem Freiheitsdrang und zu Hysterie treibender Angst, den wir aus dem 16. Jahrhundert kennen, ist bei einem großen Teil der Akteure der Französischen Revolution aktenkundig. Die Raserei der *Terreur* ist – jedenfalls zum Teil – Ausfluss dieser Angst, der hysterischen Angst vor Unterwanderung, vor allgegenwärtigen Agenten des Adels, vor Ausländern allgemein und Engländern im Besonderen, vor allem aber der Angst vor der eigenen Kühnheit, die unbewusst vielleicht doch als Hybris betrachtet wird. Die Tatsache, dass viele Revolutionäre – unter ihnen Marat – Mesmers Séancen besuchten, andere vor wichtigen Entscheidungen Wahrsagerinnen zu Rate zogen, nicht wenige trotz ihrer antiklerikalen Einstellung, wenn sie sich unbeobachtet wähnten, in einer Kapelle eine Kerze anzündeten, bevor sie in die Konstituante eilten, um revolutionäre Beschlüsse zu fassen, all das zeigt, dass es mit dem Vertrauen auf die Vernunft auch bei ihnen so weit nicht her war.

Im Gegensatz zu dem, was eine heute verbreitete, meist postmodern inspirierte Geschichtsdeutung dem Zeitalter der Aufklärung nachsagt, war das Fortschrittsverständnis im 18. Jahrhundert keineswegs so naiv und ungebrochen, wie es oft dargestellt wird. Dieselben Menschen, die die Heißluft-ballons der Gebrüder Montgolfier als Zeichen einer neuen wissenschaftlich-technischen Moderne bejubelten, schwärmten für den »guten Wilden« und für die einfache Sittlichkeit des Landlebens. Dieselben Menschen, die die Vernunft zur Göttin erhoben, waren anfällig für Scharlatane und Wunderheiler wie Cagliostro und Mesmer. Die tatsächlich ziemlich ungebrochene Wissenschaftsgläubigkeit, die der Marquis de Condorcet in seiner berühmten *Esquisse d'un Tableau historique des progrès de l'esprit humain* von 1795 an den Tag legt, wurde von Aufklärern wie D'Alembert, Diderot oder Kant keineswegs geteilt. Und der angeblich naiv-vernunftgläubige Aufklärer Lessing hat uns den schönen Satz hinterlassen: *Wer über gewisse Dinge den Verstand nicht verliert, der hat keinen zu verlieren.*

Die Geschichte der Moderne ist einerseits ein imposanter Prozess der Befreiung und der Rationalisierung der Lebensverhältnisse, andererseits ist sie aber auch geprägt von periodisch auftretenden Angstepidemien. Der Historiker Lucian Hölscher hat dies in seinem Buch *Weltgericht oder Revolution* für das ausgehende 19. Jahrhundert und besonders für die Wilhelminische Epoche dargestellt. Er sieht, was die Befindlichkeit der Menschen angeht, eine deutliche Parallele zwischen den siebziger Jahren des 19. und des 20. Jahrhunderts: »Ebenso wie im Kaiserreich macht sich Ende der siebziger Jahre eine kollektive Angst vor einer globalen, selbstverschuldeten Katastrophe breit: damals der drohenden sozialen Revolution, jetzt der atomaren und ökologischen Selbstvernichtung der Menschheit. Ebenso wie damals reagiert ein substanzieller Teil der Bevölkerung auf die Bedrohung mit einer Annäherung an die Kirchen und die Wiederentdeckung religiöser Bedürfnisse und Traditionen.«[57]

57. Hölscher, S. 9.

Es war der Psychologe und Soziologe Erich Fromm, der in seinem 1941 erschienenen Buch *Die Furcht vor der Freiheit* vielleicht am gründlichsten analysiert hat, worin die merkwürdige Ambivalenz der neuzeitlichen Freiheitsgeschichte besteht. Das hypertrophe Sicherheitsstreben und die Lust an der Beherrschung anderer mit ihrer Kehrseite der Lust an der Unterwerfung haben den Prozess menschlicher Emanzipation von Anfang an begleitet und ihn zuweilen, wie im stalinistischen Russland und in Nazideutschland, auf brutalste Weise in sein Gegenteil verkehrt. Alain Ehrenberg hat eine ähnlich ambivalente Haltung des modernen Menschen zur Freiheit als eine Quelle der Depression ausgemacht. Ihm zufolge liegt der Depression ein Gefühl der Selbstüberforderung zugrunde, das er wiederum auf die radikale *Freisetzung* des Individuums in der avancierten kapitalistischen Gesellschaft zurückführt: »Wenn die Neurose das Drama der Schuld ist, so ist die Depression die Tragödie der Unzulänglichkeit. (...) Die Depression ist nicht die Krankheit des Unglücks, sondern die Krankheit (...) einer Persönlichkeit, die versucht, nur sie selbst zu sein: die innere Unsicherheit ist der Preis für diese ›Befreiung‹.«[58] Er geht sogar noch weiter, indem er die Geisteskrankheit schlechthin als »Krankheit der Freiheit« bezeichnet.[59]

Auch die unruhigen Studenten der 68er-Zeit, die sich gegen das Establishment auflehnten, auf die Straße gingen und die allzu braven Bürger herausforderten, waren keineswegs so frei von Angst, wie sie vielleicht selbst glaubten. Und nicht wenige wiederholten im Kleinen, was die erste Hälfte des *schrecklichen 20. Jahrhunderts* im Großen vorexerziert hatte: die Flucht vor den Zumutungen der Freiheit und der Individualisierung in die vermeintliche Geborgenheit dogmatischer Weltanschauungssysteme. Wer sich unter roten Fahnen versammelte, sich

[58.] Ehrenberg, S.12 f.
[59.] Ebd., S. 28.

in Sprechchören der Geborgenheit in der Gruppe versicherte, wer in so großer Zahl alsbald Zuflucht in dogmatischen Lehrgebäuden und Kaderorganisationen suchte, war ganz offensichtlich von derselben Angst geplagt, die, so scheint es, die meisten heimsucht, die sich ins Offene wagen.

Oder ins Offene gestoßen werden. Barry Glassner zeigt in seinem Buch *The Culture of Fear*, dass die amerikanische Gesellschaft am Ende des 20. Jahrhunderts von zahlreichen Ängsten heimgesucht wird, die überwiegend eingebildeten, von den Medien verstärkten oder erfundenen Gefahren gelten, während die realen Probleme oft übersehen oder verdrängt werden. Das gleiche Phänomen lässt sich auch in Europa, zumal in Deutschland, beobachten, und natürlich spielen die Medien hier eine entscheidende Rolle als Verstärker. Freilich sind die Medien nicht die Verursacher der Ängste. Diese scheinen vielmehr ihren tieferen Grund darin zu haben, dass immer mehr Menschen aus relativ stabilen Lebenszusammenhängen der Familie, der Nachbarschaft, des gemeinsamen Arbeitsortes etc. herausgerissen werden und sich weitgehend allein zurechtfinden müssen in einer unübersichtlichen, sich immer schneller wandelnden Welt.

Es spricht vieles dafür, dass Menschen besser mit dem Unbehagen und der Angst fertig werden, die neben dem Glücksgefühl und dem Bewusstsein der eigenen Stärke unabänderlich mit der Freiheit verbunden sind, wenn sie in stabilen sozialen Bezügen leben. Wenn sie nicht als atomisiertes Individuum ihrem Gott oder der Statuskonkurrenz oder den Unwägbarkeiten des Weltmarkts ausgeliefert sind. Darum ist die rituelle Bestätigung der Zusammengehörigkeit in kollektiven Festlichkeiten, wie Barbara Ehrenreich in ihrem Buch *Dancing in the Streets* aufgezeigt hat, so entscheidend, und darum war der Kampf der Puritaner und anderer religiöser Eiferer gegen die noch im Mittelalter so zahlreichen kollektiven Festlichkeiten entscheidend dafür, dass in der Neuzeit wahre Epidemien der Angst und der Depression auftraten. In ganz ähnlicher Weise scheint die moderne Arbeits- und Konsumgesellschaft mit ihrer ins Extrem getriebenen Leistungsideologie und Individualisierung heute angsttreibend zu wirken.

Der Pädagoge Alfie Kohn arbeitet in seinem Buch *The Brighter Side of Human Nature* diesen Zusammenhang heraus: »Immer wieder haben Sozialkritiker auf die wahnsinnige Mobilität in der amerikanischen Gesellschaft hingewiesen, auf den Mangel an Gemeinschaftlichkeit und der Bindung an gemeinsame Werte oder an den Wert dessen, was man mit anderen teilt. Wir sind voneinander getrennt, wir sind so radikal auf uns selbst zurückgeworfen, dass wir es uns nicht einmal mehr gestatten können, unsere Entfremdung einzugestehen. Stattdessen benehmen wir uns wie einsame Seelen, die damit prahlen, frei von allen Fesseln und Beschränkungen zu leben, und bestehen darauf, dass es sich nicht um eine Zwangslage, sondern um ein frei gewähltes Schicksal, nicht um eine Krise, sondern um einen Zustand fortgeschrittener Wertentwicklung handelt.«[60]

Eine andere Deutung des hier besprochenen Problems liefert Paul Virilio. Ausgehend von der Tatsache der ständigen Beschleunigung aller Prozesse in der modernen digitalen Gesellschaft und der damit einhergehenden Schrumpfung des Raums, glaubt er einen Wechsel von der *Agoraphobie* zur *Klaustrophobie* als Quelle des heutigen Angstpotentials festzustellen.[61] Der moderne Mensch, so Virilio, sei eingesperrt in eine »Welt der Unmittelbarkeit und der Simultaneität«.[62] Der Raum – und mit ihm alle Dinge und Personen –, der sich

[60.] Kohn, S. 250 f., Übers. d. V.
[61.] Virilio, S. 52.
[62.] Ebd., S. 36.

früher um ihn herum – im Wortsinne – als *Erfahrungs*raum ausbreitete, sei ihm nun in jedem Moment in virtueller Simulation unmittelbar präsent, rücke ihm bedrohlich auf Leib und Seele, stelle sich seinem Drang, sich die Welt aus freien Stücken – d. h. für Virilio im sozialen Austausch mit anderen – anzueignen, in den Weg. Das so entstehende Gefühl der Beengtheit und der Atemnot löse klaustrophobische Ängste aus, mit denen das der sozialen Erfahrung beraubte Individuum heute allein gelassen werde, sodass es sie in aller Regel nicht verarbeiten könne.

Wenn Virilio recht hat, hätten wir es mit einer bedeutenden Veränderung der Lage zu tun. Aus der Angst *vor der Freiheit* und der damit verbundenen Verantwortung für die Gestaltung des eigenen Lebens würde nun die Angst *vor dem radikalen Verlust der Freiheit*, weil der Raum, den es zu gestalten gilt, dem medial vernetzten Individuum immer schon als besetzter virtueller Raum vorgegeben ist. Die tödliche Gefahr für die Freiheit besteht nach Virilio nicht mehr darin, dass die Menschen aus Angst vor den Strapazen und Unwägbarkeiten einer autonomen Lebensgestaltung in die Sicherheit autoritär geregelter Gemeinschaften fliehen könnten, sondern darin, dass ihnen als radikale Individuen im digitalen Zeitalter der soziale Gestaltungsraum endgültig abhandenkommen könnte.

Offenbar haben wir es heute mit zwei entgegengesetzten Tendenzen zu tun, die in gleicher Weise Angst erzeugen und zu Fluchtbewegungen inspirieren: zum einen die Flucht vor den Zumutungen der Überindividualisierung in die (nach außen abgeschlossene) *Gemeinschaft*, die wie Zygmunt Baumann zu Recht feststellt, Sicherheit und Geborgenheit verspricht, aber mit dem Verlust von Freiheit bezahlt werden muss, und zum anderen die Flucht vor der erdrückenden Dauerpräsenz eines virtualisierten Sozialen in die Traumwelt einer neoanarchistischen Asozialität. Auf beiden Fluchtwegen könnten die überforderten Individuen das Maß an Freiheit verspielen, das unter Menschen möglich ist. Denn wenn es richtig ist, dass Freiheit in der modernen Welt nur als institutionalisierte, d. h. durch die gleiche Freiheit der anderen begrenzte und normierte Freiheit möglich ist, kommt es darauf an, die Balance zwischen individueller Freiheit und kollektiver Verantwortung zu erhalten. Diese Aufgabe ist nicht anders zu bewältigen als durch mühsames Aushandeln kompromissbeladener Konsense. Die Kraft zu dieser Leistung werden die Individuen allerdings nur aufbringen, wenn sie sich zumindest zeitweise in gemeinschaftliche Ruhezonen zurückziehen können. Aus diesem Grunde kann die schroffe Entgegensetzung von Gemeinschaft und Freiheit, die Zygmunt Baumann in seinem Buch *Gemeinschaften – Auf der Suche nach Sicherheit in einer bedrohlichen Welt* vornimmt, nicht das letzte Wort sein.

Wenn wir verhindern wollen, dass die Überforderung der Menschen durch die extreme Individualisierung zu einer massenhaften Flucht aus der Freiheit unter die Fittiche einer neuen Despotie oder zu massenhafter Isolationshaft im Kerker bloß noch virtueller Weltwahrnehmung führt, müssen wir die soziale Dimension des Individuums wieder ins Licht rücken und die Gesellschaft so organisieren, dass die kooperativen Leistungen der Menschen ermutigt und ihre existenzielle Angewiesenheit auf ihre Mitmenschen von vornherein berücksichtigt wird. Statt der Chimäre des radikalen Leistungsindividualismus und dem falschen Idealbild des heroischen Einzelkämpfers weiter nachzulaufen, sollten wir uns endlich der Tatsache stellen, dass der Mensch Individuum *und* Sozialwesen ist und nur als Einheit von beiden sich seine Freiheit erhalten und sein Glück finden kann. Nur wenn wir Freiheit nicht nur als eine Sache des auf sich allein gestellten Individuums begreifen, wenn wir Freiheit nicht nur als Wahlfreiheit, sondern auch wieder als das Recht und die Aufgabe begreifen, zusammen mit anderen die eigenen Lebensumstände zu gestalten, können wir einigermaßen sicher sein, dass die Angst vor der Freiheit nicht in eine neue Form der freiwilligen Knechtschaft mündet.

Im tiefsten Grund unserer Seele ahnen wir vielleicht, dass die Idee der Freiheit mit der condition humaine nicht so einfach in Einklang zu bringen ist, wie die demokratische Sonntagsrhetorik es zumeist suggeriert, dass wir tatsächlich ein Wagnis eingehen, wenn wir den Versuch machen, uns auf die eigenen Füße zu stellen und uns von einem Teil der Zwänge zu befreien, die unser Leben von Geburt an bestimmen. Denn Freiheit bedeutet immer auch, dass wir uns auf ungesichertes Terrain begeben, dass wir Verantwortung übernehmen müssen für Dinge, die nicht vollständig unserer Kontrolle unterliegen. Der »Ausgang des Menschen aus seiner selbstverschuldeten Unmündigkeit« verlangt, wie Kant richtig sah, nicht nur Einsicht, sondern auch Mut: *Sapere aude!* Habe Mut, dich deines eigenen Verstandes zu bedienen! Schütze nicht aus Angst vor der Freiheit einen Befehlsnotstand vor, verstecke dich nicht hinter persönlichen Autoritäten, hinter dem Weltgeist oder dem Weltmarkt, hinter der Partei oder hinter Sachzwängen! Lass dich nicht mit einer virtuellen Ersatzrealität abspeisen. Vergiss nicht, dass deine Freiheit die der anderen zur Voraussetzung hat, dass sie mehr ist als die Wahl zwischen vorgegebenen Optionen, dass sie sich erst in der kooperativen Gestaltung der Lebensumstände erfüllt. Übernimm Verantwortung für dein eigenes Leben, das ein endliches ist.

# Teil II

# Strategien der Entängstlichung

# 1. Vorhersehen und Vorbeugen

Die klassischen Methoden der Gefahrenabwehr, die sich in Jahrtausenden menschlicher Geschichte entwickelt haben, die Ausgrenzung der Gefahr und ihre Verarbeitung zu geteilten, d. h. gemeinsam getragenen Risiken, sind durch die wissenschaftlich-technisch-ökonomische Entwicklung keineswegs schlechthin obsolet geworden. Zwar gelingt, wie wir gesehen haben, die Ausgrenzung der Gefahr in manchen besonders kritischen Fällen von Bedrohung nicht mehr, und das Versicherungsprinzip versagt heute gerade dort, wo die Gefahr am größten ist. Aber d. h. keineswegs, dass diese Techniken der Gewinnung von Sicherheit in Zukunft keine Rolle mehr spielen werden. Im Gegenteil wird es z. B. darauf ankommen, dem weiteren Abbau sozialer Sicherungsleistungen und der zunehmenden Entsolidarisierung des Versicherungsschutzes durch die Separierung sogenannter *guter Risiken* entgegenzuwirken. Die aufstrebenden Schwellenländer China, Indien und Brasilien werden in den nächsten Jahren gewaltige Anstrengungen unternehmen müssen, um ein halbwegs tragfähiges Netz sozialer Sicherung zu errichten. Darüber hinaus wird es in Zukunft noch wichtiger werden, dass es geschützte Räume für Einzelne und Gemeinschaften gibt, dass Grenzen respektiert, die Privatsphäre nicht dem Kontrollwahn von Behörden oder Unternehmen zum Opfer fällt, der Mensch sich im digitalen Zeitalter nicht selbst zum gläsernen Menschen macht.

Auch die verbesserte sicherheitstechnische Ausstattung von Gebäuden, Haushaltsgeräten, Autos und anderen Fortbewegungsmitteln zum Zweck der Vermeidung von Unfällen, die Anstrengungen zur Verringerung von umweltschädlichen Emissionen, die Sicherung von Grenzen und die Bekämpfung von Krankheit und Kriminalität, ganz allgemein die Nutzung des jeweils avanciertesten Wissens und technischen Könnens zur Schaffung von mehr Sicherheit – all das wird auch weiterhin eine bedeutende, wahrscheinlich sogar eine wachsende Rolle spielen. Ohne diese Maßnahmen wäre ein halbwegs geordnetes Leben in einer modernen Gesellschaft gar nicht denkbar. Die Frage aber ist, ob solche technisch-organisatorischen Interventionen ausreichen, um der wachsenden Angst in der modernen Gesellschaft entgegenzuwirken, ob ihre Perfektionierung tatsächlich der Königsweg zu einem weitgehend angstfreien Leben ist. Wir wollen dies im Folgenden am Thema der vorbeugenden Gefahrenabwehr diskutieren.

Unter dem Gesichtspunkt der Sicherheit wäre eine Gesellschaft ideal, in der es den Menschen gelingt, alle potenziellen Gefahren im Vorhinein zu identifizieren, um dann mit technisch-organisatorischen Mitteln im Sinne der Gefahrenabwehr vorbeugend tätig werden zu können. Nun wissen wir in aller Regel, dass dies in der manchem Sicherheitsexperten wünschenswert erscheinenden Radikalität gar nicht möglich ist. Absolute Sicherheit gibt es nicht, allein schon, weil wir niemals alle Gefährdungen voraussehend erfassen können. Aber obwohl wir wissen, dass das Ideal absoluter Sicherheit nie erreichbar sein wird, arbeiten wir unermüdlich daran, uns dem Idealzustand zu nähern. Geradezu besessen fahnden wir in vielen Bereichen des alltäglichen Lebens nach verborgenen Risiken, die es dann nach Möglichkeit durch technisch-organisatorische Vorkehrungen auszuschalten gilt, und übersehen dabei, dass das, was wir zumeist für ein leider nie ganz erreichbares Optimum halten, im Grunde ein destruktives Ideal ist.

Der Haushalt ist im Verständnis der Sicherheitsexperten einer der gefährlichsten Orte, an denen man sich aufhalten kann. In der deutschen Statistik der Unfallhäufigkeit stehen Haushaltsunfälle – zurzeit drei Millionen im Jahr – an erster Stelle, noch vor den Verkehrs-, Berufs- und Sportunfällen. Haushaltsunfälle nach Möglichkeit zu verhindern, ist das Ziel zahlreicher technischer Innovationen. Eine der einfallsreichsten und zugleich teuersten: die elektrisch betriebene Haushaltshebebühne mit hüfthohem Geländer, mit der die Hausfrau gefahrlos die gewaschenen Gardinen aufhängen kann.

Ein anderer *hot spot* der Sicherheitstechnik ist der Straßenverkehr. Motorradfahrer sind genauso schnell, aber weniger geschützt als Autofahrer. Deshalb werden sie gesetzlich verpflichtet, einen Helm zu tragen, während bei den Autofahrern – vorerst – Gurt, Überrollbügel, ABS-Bremssystem und Einparkhilfe genügen. Inzwischen gilt die Helmpflicht mancherorts auch für Radfahrer, und demnächst wird sie wohl auch auf den Skipisten eingeführt. Solche Maßnahmen verringern zwar nicht die Zahl der Unfälle, weil die Fahrer, wenn sie sich sicherer fühlen, dazu neigen, weniger vorsichtig zu fahren; sie können aber die Folgen von Unfällen abmildern.

Die Schwachstelle in den technischen Systemen sind die Menschen, die sie bedienen. Sie ermüden, lassen in ihrer Konzentration nach, machen Fehler, lassen sich in übermütiger Stimmung zu gefährlichen Mutproben hinreißen, werden abgelenkt oder geraten plötzlich in Panik, reagieren falsch und lösen womöglich eine Katastrophe aus. *Menschliches Versagen* nach Möglichkeit auszuschließen, wird zum obersten Ziel der Gefahrenprävention. Aus Sicht der Sicherheitsingenieure ist hierbei die *Technische Prävention* das *Ei des Kolumbus*. Ein Beispiel: Geisterfahrer auf der Autobahn sind eine tödliche Gefahr. Man kann sie am Befahren der Autobahn hindern, wenn eine Lichtschranke in entsprechend umgerüsteten Fahrzeugen automatisch eine Vollbremsung auslöst, sobald diese in die falsche Auffahrt zur Autobahn einbiegen.

Gerade das Auto bietet noch viel Raum zur Gefahrenminimierung. Technisch ist es z. B. heute kein Problem mehr, Autos so auszustatten, dass sie sich automatisch der jeweils vorgeschriebenen Geschwindigkeit anpassen. Zwar würden die öffentlichen Kassen dadurch eine wichtige Einnahmequelle verlieren, weil die Millionen Bußgelder, die bei Geschwindigkeitsüberschreitung zu zahlen sind, entfielen, aber vermutlich würde eine solche Maßnahme die Zahl der Unfälle erheblich senken und so tatsächlich auf Straßen und Autobahnen für mehr Sicherheit sorgen. Sogar Verkehrsleitsysteme, bei denen der Fahrer überhaupt nicht mehr gebraucht wird, sind heute machbar und werden vielleicht bald auf vielbefahrenen Strecken installiert. Unter Sicherheitsaspekten erscheint es durchaus plausibel, dass das Navigationssystem auch gleich das Lenken des Autos übernimmt und so den potenziellen Unsicherheitsfaktor Mensch ausschaltet.

Freilich, was im Einzelfall jeweils vernünftig erscheinen mag, kann sich in der Summe zum Problem auswachsen. Wie werden Menschen, denen in immer mehr Bereichen Entscheidungen abgenommen werden, die in einer rundum abgesicherten Umgebung leben, sich verhalten, wenn die Technik doch einmal versagt, wenn etwas Unvorhergesehenes passiert? Werden sie überhaupt noch in der Lage sein, halbwegs überlegt und zweckgerichtet zu reagieren? Oder werden sie in Panik geraten und erratisch auf jede greifbare Fernbedienung drücken in der Hoffnung, dass von irgendwoher die Lösung kommt? Vermutlich könnten wir die Ausbreitung von Infektionskrankheiten wirkungsvoll behindern, wenn, zumindest in den Großstädten, alle Menschen auf der Straße Atemmasken trügen, wenn wir uns das Händeschütteln abgewöhnten und einander auch sonst möglichst nicht zu nahe kämen. Ein Film wie der auf dem Film-Festival in Venedig 2011 gezeigte Thriller *Contagion* (zu Deutsch: Ansteckung!) des amerikanischen Regisseurs Steven Soderbergh legt tatsächlich solche verzweifelten Vorsichtsmaßnahmen nahe. Vermutlich ließe sich die Zahl der Hautabschürfungen, Knochenbrüche und Gehirnerschütterungen bei Kindern deutlich verringern, wenn wir in allen Schulen und Kindergärten, auf allen Schulhöfen und Spielplätzen den Boden mit weichem Plastikmaterial belegten. Aber wäre eine solche Übervorsicht und Überfürsorglichkeit wirklich sinnvoll? Wollen wir nicht doch lieber riskieren, gelegentlich einen Schnupfen oder eine Grippe zu bekommen? Kann es tatsächlich unser Ziel sein, unsere Kinder in einer Welt ohne Risiken und Gefahren aufwachsen zu lassen? Wollen wir ihnen alle eigene Erfahrung im Umgang mit Gefahren ersparen, die Erfahrung der Angst und die Erfahrung der Erleichterung und des Stolzes, wenn man die Gefahr mit Mut und Geschicklichkeit überwunden hat?

Der Umgang mit Risiken kann vernünftigerweise nicht allein darin bestehen, sie nach Möglichkeit auszuschalten. Das Versicherungsprinzip konzentriert sich denn auch darauf, mögliche negative Folgen riskanter Aktionen oder prekärer Lebenslagen durch Kollektivierung der Verantwortung abzumildern, und nicht darauf, das Eintreten des *Schadensfalls* nach Möglichkeit von vornherein zu vermeiden. Dabei geht man davon aus, dass normalerweise niemand den Schadensfall leichtfertig oder absichtlich herbeiführt, und wenn das dennoch geschieht, kann die monetäre Kompensation verweigert werden. Die für die Entwicklung der modernen Gesellschaft entscheidende Wirkung des Versicherungsprinzips liegt aber darin, dass die Menschen in Risiken nicht nur eine Bedrohung, sondern auch eine Chance erblicken können. Wer seine Lage verbessern, sich ein begehrtes Gut sichern oder ein erstrebenswertes Ziel erreichen will, wird in einer Gesellschaft, in der das Versicherungsprinzip eine wichtige Rolle spielt, dazu angehalten, bei all seinen Aktionen das Risiko zu kalkulieren und es gegebenenfalls bewusst in Kauf zu nehmen.

Das ändert sich grundlegend, wenn das Präventionsprinzip in allen Lebensbereichen dominant wird. Während heute in vielen Bereichen der Versicherungsschutz durchlöchert und abgebaut wird, tritt an seine Stelle der Gedanke, Risiken um (fast) jeden Preis zu vermeiden und, wo immer möglich, vorbeugend tätig zu werden. Nun ist der Gedanke der Vorbeugung ja nicht generell verkehrt. Im Gegenteil, bei den großen Bedrohungen, denen wir heute ausgesetzt sind, bei der Erderwärmung etwa, bei der sich zuspitzenden Rohstoff- und Nahrungsmittelknappheit oder beim Terrorismus, sind Ursachenerforschung und soziale und technische Vorbeugung die einzigen denkbaren und Erfolg versprechenden Strategien der Gefahrenabwehr. Auch bei vielen sozialen und gesundheitlichen Problemen erscheint es sinnvoll, sich zum Zwecke der Vorbeugung auf die verursachenden Lebenslagen (Arbeitsbedingungen, Wohnumwelt, Zugang zu Bildung etc.) zu konzentrieren. Weil Klaus Heilmann und John Urquhart in ihrem Buch *Keine Angst vor der Angst* diesen Aspekt vernachlässigen, läuft ihre Argumentation allzu oft auf einen ziemlich läppischen moralischen Appell zu mehr Risikoakzeptanz hinaus. Wo es erkennbar soziale Ursachen sind, die die individuellen Probleme erzeugen, wo die Größe der Gefahr jede Möglichkeit der (monetären) Entschädigung von vornherein absurd erscheinen lässt und daher das Versicherungsprinzip nicht anwendbar ist, ist auch die Aufforderung zu mehr Risikoakzeptanz unangebracht. Richtig ist dagegen – und in diesem Punkt ist Heilmann und Urquhart zuzustimmen –, dass eine Gesellschaft, in der Risiken prinzipiell nicht mehr als Chancen verstanden werden und Prävention zur allgemeinen Leitlinie wird, in Gefahr gerät, ihre Dynamik und Innovationskraft und am Ende sogar die Freiheit einzubüßen.

Besonders gefährlich ist die uferlose Ausweitung des Präventionsgedankens, wenn er auf das Feld der Kriminalität angewandt wird. Natürlich, auch hier ist zunächst einzuräumen, dass die Berücksichtigung sozialer Ursachen von Kriminalität zu einer wirksamen Strategie der Vorbeugung führen kann, wie sich in den letzten Jahren zum Beispiel bei der Jugendkriminalität gezeigt hat. An dieser Stelle schießen viele Kritiker des Präventionsprinzips deutlich über das Ziel hinaus.[63] Gefährlich für Rechtsstaatlichkeit und Demokratie wird es aber, wenn die Bemühungen zur Kriminalitätsvorbeugung, wie zunehmend zu beobachten ist, mit einer gewissen Konsequenz dazu führen, dass immer öfter *potenzielle* Täter und Tätergruppen zum Gegenstand von Beobachtung und Ermittlung werden. Der für den Rechtsstaat konstitutive Grundsatz der Unschuldsvermutung wird außer Kraft gesetzt, sobald die Strafverfolgungsbehörden aus Gründen der Vorbeugung und ohne konkreten Verdacht nicht nur Gewalttäter, sondern auch sogenannte *Gewaltbereite*, nicht nur Verdächtige, sondern auch sogenannte *Sympathisanten* bzw. *Gefährder* ins Visier nehmen.

Der amerikanische Präsident George W. Bush hat in seiner berüchtigten *West Point Address* vom 3. Juni 2002 die diesem Vorgehen zugrunde liegende Denkweise in aller Schlichtheit enthüllt: »If we wait for threats to fully materialize, we will have waited too long.« (Wenn wir so lange warten, bis die Bedrohungen real geworden sind, haben wir zu lange gewartet.) Die Logik, mit der Bush Anfang 2002 den Präventivkrieg gegen den Irak begründete, ist im Kern dieselbe, mit der Polizeipräsidenten und Justizminister die Rasterfahndung, die Videoüberwachung von Demonstranten oder die Vorratsdatenspeicherung, und mit der Geheimdienste die Bespitzelung unbescholtener Bürger rechtfertigen. Wenn Sicherheit absolute Priorität genießt, dann erscheint es als unverantwortlicher Leichtsinn, so lange zu warten, bis man Beweise hat oder ein begründeter Verdacht vorliegt, dann fühlt man sich verpflichtet, vorbeugend zu handeln, auch wenn dabei Freiheit und Rechtsstaatlichkeit Schaden nehmen. Diese Tendenz

---

[63.] Vgl. z.B. Sunstein.

haben Ilija Trojanow und Juli Zeh im Auge, wenn sie – ein wenig zu pauschal – feststellen: »Sicherheitsstrategien, die auf Prävention statt auf Strafverfolgung gerichtet sind, leiden an einem Geburtsfehler: Sie sind ihrem Wesen nach schwer mit rechtsstaatlichen Prinzipien wie der Unschuldsvermutung, dem Gleichbehandlungsgrundsatz oder den Diskriminierungsverboten vereinbar.«[64]

So richtig der Gedanke ist, nicht erst dann tätig zu werden, wenn die Armen dieser Erde in Hungeraufständen plündernd und mordend durch die Viertel der Reichen ziehen, wenn die radikale Verknappung wichtiger Rohstoffe zu brutalen Ressourcenkriegen führt, wenn die Erderwärmung große Teile der Erde unbewohnbar macht und eine neue Völkerwanderung auslöst, so grundfalsch ist es, bei kriminellen oder kriegerischen Gefahren das Eintreten der konkreten Tat quasi vorwegzunehmen und präventiv gegen Menschen vorzugehen, die sich – noch! würden die Sicherheitsfanatiker sagen – nichts haben zuschulden kommen lassen. Gerade weil das Versicherungsprinzip heute an Grenzen stößt, weil wir in immer mehr Bereichen unkalkulierbare und daher nicht versicherbare Risiken eingehen, kommt es zu einer gefährlichen Überdehnung des Präventionsgedankens. Gerade weil Europa, die westliche Welt, die Weltgesellschaft insgesamt sich bisher politisch als unfähig erweisen, den großen bedrohlichen Fehlentwicklungen entschlossen gegenzusteuern, breitet sich eine lähmende Katastrophenangst aus, sinkt die Risikotoleranz, erschallt überall der Ruf nach vorbeugender Ausschaltung möglichst aller Gefahrenpotenziale.

Nur wenn wir diesen Zusammenhang im Auge behalten, haben wir die Chance, die Menschen für die Einsicht zu gewinnen, dass es für die Aufrechterhaltung von Freiheit und

---

[64.] Trojanow/Zeh, S. 65.

Rechtsstaatlichkeit entscheidend ist, sich nicht in die Vorstellung hineintreiben zu lassen, dass die Gesellschaft erst dann in Ordnung ist, wenn alle Risiken ausgeschaltet werden. Nur so lässt sich auch verhindern, dass, wie wir es erst kürzlich wieder im Vorfeld der Weltfinanzkrise erlebt haben, Angst und Risikoscheu plötzlich in ein blindes und selbstzerstörerisches Draufgängertum umschlagen. Wer in Freiheit leben will – das ist die einfache Wahrheit, die es wieder bewusst zu machen gilt – muss lernen, mit Unsicherheit zu leben und mit Angst gelassen umzugehen. Ein gewisses Maß an bewusster Risikotoleranz gehört zu den wichtigsten Voraussetzungen einer dynamischen und innovativen Gesellschaft, ist unerlässlich für Demokratie und Rechtsstaatlichkeit. In diesem Sinne betont auch Herfried Münkler: »Moderne *Gesellschaften* können bei Strafe der Selbstzerstörung also weder auf eine Maximierung von Risiken noch auf eine Maximierung von Sicherheit setzten, sondern müssen in komplementär angelegten Strategien der Sicherung Welten der Sicherheit mit Kulturen des Risikos verbinden, damit daraus eine nachhaltige Sicherheit entsteht.«[65]

Gehör finden kann diese Botschaft aber nur, wenn wir unbeherrschbare Risiken wie bei der Nukleartechnik oder bei Tiefseebohrungen zur Ölgewinnung in Zukunft nicht mehr eingehen. Wenn es uns gelingt, die sich wie ein Schatten über unsere Gesellschaft legenden Großgefahren wie die Erderwärmung oder die Rohstoff-, Wasser- und Nahrungsmittelknappheit durch koordinierte politische Maßnahmen der Weltgesellschaft abzuwehren oder zumindest abzumildern. Wenn wir für mehr Gleichheit bei Einkommen, Besitz und Macht sorgen und damit die wichtigste Ursache sozialer Missstände nach Möglichkeit beseitigen. Denn eine vernünftige Balance zwischen Risikotoleranz auf der einen und technisch-organi-

---

[65] Münkler, S. 27.

satorischer Sicherheit auf der anderen Seite können wir nur einhalten, wenn wir Grund haben, einigermaßen zuversichtlich in die Zukunft zu blicken, und wenn wir uns nicht ständig selbst überfordern.

## 2. Sinnvolle Dezentralisierung oder kommunitaristische Regression

Die globalisierte Welt mit ihren der politischen Kontrolle entwachsenen chaotischen Prozessen und Interdependenzbeziehungen wirkt auf viele Menschen heute wie ein Meer voller unvorhersehbarer Gefahren. Wenn in einem viele tausend Kilometer entfernten Winkel der Welt eine ansteckende Krankheit ausbricht, haben wir Grund, uns vor Ansteckung zu fürchten; Bürgerkriege und soziale Missstände in Asien und in Afrika führen dazu, dass immer mehr verzweifelte Menschen aus fernen Ländern in Europa einen Platz zum Überleben suchen und für uns zum Problem werden; Rating-Agenturen in Übersee entscheiden über das Wohl und Wehe ganzer Volkswirtschaften in Europa; ein anonymer Dämon namens *die Finanzmärkte* fordert immer neue Opfer, und die Politiker scheinen keine andere Wahl zu haben, als seinen Anordnungen zu gehorchen, um ihn bei Laune zu halten. Fast täglich erfahren die Menschen, dass die einst so wirksam Schutz organisierenden Nationalstaaten unter den neuen Bedingungen diesen nicht mehr bieten können. Dass eben diese Staaten vielmehr, um im globalisierten Wettbewerb und angesichts eines tyrannischen Weltfinanzmarkts bestehen zu können, ihre wohlfahrtsstaatlichen Sicherungen Schritt für Schritt abbauen und die Menschen in eine Konfrontation mit anonymen globalen Mächten zwingen, die sie unter keinen Umständen bestehen können. Kein Wunder, dass in dieser Situation die Außenwelt und alles Fremde von vielen als Bedrohung empfunden wird und immer mehr Menschen, sofern sie die Mittel dazu haben, sich aus der zerfallenden großen Gesellschaft zurückziehen und sich in homogenen Gemeinschaften abzuschließen trachten, um sich so gegen die Zumutungen und Bedrohungen des Fremden zu schützen.

Überall in den westlichen Städten kann man seit Jahren beobachten, wie dieser Prozess der Separierung und der Abschottung fortschreitet. Was unter den postkolonialen Bedingungen der *Dritten Welt* für die einheimischen Eliten schon seit Langem üblich war, ist in den letzten Jahrzehnten auch in der *Ersten Welt* an der Tagesordnung, am auffälligsten in den USA. In dem Maße, indem die einstmals zuverlässige soziale Ordnung der großen Gesellschaft, die den Umgang mit dem Fremden berechenbar machte, zerfällt und die sozialen Unterschiede und mit ihnen die Angst vor sozialem Abstieg zunehmen, wächst die Neigung, sich in möglichst homogene Gemeinschaften zurückzuziehen, die Reichen in *gated communities*, die Mittelschicht in gepflegte Vorstadtsiedlungen oder *gentrifizierte* Altbauviertel. Für die einheimische Unterschicht und die Mehrheit der deklassierten *Fremden* bleiben da zumeist nur möglichst ethnisch homogene moderne Großstadt-Gettos. Dass dieser Prozess angesichts der »Krise des öffentlichen Raums« (Zygmunt Baumann) eine gewisse Logik hat, ist kaum zu bestreiten. Handeln im Sinne zweckorientierter Praxis setzt eine funktionierende soziale Ordnung voraus, in der die Reaktionen der anderen einigermaßen berechenbar sind. Nur wenn eine solche Ordnung institutionell verbürgt ist, stellt sich das Vertrauen ein, das als Basis aller zivilen Kommunikation und Interaktion unerlässlich ist. Erodiert die soziale Ordnung und damit das Vertrauen, das für die Interaktionen in einem gemeinsamen Raum der Öffentlichkeit Voraussetzung ist, liegt es in der Tat nahe, sich in Interessengemeinschaften oder ethnisch homogene Gemeinschaften zurückzuziehen, weil hier noch am ehesten berechenbare Reaktionen der Interaktionspartner erwartet werden können.

Die Haken an der Sache sind freilich leicht zu erkennen. Wer die Geborgenheit und Sicherheit einer solchen abgeschotteten Gemeinschaft erstrebt, muss auf einen Teil seiner Individualität und Freiheit verzichten und insofern ein *sacrificium ra-*

tionis erbringen, als er sich gegen Informationen und Überlegungen, die die fraglose Einheit der Gemeinschaft gefährden könnten, weitgehend immunisieren muss. Wo dies geschieht, handelt es sich in der Tat um einen Rückschritt, um eine Umkehrung jenes modernen Prozesses der Emanzipation des Individuums, der gewöhnlich auch als Ausgang des Menschen aus der geistigen Enge, der sozialen Kontrolle und der Rückständigkeit der (dörflichen oder kleinstädtischen) Gemeinschaft in die Freiheit und Anonymität der vernunftgeleiteten großen Gesellschaft gedeutet wurde. Allerdings zeigt sich bei näherer Betrachtung, dass Gemeinschaft und Gesellschaft keineswegs sich ausschließende Organisationsformen sind, wie es Ferdinand Tönnies in seiner 1887 veröffentlichten Abhandlung *Gemeinschaft und Gesellschaft* und nach ihm viele Soziologen suggerierten.

In der modernen urbanen Gesellschaft stoßen wir an vielen Stellen auf gemeinschaftliche Lebensformen, die durchaus mit der Offenheit der modernen Gesellschaft vereinbar sind, ja, diese sogar für viele Menschen erst lebbar machen. Selbst dort, wo Menschen sich, verschreckt durch die Strapazen der pluralistischen Gesellschaft, in möglichst homogene Gemeinschaften zurückziehen, gelingt die Abschottung gegenüber der Umwelt angesichts der engen Verflechtung unterschiedlicher Lebenssphären und der grenzenlosen Möglichkeiten der Kommunikation heute niemals total. Auch in diesen abgeschotteten Gemeinschaften bleibt man angewiesen auf die Leistungen von Menschen, die außerhalb der Gemeinschaft leben, lässt sich die Begegnung mit den *Fremden* – und sei es die durch die Medien vermittelte – niemals völlig vermeiden. Zudem kann eine moderne Gemeinschaft, wenn sie den erreichten Grad der Spezialisierung in Expertenkulturen nicht drastisch zurückfahren und damit Stagnation riskieren will, niemals jene Homogenität des Denkens und Handelns erreichen, die manche in ihrer Sehnsucht nach Beheimatung und

Geborgenheit für wünschenswert halten. Kommunikation und Interaktion in Expertenkulturen reichen zwangsläufig über den Kreis der Gemeinschaft hinaus und führen zu unterschiedlichen perspektivischen Weltdeutungen. Damit aber erschweren sie auch die kommunitäre Identitätsstiftung.

Dass die Geborgenheit in Kleingemeinschaften wie der Familie, dem Freundeskreis oder der Nachbarschaft stabilisierend wirken und helfen kann, die vielfältigen Risiken des modernen Lebens zu bestehen, ist zweifellos richtig. Auch hat die kleine Gemeinschaft einen wesentlichen Anteil daran, jene Tugenden (z. B. Wahrhaftigkeit und Zuverlässigkeit) zu entwickeln und zu befestigen, ohne die moderne Gesellschaften nicht lebensfähig sind.[66] Was die Engländer den *politischen Körper* (body politic) nennen, also das Gemeinwesen oder die Gesamtheit der Staatsbürger, bleibt ohne die Erfahrung der anschaulichen Körperlichkeit des Sozialen in der kleinen Gemeinschaft ein leeres Abstraktum. Aber die Gemeinschaft ist nur insofern sozial produktiv, als sie spannungsreich auf die große Gesellschaft bezogen bleibt. Die absolut störungs- und angstfreie Idylle – das erleben auch allzu selbstbezügliche Liebespaare immer wieder – ist ein unerfüllbarer Traum – und ein nicht einmal durchweg schöner dazu. Gemeinschaften, die sich gegenüber der Außenwelt abschließen, werden alsbald steril, fördern nicht die Entwicklung und Stärkung des Individuums, sondern engen es ein, fallen alsbald hinter den erreichten Stand von Wissenschaft und Technik zurück und behindern jede Art von Kreativität. Nur wenn sie offen bleiben für Einflüsse von außen, für die Begegnung mit dem Fremden, sind sie als augenfälligster Ausdruck der Sozialnatur des Menschen und als Einübungsfeld sozial-empathischer Verhaltensweisen wirklich produktiv. In diesem Sinne betont auch ein Kommunitarist wie Amitai Etzioni: »Wir brauchen

---

[66.] Vgl. hierzu Nida-Rümelin, Die Optimierungsfalle.

neue Gemeinschaften, in denen die Menschen Wahlmöglichkeiten haben, die genug Raum für divergente *Sub*gemeinschaften bieten und doch gemeinsame Bande aufrechterhalten.«[67]

Was sich bei der Abschottung in homogenen Gemeinschaften am negativsten auswirkt, ist, dass die ausbleibende Provokation durch das Fremde und die Fremden allzu leicht zu Provinzialität im Denken und Innovationsträgheit im Handeln führt. Zu Recht spricht Herfried Münkler in diesem Zusammenhang von einer »kommunitaristischen Regression«. Denn in der Tat bedeutet der Rückzug aus der großen Gesellschaft in die abgeschottete Gemeinschaft die Zurücknahme einer entscheidenden zivilisatorischen Leistung der Moderne; der Fähigkeit nämlich, »mit Fremden zu interagieren, ohne ihnen ihr Fremdsein zum Vorwurf zu machen oder sie zu nötigen, das, was sie zu Fremden macht, abzulegen oder zu verleugnen.«[68] Und genau dieser Fähigkeit verdankt die moderne Gesellschaft einen Großteil ihrer erstaunlichen Anpassungs- und Innovationsfähigkeit.

Für unseren Zusammenhang ist aber entscheidend, dass sich auch der Sicherheitsgewinn, den sich die Menschen von der Abschottung in möglichst homogenen Gemeinschaften versprechen, in aller Regel nicht oder nicht in dem erwarteten Umfang einstellt. Der amerikanische Soziologe Richard Sennett hat immer wieder auf den Teufelskreis von Angst, Abschottung und vermehrter Angst hingewiesen, so 1986 in dem Buch *Verfall und Ende des öffentlichen Lebens – Die Tyrannei der Intimität* und 1994 in *Civitas – Die Großstadt und die Kultur des Unterschieds*. Das, was er in den achtziger und neunziger Jahren in den USA beobachtet hat, ist mittlerweile auch in Europa zu konstatieren. »Das Wachstum der amerika-

---

[67.] Etzioni, S. 144.
[68.] Baumann 2003, S. 125.

nischen Städte hat in den letzten zwei Jahrzehnten zur Entstehung ethnisch relativ homogener Wohnviertel geführt, und es scheint kein Zufall zu sein, dass die Angst vor Außenseitern in dem Maße gewachsen ist, wie diese Wohnviertel vom Rest der Stadt abgeschnitten worden sind.«[69] Dieselbe *negative Dialektik* betonen auch Zygmunt Baumann und Herfried Münkler: »Das Projekt der Abschottung gegen die Polyphonie des städtischen Lebens in den Enklaven kommunitärer Einförmigkeit ist so selbstzerstörerisch wie selbstverstärkend. (...) Mit zunehmender Neigung zur Homogenität wächst der Horror vor dem Fremden draußen vor der Tür.«[70] »Je eingemauerter oder eingezäunter die Gemeinschaft ist, desto bedrohlicher und feindlicher wird für sie die Welt außerhalb, was zu einem weiter wachsenden Sicherheitsbedürfnis führt, noch höheren Mauern, noch größerem Misstrauen gegenüber Fremden etc.«[71]

Flüchten oder angreifen, das sind die Alternativen, vor die sich Tiere gestellt sehen, wenn sie bedroht werden. Der Mensch dagegen hat im Laufe der Geschichte subtile Techniken und Systeme entwickelt, die ihm auch andere Wege eröffnen, sich zu schützen. Heute, da diese Techniken und Systeme in vielen Fällen versagen, neigen einige Menschen zur Flucht hinter die Mauern einer möglichst homogenen Gemeinschaft. Was aber, wenn man in seiner Fluchtburg sich trotzdem nicht sicher fühlt, wenn die Abgeschlossenheit einem erst recht das Gefühl gibt, von bösen Mächten umzingelt zu sein? Wir wissen, dass Tiere, auf der Flucht in die Enge getrieben, oft mit verzweifelter Aggression reagieren. Etwas Ähnliches scheint es auch bei Menschen zu geben, unabhängig davon, ob sie sich freiwillig aus der großen Gesellschaft zurückgezogen haben

---

[69.] Zitiert nach Baumann 2003, S. 126.
[70.] Baumann 2003, S. 127
[71.] Münkler, S. 26.

oder ob sie in die Isolation abgeschoben wurden. Wo immer Menschen sich aus der großen Gesellschaft mit ihren Fremdheitszumutungen absondern, um Schutz und Geborgenheit in einer möglichst homogenen Gemeinschaft zu finden, entwickelt sich allzu leicht jene berüchtigte *Wagenburgmentalität*, die zu wahnhaften Bedrohungsfantasien und zu aggressiven Ausfällen gegen alle neigt, die allein schon, weil sie nicht zur eigenen Gemeinschaft gehören, als Feinde wahrgenommen werden.

Das tiefe Misstrauen dörflicher Gemeinschaften gegenüber dem *Landstreicher*, dem Herumtreiber ohne Heim und Herd, der bis heute anhaltende Hass auf die *Zigeuner*, die massiven Vorbehalte gegenüber Schwarzen in der US-amerikanischen Suburbia-Mittelschicht und neuerdings die pauschale Verdächtigung von Muslimen als potenzielle Terroristen, alle diese Phänomene stammen weitgehend aus derselben Quelle. Wenn in den modernen Wagenburgen die Angst zunimmt, findet sich auch schnell eine Gruppe von Fremden, die an allem schuld ist, was als Beeinträchtigung oder Bedrohung empfunden wird. Gefahren, die von der modernen Technik, der modernen Wirtschafts- und Lebensweise ausgehen, werden in Bedrohungen durch einen identifizierbaren Urheber uminterpretiert: So wird aus Umweltverschmutzung Brunnenvergiftung, aus einem durch technisches Versagen ausgelösten Brand Brandstiftung, aus einem Unfall ein terroristischer Anschlag. Das geradezu Tragische ist, dass die hier zu beobachtende Umdeutung der modernen Gefahren in die Bedrohung durch äußere Feinde Abwehrmaßnahmen nahelegt, die die Bedrohungslage eher verschärfen, als sie abzumildern, und damit das Gefühl der Unsicherheit zumeist noch erhöhen. Dabei ist unsere Situation heute gerade dadurch gekennzeichnet, dass die größten Gefahren aus unserer eigenen Lebensweise, aus den Widersprüchen unserer eigenen Welt und unseres eigenen Handelns herrühren. *Hier*, bei uns selbst und nicht irgendwo »da draußen« hätten wir also anzusetzen, wenn es darum geht, mehr Sicherheit zu gewinnen.

Die Tendenz zur Abschottung in möglichst homogenen Gemeinschaften sollte freilich nicht mit sinnvoller Dezentralisierung verwechselt werden. Die weitere pauschale Zentralisierung der Entscheidungs- und Versorgungsstrukturen wäre genau so wenig eine vernünftige Antwort auf die modernen Sicherheitsprobleme wie die Flucht in die vermeintliche Idylle der homogenen Gemeinschaft. Im Gegenteil: Hoch zentralisierte Strukturen sind wegen der großen Zahl zu verarbeitender Informationen besonders fehleranfällig; sie neigen dazu, die von Ort zu Ort, von Gruppe zu Gruppe differierenden Bedürfnisse an der Basis zu vernachlässigen oder zu verfehlen, sie haben erhöhte Transportkosten und Transportverluste zur Folge, verursachen, wenn etwas schiefgeht, wesentlich größere Schäden als dezentrale Strukturen und sind deswegen bevorzugte Ziele für kriegerische und terroristische Angriffe. Aus all diesen Gründen sind sie oft weniger leistungsfähig als dezentrale Strukturen und erfordern zudem einen extrem hohen Sicherheitsaufwand.

Nun kann eine moderne Gesellschaft sicherlich nicht ohne zentrale Strukturen des Rechts, der Verwaltung, der militärischen und sozialen Sicherung auskommen. Angesichts der vielfältigen Probleme, denen wir uns gerade heute in Europa ausgesetzt sehen, kann vernünftigerweise auch nicht bezweifelt werden, dass wir die Demokratie in Europa stärken und eine handlungsfähige und verantwortliche europäische Exekutive schaffen müssen. Angesichts der gegenwärtigen Krise der EU beginnen hier und da sogar konservative Regierungen einzusehen, dass eine Harmonisierung der Fiskal-, Steuer- und Sozialpolitik der Mitgliedstaaten der EU unter der Kontrolle eines in seinen Befugnissen erheblich erweiterten Europaparlaments dringend erforderlich ist, wenn das europäische

Projekt nicht scheitern soll. Aber dies muss keineswegs bedeuten, dass in Zukunft möglichst alles in Brüssel oder Straßburg entschieden wird und die Kompetenzen der nationalen, der Landes- bzw. der Regional- und der Kommunalparlamente entsprechend immer weiter reduziert werden. Eine solche Überzentralisierung wäre in vieler Hinsicht gefährlich. Im Gegenteil käme es darauf an, durch kluge Entscheidungen auf der jeweils höheren Ebene Raum zu schaffen für Selbstbestimmung und Eigenaktivität auf den unteren Ebenen. In vielen Bereichen ist es in der Tat sinnvoll, dezentralen Entscheidungs- und Leistungsstrukturen Vorrang vor zentralen einzuräumen. Der Grundgedanke des altehrwürdigen *Subsidiaritätsprinzips*, die Forderung nämlich, die Dinge, die sich in kleineren Einheiten ressourcenschonend, kostengünstig, bedürfnisgerecht und risikoärmer regeln lassen, nicht auf die jeweils höhere Ebene zu verlagern, ist durchaus einleuchtend – unter demokratietheoretischen Gesichtspunkten, aber auch unter ökologischen.

Wenn wir die sich anbahnende Klimakatastrophe verhindern wollen, ist weitgehende Dezentralisierung, vor allem bei den Versorgungsstrukturen, zweifellos eine richtige Maßnahme. Schon heute gehen vermehrt Menschen bewusst wieder dazu über, Produkte ihres täglichen Bedarfs nach Möglichkeit aus der näheren Umgebung zu beziehen. Das gilt für Nahrungsmittel, Möbel, Geschirr, Kleidung, Kinderspielzeug etc. Manchmal, nicht immer, müssen sie dafür noch einen höheren Preis bezahlen als für die Massenprodukte, die auf den globalen Märkten angeboten werden. Aber auch die Vorteile einer solchen Nahbereichsversorgung liegen auf der Hand: Teure und umweltbelastende Verpackung und die entsprechende Entsorgungsarbeit auf der Seite der Konsumenten können zumeist eingespart werden; die kürzeren Transportwege bedeuten weniger Emissionen und weniger Lärmbelästigung durch Lastwagenverkehr; die engere, manchmal sogar persönliche Beziehung zwischen Konsumenten und Produzenten ermöglicht eine sorgfältigere Berücksichtigung der jeweiligen Konsumentenbedürfnisse und lässt es von vornherein angeraten erscheinen, den Konsumenten keine unfairen Nachfolgekosten aufzubürden; viele die Gesundheit der Verbraucher gefährdende Maßnahmen zur Haltbarmachung von Nahrungsmitteln können entfallen.

Selbst wenn man die übergeordneten ökologischen Gesichtspunkte außer Acht lässt, kann man sich also – aus wohlverstandenem Eigeninteresse – für eine weitgehende Versorgung aus dem Nahbereich entscheiden. Voraussetzung ist allerdings, dass es in der näheren Umgebung Geschäfte, landwirtschaftliche oder handwerkliche bzw. kleingewerbliche Betriebe gibt, die die entsprechenden Güter anbieten. Hier zeigt sich, dass Entscheidungen zugunsten ökologisch vernünftigerer Alternativen zumeist nicht allein individuell getroffen werden können, sondern durch politische Rahmenentscheidungen (hier vor allem kommunalpolitische und regionale Planungen und ordnungspolitische Rahmensetzung) ermöglicht und gefördert werden müssen.

Ähnliche Überlegungen lassen sich auf den unter ökologischen Gesichtspunkten so wichtigen Bereich der Energieversorgung anwenden. Um Leitungsverluste zu minimieren und im Falle von Störungen den Schaden in Grenzen zu halten, empfiehlt es sich, auch die Energieversorgung nach Möglichkeit dezentral zu organisieren. Das ist im Übrigen auch das Organisationsprinzip, das den regenerativen Energien am angemessensten ist: Solarenergie kann oft auf dem Dach, Erdwärme im Garten, Wasserkraft am nahen Bach oder Fluss gewonnen und direkt am Gewinnungsort oder in seiner Nähe genutzt werden. Ähnliches gilt in windreichen Regionen auch für die Windenergie. Vielerorts setzen kommunale Versorgungseinrichtungen wie die Stadtwerke dieses Konzept bereits um. Sie könnten dies noch effektiver tun, wenn ihre Position gegenüber den großen Energieversorgern durch politische Entscheidungen gezielt gestärkt würde. Wo die Energiegewinnung vor Ort nicht ausreicht, wird im Sinne des Subsidiaritätsprinzips auf weiter entfernte Energiequellen zurückgegriffen werden müssen. Dabei sollte aber immer beachtet werden, dass die Transportverluste, die Unfall- und Anschlagrisiken und die Kosten für die Sicherheit mit der Entfernung ansteigen. Die Atomenergie ist – darüber besteht heute, jedenfalls in Deutschland, weitgehend Konsens – sowohl unter einer solchen nüchternen Kosten-Nutzen-Abwägung als auch aus Gründen der Sicherheit ein unsinniges Projekt. Allein die völlig ungelöste Entsorgungsfrage ist Grund genug, aus dieser Energieart auszusteigen. Ob ein Großprojekt wie die massenhafte Erzeugung von Solarstrom in der Sahara (*Desert Tech*) und sein Transport über schwer zu schützende Leitungssysteme nach Europa einer rationalen Prüfung unter den genannten Gesichtspunkten standhält, ist allerdings fraglich.

Unter ökologischen Gesichtspunkten sind eine Stärkung der kommunalen Selbstverwaltung und Selbstversorgung und die Revitalisierung der Nahbereiche geradezu zwingend. Zugleich wäre sie ein wesentlicher Beitrag zur Risikominimierung und damit zur Gewinnung von Sicherheit. Gemeinderäte und Verwaltungen, die dafür sorgen, dass die Ansiedlung von riesigen Supermärkten am Stadtrand verhindert wird, damit die Geschäfte in der Innenstadt überleben können, ermöglichen es vielen Menschen eben dadurch, ihre täglichen Einkäufe zu Fuß oder mit dem Fahrrad zu erledigen, und tun damit mehr für die Eindämmung des überbordenden Autoverkehrs, als alle wohlmeinenden Appelle je erreichen könnten. Auch Verwaltungseinrichtungen mit Publikumsverkehr und öffentliche Einrichtungen wie Kindergärten, Schulen, Altenheime, Ambulanzkrankenhäuser mit kleineren Bettenstationen oder Bibliotheken sollten aus denselben Gründen möglichst ebenfalls im Innenstadtbereich angesiedelt sein. Solche Maßnahmen führen, wie die Erfahrung zeigt, innerhalb kurzer Zeit zu einer wirksamen Belebung der Innenstadtbereiche, sie fördern die Kommunikation unter den Bewohnern und kommen zudem ihrer Gesundheit und ihrem Wohlbefinden zugute.

Viele Arbeitsplätze können im digitalen Zeitalter in die Wohnbereiche zurückverlagert werden, weil sie keine Belästigung oder Gesundheitsgefährdung der Anwohner mehr darstellen und zwecks Kooperation leicht mit entfernten Arbeitsplätzen über Datenleitungen vernetzt werden können. Die Voraussetzungen dafür müssen aber in der Raum- und Bauplanung der Gemeinden geschaffen werden. Die Vorteile für die Arbeitenden und für die Allgemeinheit liegen auf der Hand: Die Arbeitenden sparen zeitraubende und teure Fahrten zum Arbeitsplatz und tragen zugleich dazu bei, dass für alle die Umweltbelastung durch den Verkehr verringert wird. Wenn mehr Menschen während der Arbeit und in ihrer Freizeit vermehrt Zeit in ihrer Wohngemeinde oder in der näheren Umgebung zubringen, wachsen auch die Chancen, die Gemeindedemokratie neu zu beleben. Die Bewohner der berüchtigten Schlafstädte im Einzugsgebiet der Großstädte beteiligen sich in der Regel weder an den öffentlichen Angelegenheiten ihres Wohnortes noch an denen ihres Arbeitsortes. Fernpendler fallen schon allein deswegen für die Beteiligung an der kommunalen Demokratie aus, weil ihnen zumeist gar keine Zeit bleibt, sich mit den öffentlichen Angelegenheiten in ihrem Wohnort zu befassen, geschweige denn, sich ehrenamtlich in Vereinen und Initiativen zu betätigen. Für die Belebung der Demokratie könnte es also von großer Bedeutung sein, wenn in Zukunft wieder mehr Menschen an ihrem Wohnort oder zumindest in der Nähe desselben arbeiteten und allzu lange Fahrten zum Arbeitsplatz vermieden werden könnten.

Wenn die Menschen sich wieder zusammen mit anderen mehr um die politische Gestaltung ihrer Lebensumstände kümmern, kann dies dazu beitragen, das heute so verbreitete Gefühl zu überwinden, schutzlos anonymen Mächten ausgeliefert zu sein, und dies wiederum könnte der Neigung entgegenwirken, sich in möglichst homogenen Gemeinschaften abzuschotten. Unter dem Gesichtspunkt der Sicherheit ist allerdings noch bedeutsamer, dass Gesellschaften, die in einem hohen Maß dezentral organisiert sind und sich im Zweifelsfall auf die individuelle oder zivilgesellschaftliche Selbsthilfekompetenz der Menschen verlassen können, auf Unfälle, Anschläge oder Naturkatastrophen weitaus elastischer reagieren als hochzentralisierte Gesellschaften. Die Folgen solcher Zwischenfälle halten sich in stärker dezentral organisierten Gesellschaften zumeist in engen Grenzen. Entsprechend fühlen sich die Menschen in solchen Gesellschaften weniger bedroht, sodass ein Großteil des heute üblichen Sicherheitsaufwands überflüssig wird. Dagegen schwebt über eher zentralistisch organisierten Gesellschaften mit einem hohen Anteil an Risikotechnologie eine permanente Notstandsdrohung, und entsprechend sind die Aufwendungen für Sicherheit hier um ein Vielfaches höher. Als Fazit kann also festgehalten werden: Funktionale Dezentralisierung ist im Gegensatz zur Abschottung in homogenen Gemeinschaften mit der Offenheit moderner Gesellschaften vereinbar und kann wesentlich dazu beitragen, unsere modernen Sicherheitsprobleme abzumildern.

# 3. Salto mortale – oder: Der Ausbruch aus dem Goldenen Käfig

Das große Sicherheitsbedürfnis des modernen Menschen ist so offensichtlich, dass man leicht übersehen kann, dass Gefahren zuweilen auf Menschen auch stimulierend wirken und als lustvoll erlebt werden können, vor allem, wenn Menschen das Gefühl haben, dass sie allzu behütet aufwachsen und ihrem Leben die wirklichen Herausforderungen fehlen. Dann kann es passieren, dass sie plötzlich aus dem Goldenen Käfig oder aus der Langeweile einer abgesicherten Mittelmäßigkeit ausbrechen und bewusst Gefahren aufsuchen, um endlich den Pulsschlag des Lebens zu spüren. Klassisch die Darstellung, die Ernst Jünger in seinem Kriegstagebuch *In Stahlgewittern* von der Begeisterung der Jugend am Anfang des Ersten Weltkriegs gegeben hat: »Aufgewachsen in einem Zeitalter der Sicherheit, fühlten wir alle die Sehnsucht nach dem Ungewöhnlichen, nach der großen Gefahr. Da hatte uns der Krieg gepackt wie ein Rausch. (...) Der Krieg musste es ja bringen, das Große, Starke, Feierliche.«[72] Zwei Jahre später pries Jünger in dem Essay *Der Kampf als inneres Erlebnis* das ekstatische Erlebnis der äußersten Gefahr noch einmal überschwänglich: »Die Ekstase, dieser Zustand des Heiligen, des Dichters und der großen Liebe ist auch dem großen Mut vergönnt. Da reißt Begeisterung die Männlichkeit so über sich hinaus, dass das Blut kochend gegen die Adern springt und glühend das Herz durchschäumt. Das ist ein Rausch über allen Räuschen, eine Entfesselung, die alle Bande sprengt. Es ist eine Raserei ohne Rücksicht und Grenzen, nur den Gewalten der Natur vergleichbar. Da ist der Mensch wie der brausende Sturm, das tosende Meer und der brüllende Donner. Da ist er verschmolzen in das All, er

---

[72.] Jünger, Werke Bd. I, S. 11.

rast den dunklen Toren des Todes zu wie ein Geschoß dem Ziel.«[73]

Was Jünger hier als die Seelenverfassung seiner Generation beschreibt, hatte Tomaso Marinetti schon über ein Jahrzehnt zuvor im *Futuristischen Manifest* ganz ähnlich formuliert: »Wir wollen die Liebe zur Gefahr besingen. (...) Wir wollen preisen die angriffslustige Bewegung, die fiebrige Schlaflosigkeit, den Laufschritt, den Salto mortale, die Ohrfeige und den Faustschlag.« Die Verachtung, mit der Marinetti und Jünger das bürgerliche Sicherheitsstreben behandeln, ist seit dem Ende des 19. Jahrhunderts immer wieder als antibourgeoiser Gestus zutage getreten, in der künstlerischen Bohème, in den verschiedenen Jugendbewegungen, in der marxistisch inspirierten und in der konservativ-revolutionären Gesellschaftskritik. Selbst in Adornos und Horkheimers Polemik gegen das überbordende Sicherheitsbedürfnis als Ausfluss bürgerlichen Besitzdenkens in der *Dialektik der Aufklärung* scheint diese Haltung noch durch: das Streben nach Sicherheit als Ausdruck bürgerlicher Spießergesinnung und der mangelnden Vitalität einer dem Untergang geweihten Spätkultur.

Freilich bedarf es nicht unbedingt gesellschaftskritischer Grundsätzlichkeit, um zu begreifen, dass in einer Gesellschaft der organisierten Sicherheit das gefahrvolle Abenteuer insbesondere für junge Menschen, aber nicht nur für sie, eine Faszination ausstrahlen kann. Ein solcher Ausbruch aus der geordneten, abgesicherten und ereignislosen »bürgerlichen« Welt ist in der Literatur vielfach als Akt der Befreiung beschrieben worden. Es wäre aber ein Irrtum, anzunehmen, dieses Phänomen sei erst in der bürgerlichen Epoche aufgetreten. Der spätmittelalterliche Ritter, der seine feste Burg verlässt, um in der Fremde Abenteuer zu erleben und Gefahren zu bestehen,

[73.] Jünger 1942, S. 52.

ist die klassische Gestalt des vom *Timos* geleiteten Helden, der bewusst gefahrvolle Abenteuer aufsucht und sich vor anderen durch Geschick und Tapferkeit auszuzeichnen trachtet. Und seine *Aventiure* steht ganz offensichtlich in einer noch älteren Tradition – der Tradition antiker Heldengestalten wie Herakles oder Odysseus. Belege für diesen timotischen Drang finden wir aber auch überall im Alltag unserer Gesellschaft. Wer robust genug ist, sucht die Herausforderung heute vielleicht in gefährlichen Sportarten, als Rennfahrer, beim Bungee-Jumping, beim Besteigen eines Achttausenders oder bei einem Überlebenstraining für Führungskräfte. Auch weniger harmlose Formen des Kräftemessens wie bei der Fan-Randale im Fußballstadion gehören in diesen Kontext.

Sich bewusst der Gefahr auszusetzen, gehört seit jeher zu den sich anbietenden Methoden, Langeweile, Minderwertigkeitsgefühle, aber auch Angst zu überwinden. Wem die damit verbundenen realen Gefahren zu riskant sind, der kann sich mit Hilfe von Abenteuerromanen, Horrorfilmen oder Computerspielen zumindest virtuellen Gefahren aussetzen. In gewisser Weise gehört es zur normalen Entwicklung von Kindern und Jugendlichen, dass sie irgendwann die ständigen Ermahnungen der Eltern, der Lehrer, vorsichtig zu sein und Gefahren möglichst zu meiden, in den Wind schlagen und das gefährliche Abenteuer suchen. Sofern sie dabei das Risiko halbwegs rational einzuschätzen wissen und tollkühne Aktionen vermeiden – oder diese zumindest glimpflich überstehen –, ist dies oft eine Erfahrung, die die Lebenstüchtigkeit erhöht, indem sie übermäßige Vorsicht und Ängstlichkeit abbaut und das Selbstvertrauen und die Fähigkeit zur Risikoakzeptanz steigert.

Kluge Eltern und kluge Lehrer werden deshalb auch nicht versuchen, Kinder und Jugendliche möglichst vor jedem Risiko zu bewahren. Denn auch das lehrt die Lebenserfahrung:

Wer allzu behütet aufwächst, wer nicht rechtzeitig lernt, Gefahren zu bestehen und Risiken zu ertragen, der wird entweder überängstlich und angesichts gefahrvoller Situationen, die im Laufe eines Lebens unvermeidlich auftreten, handlungsunfähig oder er stürzt sich irgendwann aus Überdruss an der eigenen ereignislosen und blutleeren Existenz Hals über Kopf in gefahrvolle Abenteuer, die für ihn und andere schreckliche Folgen haben, die Schmerz und Unglück, vielleicht gar den Tod bedeuten können.

Aber kehren wir noch einmal zu Ernst Jüngers Momentaufnahme des Ersten Weltkriegs zurück. War es wirklich nur die Langeweile einer durch und durch abgesicherten Existenz, die, wie uns Ernst Jünger glauben machen will, die jungen Männer im August 1914 scharenweise und in geradezu ekstatischer Begeisterung in den Krieg trieb? War, was sie in diesem Augenblick des Kriegsausbruchs als Erleichterung, als Erlösung erlebten, wirklich nichts anderes als die Erlösung von quälender Langeweile? Wenn man Lucian Hölschers sorgfältige Analysen protestantischer und sozialistischer Zukunftsvorstellungen im deutschen Kaiserreich, also in der Zeit vor dem Ausbruch des Ersten Weltkriegs, liest, erhält man einen Begriff davon, wie stark revolutionäre und apokalyptische Naherwartungen viele Menschen in Deutschland am Ende des neunzehnten Jahrhunderts prägten.[74] Zwar legte sich die geradezu hysterische Anspannung im letzten Jahrzehnt vor dem Ausbruch des Krieges etwas, aber gelöst war sie nicht. Die apokalyptischen Erwartungen waren mitsamt den sie begleitenden Ängsten und Hoffnungen lediglich in den Untergrund gedrängt worden und wirkten dort, wie wir an zahlreichen Zeugnissen der vorexpressionistischen und expressionistischen Kunst und Literatur erkennen können, weiter, entluden sich in eruptiven Schreckensfantasien. Das,

[74] Hölscher, Weltgericht oder Revolution, 1989.

was Jünger als Langeweile in einer total abgesicherten Situation wahrnimmt, wovon im Ernst bei der Mehrzahl der jungen Arbeiter und kleinen Angestellten ohnehin keine Rede sein kann, wird in vielen Fällen wohl eher das Gefühl einer unerträglichen, nach Auflösung schreienden Spannung gewesen sein, die schließlich in der Kriegsbegeisterung ein Ventil fand.

»Risiken werden«, schreibt Herfried Münkler, »überwiegend aus zwei Antrieben heraus eingegangen: Zum einen aus Gründen einer wirtschaftlichen Rationalität, die unter der Devise steht: ›Wer nichts wagt, der nichts gewinnt.‹ Zum anderen aber auch aus bloßer Abenteuerlust heraus, bei der nicht der materielle Gewinn, sondern die expressive Selbststeigerung im Vordergrund steht.«[75] Das ist als Beschreibung nicht falsch, aber nicht vollständig. Denn es gibt wohl auch die von der Angst beflügelte Flucht nach vorn in die Konfrontation mit der Gefahr. Wenn die Angst in einer Gesellschaft zunimmt, neigen manche Menschen zu einer paradoxen Reaktion: Sie versuchen die Angst dadurch zu bannen, dass sie vor den Risiken die Augen verschließen und sich tollkühn der Gefahr aussetzen. Eine lange Zeit *lähmende* Angst kann unter besonderen Umständen plötzlich zur Triebkraft eines hochriskanten Aktionismus werden.

Das war offenbar am Anfang des Ersten Weltkriegs so, und das könnte im Prinzip auch heute wieder passieren, wenn der Angstpegel in der Gesellschaft weiter steigt. Das, was man gegen Ende des 19. Jahrhunderts, auf die Sozialdemokratie bezogen, den revolutionären *Attentismus* genannt hat, ging mit einer Gemütsstimmung einher, in der sich Angst und Hoffnung spannungsreich verbanden, die Angst vor dem »großen Kladderadatsch«, vor dem Zusammenbruch der gewohnten Welt, und die Hoffnung auf einen strahlenden Neubeginn. In

---

75. Münkler, S. 20.

der Zeit vor dem Weltkrieg kam allerdings für große Teile der männlichen Bevölkerung ein oft übersehener besonders verunsichernder und bedrohlicher Aspekt hinzu: die Erwartung einer dramatisch veränderten Frauenrolle. August Bebel hatte mit seinem 1879 veröffentlichten Bestseller *Die Frau und der Sozialismus* diesen Aspekt mit der Vorhersage einer baldigen Revolution aller Sozialverhältnisse verknüpft und damit den *wilhelminischen Mann* tief verunsichert. [76] Gleichzeitig war durch das Auftreten der Suffragetten in London und durch Bohème-Gestalten wie Franziska zu Reventlow die neue emanzipierte Frau bereits für viele eher traditionell denkende Männer zum anschaulichen Schreckbild geworden. Die alle Klassen und Schichten der Gesellschaft und alle politischen Lager erfassende Kriegsbegeisterung mag also auch als ostentative Bekräftigung der Männlichkeit durch in ihrer Geschlechterrolle zunehmend verunsicherte Männer, vielleicht auch als Flucht vor den sich anbahnenden neuen Unwägbarkeiten im Geschlechterverhältnis in die Eindeutigkeit einer allein den Männern vorbehaltenen Welt des Krieges gedeutet werden.

Auch heute breitet sich wieder die Vorstellung aus, dass unsere Welt aus den Fugen ist, dass in nahezu allen Lebensbereichen die Sicherheit bietenden Selbstverständlichkeiten ins Wanken geraten sind. Mit wachsender Sorge nehmen wir in Europa wahr, wie das Zentrum innovativer Aktivität sich von Europa, vom Westen insgesamt, nach Asien zu verlagern beginnt. Wie ein unregulierter Weltfinanzmarkt mit seinen undurchsichtigen Manipulationen und hysterischen Reaktionen die Gestaltungsmöglichkeiten der Politik auf der Ebene des Staates und ganzer Großregionen zunichtemacht. Gleichzeitig erweist sich der auf das Technisch-Ökonomische verkürzte Fortschrittsprozess immer deutlicher als ein Prozess

[76] vgl. Sombart, Die deutschen Männer und ihre Feinde.

gigantischer Zerstörung, wodurch die Zweifel am Sinn all unserer stolzen Leistungen weiter wachsen. Die Angst vor einer schleichenden Aushöhlung unseres Wohlstands oder vor einem neuen »großen Kladderadatsch« nimmt zu. Dass sie auf der einen Seite den Ruf nach erhöhten Sicherheitsanstrengungen erzeugt, ist unübersehbar. Zugleich könnte sie aber auch dazu führen, dass die Flucht in kriegerische Abenteuer für viele Menschen wieder attraktiv wird, wenn die verzweifelten Versuche, sich weltweit auf politische Stabilisierungsmaßnahmen zu einigen, auch weiterhin erfolglos bleiben.

Darum ist es so gefährlich, wenn, wie in Cancún oder erst kürzlich in Durban oder Cochabamba, die Weltgesellschaft sich nicht auf längst fällige energische Maßnahmen zur Bekämpfung der drohenden Klimakatastrophe verständigen kann. Wenn auf Gipfeltreffen Mal um Mal die im Grundsatz von allen geforderte Kontrolle der Finanzmärkte von einzelnen Ländern aus kurzsichtigem Egoismus verhindert wird. Wenn nationalistische Borniertheit und taktische Winkelzüge eine gemeinsame Politik gegenüber dem Iran torpedieren. Oder wenn die Genehmigung immer neuer jüdischer Siedlungen auf der Westbank und die dadurch beförderte Radikalisierung der Palästinenser im Nahen Osten jede Aussicht auf Frieden zerstören. Mit jeder gescheiterten UNO-Konferenz, mit jedem ergebnislosen Gipfeltreffen, mit jeder im Sand verlaufenden Vermittlungsaktion wächst die Gefahr, dass Gewalt bei der Durchsetzung der eigenen Interessen wieder erwägenswert, vielleicht gar als »Lösung« im doppelten Sinn wieder herbeigesehnt werden könnte.

In Europa scheint eine solche Entwicklung zurzeit noch kaum vorstellbar. Die schreckliche Erfahrung zweier Weltkriege sitzt den Menschen des Kontinents noch in den Knochen, auch die positive Erfahrung der Nachkriegsjahrzehnte, dass nach Jahrhunderten von Krieg und Zerstörung Europa durch geschickte Politik und intensivierte Zusammenarbeit zu einer Zone gesicherten Friedens werden konnte. Aber der von den Europäern mühsam und spät angenommene, ihnen mittlerweile fast schon zur Gewohnheit gewordene Geist der Kooperation muss sich heute *weltweit* bewähren, wenn er seine Attraktivität nicht einbüßen will. Und dafür scheinen die Aussichten im Augenblick nicht eben günstig zu sein, auch weil die Reichen und Mächtigen vielfach immer noch nicht begriffen haben, dass sie nicht in Frieden und gesichertem Wohlstand leben können, wenn sie die Lebensinteressen der Mehrheit weiter missachten.

Was die Europäer sich zumeist als mühsam erworbenen zivilisatorischen Fortschritt anrechnen, die Neigung, die Interessen der jeweils anderen zu berücksichtigen und Konflikte nach Möglichkeit kooperativ zu lösen, wird in manchen anderen Teilen der Welt ohnehin oft als Zeichen der Dekadenz, als Schwäche oder Feigheit gedeutet. In der Häme, mit der sich der US-amerikanische Verteidigungsminister Rumsfeld vor einigen Jahren über das »alte Europa« ausließ, weil mehrere europäische Regierungen und die große Mehrheit der Bevölkerung des Kontinents sich dem Irakkrieg des George W. Bush verweigerten, klang unverkennbar jene auch von Jünger zeitlebens vertretene Auffassung an, dass die Vitalität eines Volkes sich vor allem im Krieg beweise. Der den Republikanern nahestehende Politikwissenschaftler Robert Kagan brachte damals die in den USA verbreitete Sicht auf die simple Formel: »Amerikaner sind vom Mars und die Europäer von der Venus.« Während die Europäer schönen Träumen nachhingen, packten die Amerikaner die Probleme an und lösten sie. (Nach dem Fiasko im Irak und in Afghanistan wird er das heute wohl kaum noch behaupten können.) Die Europäer, so Kagan damals, lebten in einer kantischen Fantasiewelt ewigen Friedens, während allein die Amerikaner sich realistisch der Aufgabe stellten, in einer Welt Hobbes'scher Anarchie Ordnung zu schaffen.

Dass dieser Einschätzung ein geradezu groteskes Missverständnis der kantischen Position in der Schrift *Zum Ewigen Frieden* zugrunde liegt, ist das eine. Wichtiger ist die Abwertung aller Bemühungen um gewaltlose Konfliktlösung und das Aushandeln von Kompromissen als wirklichkeitsfremdes »Gutmenschentum« und/oder feige Drückebergerei. Da alles, was wir zur Abwehr der großen Gefahren, denen sich die Menschheit heute gegenüber sieht, sinnvollerweise unternehmen könnten, nur als Ergebnis mühsamer Aushandelsprozesse denkbar ist, ist es äußerst gefährlich, wenn genau dieser Politiktyp immer wieder – nicht nur in den USA – unter Generalverdacht gerät. Demokratie, die Suche nach Kompromissen, die Rücksichtnahme auf die Interessen und Sichtweisen der anderen, alles das ist heute zweifellos nötiger denn je. Aber wenn es nicht gelingt, auf diese Weise plausible Ergebnisse zu erzielen, kann eine solche Politik auch in Europa leicht vielen Menschen als verächtliche Schwäche und Dekadenz erscheinen. Das, was in unseren Medien immer mal wieder unter der Überschrift *Politikverdrossenheit* verhandelt wird, ist womöglich zum Teil ein Vorbote einer solchen Entwicklung. Wenn den Menschen die normale Gangart der Demokratie als langweilige und kontraproduktive Selbstbeschäftigung einer »politischen Klasse« erscheint, die längst den Kontakt zum Bürger und seinen Problemen verloren hat, kann auch bei uns auf einmal der Salto mortale als angemessene Weise der Fortbewegung erscheinen.

# 4. Die Rationalisierung von Ängsten

Zu den ältesten Methoden der Überwindung von Angst und der Gewinnung von Sicherheit gehören die verschiedenen Formen der *Rationalisierung* von Ängsten in Mythen, magischen Ritualen, Religionen, Dogmensystemen und Ideologien. Der Glaube an übernatürliche Kräfte, an absolute oder durch Autoritäten verbürgte Wahrheiten, an den offenbarten oder durch die wissenschaftliche Analyse der Gegenwart zu entdeckenden Sinn der Geschichte hat über Jahrtausende hinweg viele Menschen im Chaos des Lebens stabilisiert. Seit der frühen Neuzeit aber sind diese Orientierung stiftenden Ordnungssysteme mehr und mehr durch die empirisch-wissenschaftliche Weltsicht ersetzt worden, freilich niemals so vollständig, dass die alten Denkweisen gänzlich verschwunden wären. Immer wieder hat es Phasen gegeben, in denen sie die Köpfe und Herzen vieler verunsicherter Menschen erobern konnten. Heute, in einer Zeit, da die Wissenschaft selbst mit der auf ihr fußenden Technik zu einer mächtigen Quelle der Angst geworden ist, da der technikbewehrte Mensch drauf und dran zu sein scheint, die Erde, seinen Oikos, unbewohnbar zu machen, kann es nicht verwundern, dass Alternativen zur wissenschaftlichen Welterklärung und Seinsdeutung wieder attraktiv werden. Weil der Mensch als vergesellschafteter Homo sapiens und Homo faber selbst für den Menschen zur größten Bedrohung geworden ist, begeben sich viele in ihrer Not wieder auf die Suche nach Ankerplätzen im Übermenschlichen und Übersinnlichen.

Seit einiger Zeit ist in den Feuilletons, je nach der weltanschaulichen Ausrichtung des Autors, in triumphierender oder besorgter Tonlage von der Wiederkehr der Religionen die Rede. Allerdings ist nicht klar, was darunter zu verstehen ist, wenn gleichzeitig etwa in Deutschland immer mehr Menschen aus den christlichen Kirchen, besonders der katholischen, austreten. Dafür hält der Esoterikboom im Buchhandel offenbar ziemlich ungebrochen an, Sekten und Geheimbünde haben seit Jahren regen Zulauf und im Internet finden die absonderlichsten Welterlösungs- und Verschwörungsideologien ihr Publikum. Sogar im Wissenschaftsmilieu, wo man sich normalerweise viel darauf zugutehält, nüchtern und emotionslos mittels Hypothesenbildung, Experiment, Falsifizierung und (vermeintlicher) Verifizierung einen Fuß vor den anderen zu setzen, treten neuerdings wieder Fortschrittspropheten auf, die trotzig jeden Zweifel an ihrem Tun von sich weisen und sich in überschwänglichen Zukunftsszenarien nach Art der biowissenschaftlichen *Transhumanisten* und in umfassenden Welterklärungsmodellen à la Stephen Hawking ergehen. Es erweist sich hier, was wir auch aus anderen Epochen der Geschichte kennen: In normalen Zeiten kann die Mehrheit der Menschen sich mit einer gewissen Gelassenheit damit abfinden, auf die letzten Fragen keine schlüssigen Antworten zu haben, kann sich milde Skepsis im Theoretischen mit Zugewandtheit und Vertrauen in der sozialen Praxis zu einem tragfähigen Lebenskonzept verbinden. In Umbruchzeiten, wie wir sie heute erleben, in Zeiten, da das traditionelle wissenschaftlich-technisch-ökonomische Fortschrittsmodell, das so lange sinn- und sicherheitsstiftend wirkte, an Grenzen stößt und eine allgemeine Zukunftsangst um sich greift, ist das für die meisten Menschen offenbar nicht genug.

Sich mit der Kontingenz abfinden und dennoch zuversichtlich durchs Leben gehen – wer diese Gratwanderung nicht schafft, wird immer nach absoluten Gewissheiten suchen, die es nicht geben kann. Die Glaubensgewissheit, die dem mittelalterlichen Menschen noch eine Möglichkeit war, scheint uns modernen Menschen in aller Regel verschlossen zu sein. Aber das empirisch-wissenschaftliche Denken, das die Glaubensgewissheit so wirkungsvoll untergraben und unser Weltwissen und unsere Gestaltungsmacht gewaltig erweitert hat, vermag ebenfalls auf die großen Fragen menschlicher Existenz keine überzeugenden Antworten zu geben. Das eigentliche Problem besteht darin, dass die meisten mit der *Erbsünde* der Rationalität behafteten Menschen noch immer nicht gelernt haben, die aus dieser Situation resultierende »metaphysische Obdachlosigkeit« (Heidegger) auszuhalten. Deshalb suchen sie – zumeist halbbewusst – nach Surrogaten für die verlorene Heilsgewissheit. Ein lange Zeit besonders wirkungsvolles Surrogat war das, was wir seit dem späten 18. Jahrhundert *Fortschritt* nennen. Solange in Europa und später in den Ländern des Westens die Wirtschaftsleistung von Jahr zu Jahr wuchs und in immer schnellerer Folge fantastische neue Produkte erzeugt wurden, solange es den Anschein hatte, der Steigerung unserer Macht und unseres Reichtums seien keine Grenzen gesetzt, konnten wir uns tatsächlich als Teil einer großen heilsgeschichtlich gepolten Bewegung fühlen, nahm uns die Magie des großen Steigerungsspiels so sehr gefangen, dass das metaphysische Vakuum uns nicht allzu sehr schreckte. Zahlen geben Sinn, größere Zahlen geben mehr und vermeintlich tieferen Sinn – das war die magische Logik, die unser Leben stabilisierte und teilweise noch heute stabilisiert. Kapitalismus als reine Kultreligion – was schon bei Max Weber und Walter Benjamin theoretisch erwogen wurde, hat sich seit den späten siebziger Jahren des vorigen Jahrhunderts im globalen Finanzkapitalismus wohl am eindruckvollsten praktisch manifestiert.[77]

Nun gab es immer schon Ein- und Umbrüche, die den Fortschrittsglauben vorübergehend erschütterten. Aber heute sind wir an einem Punkt angelangt, da sich mit Klimawandel, Rohstoffknappheit und Weltfinanzkrise, mit all den Widersprüchen und Gefahren der wissenschaftlich-technischen

---

[77.] Vgl. Dirk Baecker, passim.

Welt ein Problemberg auftürmt, der das Ende der bisherigen Fortschrittsentwicklung und ihrer sinnstiftenden Zahlenmagie anzukündigen scheint. Die Zukunft des Schneller-Höher-Weiter und Immer-Mehr verliert ihren verheißungsvollen Glanz, der Horizont verdüstert sich. *Savoir pour prévoir* – das Motto, unter dem sich die Aufklärer auf den Weg machten, um zu erkunden, was die Welt im Innersten zusammenhält, verliert seinen erkenntnis- und lebensleitenden Sinn in unserer Welt der »flüchtigen Moderne«, in der »alles, was Sicherheit bietet, verdampft«, [78] die sich so schnell und so chaotisch verändert, dass in ihr Kontinuitäten kaum noch zu erkennen sind. Wer die Gesetze der Natur, wer die Gesetze des Lebens und der Geschichte entschlüsselt, so die Hoffnung, die die Aufklärer beseelte, dem werde auch die Zukunft zu einem offenen Buch werden, in dem er nach Belieben blättern könne. Aber wer sich mit der Geschichte der wissenschaftlichen Prognostik, der Trendforschung und der Futurologie ein wenig beschäftigt, der kann nicht übersehen, dass diese »Wissenschaften« kaum leistungsfähiger sind als der Hofastrologe früherer Zeiten, die Wahrsagerin in ihrem Jahrmarktszelt oder das Horoskop in der Boulevardzeitung. Da helfen, wie die Weltfinanzkrise wieder einmal nachdrücklich bestätigt hat, auch alle komplizierten mathematischen Formeln, alle modernen Rechenmodelle, alle mit Kurven, Kreissegmenten und Säulen gespickten Gutachten, da hilft auch die Erhebung und Verarbeitung riesiger Datenmengen nicht.

Kein Wunder also, dass sich heute wieder eine vage Sehnsucht nach tieferer, transzendental verbürgter Gewissheit ausbreitet und dabei auch das breiter gewordene Spektrum religiöser Angebote in den Blick kommt. Aber das bedeutet keineswegs, dass die Menschen heute in großer Zahl bereit und fähig wären, jenes *sacrificium rationis* zu erbringen, ohne

[78.] Baumann 2003, S. 200.

das die Geborgenheit in einer geschlossenen Weltanschauung nicht zu haben ist. Genauso wie wir das Wissen, das zum Bau der Atombombe führte, nicht einfach wieder vergessen können, ist es uns nicht ohne Weiteres möglich, den einmal eingeschlagenen Weg vernünftiger Begründung und Kritik zu verlassen, wenn uns das vielleicht opportun erscheint und wir uns davon Sicherheit und Geborgenheit versprechen. Das erweist sich u. a. daran, dass die Zugehörigkeit zu religiösen oder weltanschaulichen Glaubensgemeinschaften heute in den meisten Fällen keineswegs so entschieden und total ist, wie sie bei oberflächlicher Betrachtung erscheinen mag. Vielfach ist es wohl vor allem das Erlebnis der Gemeinschaftlichkeit, sind es gewisse rituelle Verrichtungen, die regelmäßigen Treffen und der Trost spendende Austausch mit anderen Menschen und immer noch Tradition und Gewohnheit, die für die Bindung entscheidend sind, weil sie im Chaos des eigenen Lebens ein gewisses Maß an Ordnung stiften und ein Gefühl der Beheimatung hervorrufen. Wenn diese sozialen Vorteile nur zu haben sind, wenn man sich auch, zumindest äußerlich, zu den damit verbundenen *theoretischen* oder weltanschaulichen Positionen bekennt, so wird das oftmals mit einer gewissen Nonchalance akzeptiert, selbst dann, wenn diese Positionen im krassen Widerspruch zu den stillschweigenden theoretischen Annahmen stehen, die die eigene alltägliche Praxis anleiten. In diesem Sinn ist der typische Protestant, ist der typische Katholik heute ein *lauer* Christ.

Dort, wo heute dogmatische Positionen und die damit verbundene Verweigerung von Diskussion und Begründung wieder vermehrt Zulauf finden, geschieht dies wohl nur selten aus tiefer Glaubensüberzeugung. Vermutlich geschieht dies vor allem, weil Dogmatismus und Diskussionsverweigerung sich besonders gut als Instrumente der aggressiven oder defensiven Identitätsbehauptung eignen. Das ist bei den fundamentalistischen Evangelikalen in den USA ebenso zu beobachten wie bei fundamentalistischen Strömungen in der islamischen Welt. Für beide scheint mehrheitlich zu gelten: Wer nicht mehr (im traditionellen, vormodernen Sinn) glauben kann, der muss, um sich seiner Sache halbwegs sicher sein zu können, hassen – die *anderen,* die *Ungläubigen,* die *Fremden* und nicht selten auch sich selbst. Nur in den allerwenigsten Fällen haben wir es mit einer radikalen Abkehr von der modernen Rationalität und mit einer Rückkehr zu vorbehaltlosem Glauben oder einem vormodernen mythischen oder magischen Seinsverständnis zu tun. Es ist eben nicht so einfach, sich von der »Erbsünde« der Rationalität zu befreien, und weil dies so ist, ist auch der Gewinn an Sicherheit trotz aller gegenteiligen Beteuerungen meistens nicht sehr groß – wie sich schon daran erkennen lässt, dass sich Fundamentalisten fast immer von einem Heer satanischer Feinde umzingelt wähnen.

Fundamentalismus und Dogmatismus sind im Übrigen keineswegs das Gegenteil des modernen Rationalismus. Mit diesem haben sie vielmehr die Unfähigkeit, Ambivalenzen auszuhalten, und den rigiden Ordnungswahn gemein. Allen dogmatischen und fundamentalistischen Lehren ist ein lebensfeindlicher Zug eigen. Aus Angst vor der Vielfalt und den Unwägbarkeiten des Lebens verbarrikadieren sich ihre Anhänger hinter einem Wall eherner Prinzipien, die um jeden Preis eingehalten werden müssen. Aber das Leben verträgt die scharfe Ausschließlichkeit, das unbarmherzige Entweder-oder, die fanatischen Reinheitsgebote, mit denen religiöse Eiferer sich und anderen den Blick trüben und das Herz beschweren, schlecht. Dass unter dieser Schulmeisterei auch die Anhänger solcher Lehren, den offiziellen Beteuerungen zum Trotz, selbst häufig leiden, dafür könnte die für die USA gut belegte Tatsache ein Indiz sein, dass der Konsum von Antidepressiva unter Mitgliedern fundamentalistischer Religionsgemeinschaften und Sekten besonders hoch ist.

Bei den Lesern esoterischer Literatur und den Anhängern esoterischer Praktiken liegt der Fall ein wenig anders. Oft hat es den Anschein, dass es sich hier um einen eher spielerischen, jedenfalls nicht mit letztem Ernst betriebenen Umgang mit den bizarren Botschaften, Symbolen und Praktiken handelt, der durchaus mit einer herkömmlichen theoretischen und praktischen Alltagsrationalität zusammengehen kann. Nicht selten handelt es sich hier um eine Feierabendbeschäftigung von Menschen, die »bei Tage mit den virtuos beherrschten Mitteln der kulturellen Moderne an der beruflichen Karriere (...) feilen.«[79] In den Augen ihrer Anhänger dient die esoterische Theorie und Praxis oft vor allem dazu, Sinndefizite der wissenschaftlichen Weltdeutung auszugleichen und Entscheidungshilfe zu leisten, wo überzeugende rationale Gründe für die eine oder andere Alternative nicht zu erkennen sind, man sich aber gleichwohl meint entscheiden zu müssen. Ähnlich verhält es sich mit dem Fortleben alter abergläubischer Vorstellungen und Praktiken inmitten unserer wissenschaftlich-technischen Welt. Der Manager, der auf Holz klopft, wenn er vor den versammelten Abteilungsleitern auf das Gelingen des gemeinsamen Projekts anstößt, glaubt vermutlich nicht wirklich daran, dass ihm diese Geste helfen könnte, hätte aber vielleicht ein ungutes Gefühl, wenn er sie unterließe. Esoterik und Aberglaube sind für viele Menschen eine Art zweiter Verteidigungslinie, die sie errichtet haben, weil sie sich immer öfter einem schicksalhaften Geschehen ausgeliefert sehen, angesichts dessen unsere vernünftigen Berechnungen und Vorkehrungen keinen ausreichenden Schutz mehr bieten.

Wenn sich heute Menschen von den christlichen Kirchen wieder angezogen fühlen, was angesichts der nach wie vor steigenden Kirchenaustritte selten genug der Fall zu sein scheint, so wohl kaum, weil sie von deren Dogmatik in allen

[79.] Meyer 1989 (Reinbek), S. 142.

Punkten überzeugt wären, sondern vor allem, weil sie in der traditionellen rituellen Lebensbegleitung Trost zu finden hoffen. Der sonntägliche Kirchgang, die großen kirchlichen Feste wie Ostern und Weihnachten, Taufe, Firmung bzw. Konfirmation, Hochzeit und Beerdigung können auch heute noch durch die symbolische Vergemeinschaftung und die Rhythmisierung des Lebens Geborgenheit und Sinn vermitteln, und zwar auch für Menschen, die vielen Inhalten der christlichen Verkündigung eher skeptisch gegenüberstehen. Während unter Protestanten eine historisierende Bibellektüre und ein metaphorisches Verständnis sakramentaler Handlungen auch in der Amtskirche weit verbreitet ist, beharrt die katholische Hierarchie vielfach immer noch auf einem mehr oder weniger wortwörtlichen Verständnis ihrer dogmatischen Lehren. Allerdings zeigen Umfragen unter katholischen Gläubigen, dass Kerndogmen wie die von der unbefleckten Empfängnis, von der leiblichen Auferstehung am Jüngsten Tag oder der tatsächlichen Verwandlung von Wein in das Blut Jesu während der Messe von einer Mehrheit der Katholiken, zumindest in den westlichen Ländern, nicht mehr geglaubt werden. Allenfalls in Teilen Afrikas und Lateinamerikas, wo der Anschluss an traditionelle magische Praktiken möglich ist, vermögen solche Lehren noch zu überzeugen.

Dies alles heißt freilich nicht, dass die Religionen außer dem im Prinzip auch im Freundeskreis, in der Familie, in der Clique oder im Sportverein zu erfahrenden Gemeinschaftserlebnis nichts zu bieten hätten, was uns modernen Menschen helfen könnte, unsere Ängste zu ertragen und Sicherheit zu gewinnen. Die christliche Religion bringt, ebenso wie die meisten anderen Religionen, in unsere moderne Welt etwas ein, was wir dringender brauchen als allen technisch-organisatorischen Aufwand zur Abwehr von Gefahren: die Bereitschaft, die Grenzen der Vernunft sowie unsere eigene Schwäche und Endlichkeit zu akzeptieren. Zugleich kann sie helfen, dass wir uns mit der uns eigenen Unvollkommenheit angenommen fühlen. Der Apostel Paulus hat diesen Zug des Christentums in den *Korintherbriefen* exemplarisch herausgearbeitet: »Die Liebe ist langmütig und freundlich, die Liebe eifert nicht, die Liebe treibt nicht Mutwillen, sie bläht sich nicht auf, sie verhält sich nicht ungehörig, sie sucht nicht das Ihre, sie lässt sich nicht erbittern, sie rechnet das Böse nicht zu, sie freut sich nicht über die Ungerechtigkeit, sie freut sich aber an der Wahrheit; sie erträgt alles, sie glaubt alles, sie hofft alles, sie duldet alles. Die Liebe hört niemals auf, wo doch das prophetische Reden aufhören wird und das Zungenreden aufhören wird und die Erkenntnis aufhören wird. Denn unser Wissen ist Stückwerk und unser prophetisches Reden ist Stückwerk. Wenn aber kommen wird das Vollkommene, so wird das Stückwerk aufhören.«[80] Papst Benedikt XVI., sonst eher bekannt für einen rigorosen Traditionalismus, hat in seiner Enzyklika *Deus caritas est* einen ähnlichen Akzent gesetzt, indem er die folgende Stelle aus dem *Ersten Johannesbrief* als die Mitte des christlichen Glaubens bezeichnete: »Gott ist die Liebe, und wer in der Liebe bleibt, bleibt in Gott, und Gott bleibt in ihm.«[81] Aber die Missbrauchsskandale der letzten Zeit und die ablehnende Haltung des Papstes zu Reformen, die die traditionell verklemmte Haltung zur Sexualität und die Frauenfeindlichkeit in der Kirche überwinden könnten, lässt die Botschaft vielen – auch in der Kirche selbst – unglaubwürdig erscheinen.

Zudem finden wir in der Bibel auch eben diesem Johannes zugeschriebene Texte in einem ganz anderen Ton, und es ist wohl kein Zufall, dass sich die rabiatesten christlichen Fundamentalisten, die protestantischen *Dispensionalisten* in den USA und die *Opus Dei*-Anhänger unter den Katholiken, im

[80.] 1. Korinther 13, 4-10.
[81.] 1. Johannes 4, 16.

Gegensatz zur Mehrheit der Protestanten und Katholiken besonders gern und häufig auf diese beziehen. In der *Johannes-Apokalypse*, vermutlich verfasst auf dem Höhepunkt der Christenverfolgung in Kleinasien, versucht der Autor Trost zu spenden, indem er der verängstigten Gemeinde eine grandiose Vision des endgeschichtlichen Sieges des Christentums über alle seine Widersacher enthüllt. Es ist nicht der Gott der Liebe, der hier in der Not der Verfolgung beschworen wird, sondern der Gott der Rache. Keine Rede davon, dass die Liebe nicht »eifert«, nicht »das Ihre« sucht, sich »nicht erbittern« lässt und »das Böse« nicht zurechnet. Statt um Liebe, Vertrauen, Gemeinschaftlichkeit geht es um ein hasserfülltes Wir-oder-sie, um furchtbare Vergeltung, um die Vernichtung der Feinde und die Gewissheit der Rechtgläubigen, am Ende als Sieger dazustehen. So verständlich es erscheinen mag, dass Menschen in höchster Bedrängnis solche grausamen Rachefantasien entwickeln, es wäre ein großer Irrtum zu glauben, in diesem Geiste sei heute Sicherheit zu gewinnen.

Dorothee Kimmich hat die so lange gerade von der christlichen Kirche missverstandene und verketzerte Lehre Epikurs in ihrem Buch *Epikureische Aufklärungen* eine »Philosophie der Angstbewältigung und der Selbstsicherung« genannt.[82] Epikurs *Tetrapharmakos*, die vier Lebensregeln, von denen er erwartete, dass jeder seiner Anhänger sie ständig im Kopf haben solle, zeigt, dass auch er ähnlich wie Paulus an der zitierten Stelle der Korintherbriefe den Weg des Vertrauens, der Selbstbescheidung und der Gelassenheit wählt: »Vor Gott braucht man sich nicht zu fürchten; dem Tod soll man nicht mit argwöhnischer Angst gegenüberstehen; das Gute ist leicht zu beschaffen, das Schlimme jedoch leicht zu ertragen.« Auch das ist, wie Dorothee Kimmich zeigt, *aufklärerischer* Geist, freilich ein anderer als der, der sich über Descartes und

---

[82.] Kimmich, S. 27.

Francis Bacon bis in unsere Tage als Macht- und Kontrollwahn geltend gemacht hat. Kern dieser aufgeklärten Weltsicht
ist die weise Akzeptanz der condition humaine, die Einsicht,
dass wir immer mehr Fragen als Antworten haben werden,
dass wir uns mit der Endlichkeit unseres Daseins abfinden
müssen und eben darum aus unserem Leben, so lange oder so
kurz es dauert, das Beste machen sollten.

Das Beste aus seinem Leben machen, das kann vielleicht
am ehesten gelingen, wenn wir uns wieder stärker auf unsere (Mit-)Menschlichkeit besinnen, wenn wir uns selbst und
unsere Mitmenschen mit jenem heilenden Humor betrachten, der die dogmatischen Wahrheitsbesitzer entkrampft, die
Streithähne besänftigt, die Verlierer tröstet und die Halbhei-
ten und Widersprüche des Lebens lachend zu einem gelin-
gendem Ganzen zusammenfügt. Der protestantische Theologe Klaus-Peter Jörns hat in diesem Sinn von den *notwendigen
Abschieden* von den traditionellen dogmatischen Glaubens-
vorstellungen gesprochen und die Figur Jesu als »Liebhaber
des Lebens« in den Mittelpunkt seiner Theologie gestellt.[83]
Klaas Huizing, Theologe und Schriftsteller, schließt hier an,
ohne sich allerdings explizit auf Jörns zu beziehen. In seinem
Buch *Fürchte dich nicht – Die Kunst der Entängstigung* zeigt
er am Beispiel des Gleichnisses vom barmherzigen Samari-
ter, wie eine ästhetisch orientierte Theologie angstnehmend
wirken kann: »Sie feiert und akzeptiert die Körperlichkeit
in all ihren Facetten; sie setzt sich über den Ekel hinweg; sie
liebt den Humor als Inszenierung einer Neuschöpfung und
als Freude über einen guten Ausgang; sie erlebt die Liebe als
Abwesenheit von Furcht und Angst.«[84] Wie eine solche von
Huizing favorisierte *erzählende* Theologie noch mit dem alten lutherischen Konzept vereinbar ist, das Versagen unserer

[83.] Vgl. Jörns 2004, 2009 und 2011.
[84.] Huizing, S. 145.

Strategien der Sicherheit (securitas) durch die (Glaubens-) Gewissheit (certitudo) zu kompensieren, ist schwer zu erkennen. Aber sie könnte möglicherweise Religiosität heute wieder attraktiv machen; denn sie verlangt kein *sacrificium rationis,* kein trotziges *credo quia absurdum,* sondern nur die durchaus vernünftige Einsicht, dass, wo die Vernunft mit all ihren vernünftigen Erklärungen und Vorkehrungen an Grenzen stößt, nur noch zwei Dinge helfen: Liebe und Humor.

Es ist schon richtig, dass es nicht unbedingt ein Ausweis von überragender Intelligenz ist, wenn man die Grenzen der Vernunft nicht zu erkennen vermag. Aber dies heißt noch keineswegs, dass wir, wenn wir den Pfad moderner Rationalität verlassen würden, hoffen könnten, auf überlegene Quellen der Gewissheit zu stoßen, die uns Antworten auf jene Fragen liefern, vor denen die Vernunft versagt. Wer auf der Suche nach Gewissheiten in den Wassern vermeintlicher Offenbarung fischt, sollte wissen, dass er im Trüben fischt. Was Religiosität heute zu geben vermag, ist in der Tat nicht mehr jene Heils*gewissheit,* die Luther im Auge hatte, als er die *certitudo* der *securitas* entgegensetzte; Heilsgewissheit bleibt unerreichbar, weil alles, was zu den berühmten *letzten Fragen* zu sagen wäre, in ein undurchdringliches Dunkel gehüllt ist. Aber eine die condition humaine akzeptierende Religiosität vermag uns eine *moralische* Gewissheit zu vermitteln, eine Art praktischer Unbekümmertheit und Lebenszuversicht, die aus der Einsicht fließt, dass wir uns als Menschen mit dem Menschenmöglichen abzufinden haben und am Ende nicht umsonst gelebt haben werden, wenn wir uns bemüht haben, zu tun, was uns richtig und wichtig erscheint.

Lebenszuversicht ist eine Haltung, eine psychische Disposition, die die elementare Ungewissheit unseres Schicksals nicht aufhebt, die uns aber in der Praxis des Lebens stabilisieren kann, indem sie den Blick von der Zukunft auf das Jetzt, von

dem Leben nach dem Tod auf das Leben vor dem Tod lenkt –
dem einzigen Leben, über das wir etwas wissen können. Sie
ist eine Haltung, die mit der Selbstverantwortung und Rationalität des modernen Menschen vereinbar ist, die die eigene
Endlichkeit akzeptiert und sie dennoch in der Liebe transzen-
diert. Menschen, die in der Liebe und im Humor Lebenszuversicht finden, gehen nicht demütig unter dem Joch, aber sie
versteigen sich auch nicht zu der Vorstellung, dass es die Aufgabe des Menschen sei, als Individuum oder als Gattung die
vollständige Kontrolle über das eigene Leben zu gewinnen.
Sie sind bescheiden genug, sich mit den eigenen Beschränkungen abzufinden, und stolz genug, sich weder der göttlichen Willkür noch der Gewalt des »sterblichen Gottes«, als
welchen Hobbes den Staat charakterisierte, zu unterwerfen,
um auf diese Weise eine trügerische Sicherheit zu gewinnen.
Sie gehen erhobenen Hauptes ihren Gang durch die wunder-
bare Vielfalt des Lebens, durch das unentwirrbare Chaos der
Welt, bis sich ihr Leben rundet.

# 5. Die Neuordnung der sozialen Welt

Eine verbreitete naive Vorstellung vom Prozess der Globalisierung besagt, dass die moderne Kommunikationstechnik die Menschen aus fernsten Weltgegenden zu Nachbarn macht und die ganze Welt schließlich zu einem »globalen Dorf« zusammenwachsen lässt. Ein Dorf, in dem jeder mit jedem nach Belieben kommuniziert und im Prinzip alles über jeden weiß oder zumindest wissen kann, in dem alle sich mit den mehr oder weniger gleichen Produkten umgeben und mehr oder weniger intuitiv nach den gleichen Regeln leben, wo immer sie sich gerade auch befinden mögen. Aber die beliebte Rede vom »globalen Dorf« führt in die Irre. Es spricht wenig dafür, dass die moderne Technik und Wirtschaftsweise mit der Zeit eine einzige ihr angemessene Lebensweise erzwingt, die die ganze Welt zu einer kulturell mehr oder weniger homogenen Gemeinschaft werden lässt. Vor allen Dingen wäre es keineswegs wünschenswert. Die Welt ist keine digital vermittelte *Gemeinschaft* und wird auch nie eine sein. Sie ist, wie Christoph Antweiler zu Recht betont, auch im digitalen Zeitalter eher »Stadt« als »Dorf«, d. h. sie ist die gemeinsame Heimstatt vieler verschiedener Lebensgemeinschaften und vieler verschiedener Kulturen, die zwar zahlreiche kulturelle Gemeinsamkeiten, sogenannte Universalien, aufweisen, aber sich gegen eine umstandslose Vereinheitlichung dennoch entschlossen sperren. Um es mit Antweiler auf eine knappe Formel zu bringen: Die Menschen leben *verschieden* in *einer* Welt,[85] d. h. auch im globalen Zeitalter hebt die Einheit der Welt das Anderssein nicht auf.

Als Verschiedene in *einer* Welt zu leben, bedeutet aber, dass wir uns im Weltmaßstab auf Regeln und Normen verständi-

---

[85.] Antweiler, S. 11f.

gen müssen, die es uns ermöglichen, miteinander zivilisiert umzugehen, ohne das Anderssein der anderen zu negieren. Dies ist genau das, was sich in der städtischen Lebensweise über viele Jahrhunderte hinweg allmählich entwickelt hat und was moderne Demokratien im nationalen Rahmen rechtlich und institutionell sicherstellen sollen. Freilich bezogen die traditionellen städtischen Lebensgemeinschaften und die nationalen Rechts- und Sozialordnungen ihre Anschaulichkeit und Verbindlichkeit weitgehend aus der plausiblen territorialen Unterscheidung von *Eigenem* und *Fremdem*, von *Innen* und *Außen*. In dem Maße, in dem diese klaren Trennungen heute verwischt werden und die Welt auch lebenspraktisch zu *einer* Welt wird, büßt der soziale Kontext des eigenen Lebens seine Selbstverständlichkeit ein, zerbröckeln die lebensleitenden Institutionen, verlieren die Menschen jenen Halt, ohne den sie ihr Leben nicht selbstbestimmt führen, d. h. eben auch *planen* können.

Heute ist klar, dass ohne ein Mindestmaß an verbindlicher Ordnung im Weltmaßstab dieser Verfallsprozess und damit auch die Ängste, die er auslöst, nicht zu stoppen sind. Die Rekonstruktion des Sozialen kann nicht durch einen Rückzug aus der globalen Welt erfolgen. Der einzige gangbare Weg besteht darin, die weltweiten Wechselbeziehungen durch Institutionalisierung und rechtliche Rahmensetzung berechenbar und steuerbar zu machen. Das gilt für die Fragen der Friedenssicherung ebenso wie für globale Umweltfragen oder für die Regulierung des Weltfinanzmarkts. Die verbindliche Regulierung des Weltfinanzmarkts, die Durchsetzung einer Transaktionssteuer, am besten als unabhängige Finanzquelle für die Vereinten Nationen, die Zerschlagung der sich jeder politischen Kontrolle entziehenden Großbanken, der Ausbau einer Weltgerichtsbarkeit mit wirksamen Sanktionsmöglichkeiten nach Maßgabe des vollständigen Katalogs der Menschenrechte und die Durchsetzung einer auf wichtige gemeinsame Anliegen bezogenen Weltinnenpolitik der UNO, das sind heute nicht nur wünschenswerte, sondern notwendige Institutionalisierungen.

Nun wird man einwenden können, dass die vollständige Durchsetzung einer solchen globalen Ordnung in baldiger Zukunft wohl kaum zu erwarten ist. Allzu offensichtlich ist es, dass sich einzelne Staaten oder Staatengruppen an veraltete Vorstellungen von Souveränität klammern; die einen, weil sie immer noch glauben, auf sich allein gestellt besser ihre Interessen durchsetzen zu können, die anderen, weil sie fürchten, überständige autoritäre oder despotische Herrschaftsverhältnisse – von denen sie zumeist fälschlicherweise behaupten, dass sie auf der kulturellen Besonderheit ihrer Völker beruhen – in einer offenen Weltgesellschaft nicht länger aufrechterhalten zu können. Allerdings ist heute eine Politik der »splendid isolation«, erst recht, wenn sie, wie in Nordkorea oder im Iran, alles andere als *splendid* ist, nicht mehr durchzuhalten. Ein Staat, der sich vom Rest der Welt abschottet, ist heute schlicht nicht lebensfähig. Man wird sich also auf einen zwar mühsamen, aber im Grunde doch unaufhaltsamen Prozess der weiteren Zunahme globaler Verflechtung auf allen Gebieten einstellen müssen – auch wenn die Institutionalisierung eines verlässlichen globalen Rechtsrahmens und einer in diesem Rahmen operierenden Weltinnenpolitik wohl noch auf sich warten lassen wird.

Umso wichtiger wird für uns in Europa die demokratische Vertiefung der Europäischen Union. In dieser komplizierten Großregion können wir erproben, was im Weltmaßstab heute noch nicht möglich zu sein scheint. Für die Staaten Europas gilt in besonderem Maße, was heute mehr oder weniger in allen Teilen der Welt gilt: dass moderne Gesellschaften bei Strafe ihrer Selbstzerstörung auf die vielfältigen Probleme der Globalisierung weder mit immer weiter getriebener Zentralisierung der Entscheidungsstrukturen noch mit dem Rückzug in nationale Wagenburgen antworten können. Was wir in Europa brauchen, ist ein einheitlicher Rechtsraum, eine funktionierende europäische Demokratie mit einer handlungsfähigen Regierung unter der Kontrolle eines in seinen Rechten erheblich gestärkten Europäischen Parlaments. Unverzichtbar ist aber zugleich eine klare Kompetenzverteilung, die den Einzelstaaten die Zuständigkeit für jene Aufgaben überlässt, die auf der Ebene der einzelnen Staaten, der Länder und Regionen und der Kommunen bewältigt werden können. Kurz: Die notwendige Zentralisierung der Entscheidungen in einzelnen Bereichen darf nicht zulasten der kulturellen Vielfalt und der komplementären Strukturen der Selbstverwaltung und Eigenaktivität in kleineren Einheiten gehen. Vielmehr sollten die Entscheidungen auf den oberen Ebenen gemeinsam anzustrebende Ziele in wichtigen Feldern zwar verbindlich festlegen, aber nicht auch noch in allen Details die Mittel zur Erreichung dieser Ziele vorschreiben. Nur so kann sichergestellt werden, dass auf den unteren Ebenen Raum für Eigenaktivität bleibt und bei der Erfüllung der verbindlich festgelegten Ziele nach den je unterschiedlichen regionalen und lokalen Bedingungen, den je unterschiedlichen materiellen wie kulturellen Ressourcen eigene Wege gegangen werden können.

Die *Euro- und Schuldenkrise* hat in Europa die Einsicht wachsen lassen, dass eine gemeinsame Währung ohne eine Harmonisierung der Fiskalpolitik nicht zu haben ist. Das ist nach der Traumtänzerei, die bisher in diesem Punkte geherrscht hat, immerhin etwas. Was aber immer noch verdrängt wird, ist, dass auch eine Harmonisierung der Steuer- und Abgabenpolitik und eine effizientere regionale Entwicklungspolitik zur Stabilisierung der Eurozone unerlässlich sind. Nur wenn der Unterbietungswettbewerb auf dem Gebiet der Steuern und Abgaben unterbunden wird, können die europäischen Staaten ihre sozialen Sicherungssysteme auf Dauer stabilisieren, und nur, wo die Menschen sich darauf verlassen können, dass sie im Notfall nicht ins Bodenlose fallen, bleibt die hohe Risikoakzeptanz und Innovationsfähigkeit erhalten, die Europa braucht, um nicht hinter andere Großregionen zurückzufallen. Um eine *Über*forderung der Menschen in einer Welt zerbröckelnder Sicherheiten zu verhindern und der Gefahr einer *Unter*forderung durch eine ins Extrem getriebene paternalistische Fürsorglichkeit zu begegnen, muss eine europäische *Mehrebenendemokratie* in den Kernbereichen der sogenannten *Lebensrisiken* verlässliche Sicherheit anbieten, damit die große Mehrheit der Menschen die Fähigkeit zur selbstständigen Gestaltung ihres Lebens zurückgewinnen und Vitalität, Risikofreude und Unternehmergeist in der Gesellschaft erhalten werden können.

*Soziale Sicherheit*, seit der New-Deal-Politik des amerikanischen Präsidenten Franklin Delano Roosevelt in den dreißiger Jahren als Begriff geläufig, kann – jedenfalls in Europa – nicht mehr allein national organisiert werden. Wenn wir dem Artikel 22 der Menschenrechtserklärung der UNO von 1948 genügen wollen, in dem es heißt: »Jeder hat als Mitglied der Gesellschaft das Recht auf soziale Sicherheit«, dann müssen wir zumindest in der Europäischen Union, auf Dauer sogar weltweit, Mindeststandards der sozialen Sicherung etablieren, um dem gefährlichen Unterbietungswettbewerb der heute zumeist zu ökonomischen Standorten degradierten Staaten auch auf diesem Gebiet entgegenwirken zu können. Wenn aber die ökonomisch schwächeren europäischen Staaten nicht mehr mit erheblich niedrigeren Steuern und Abgaben und mit Lohndumping konkurrieren können, wird eine am Ziel der Schaffung gleichwertiger Lebensverhältnisse orientierte gesamteuropäische Infrastruktur- und Entwicklungspolitik umso dringlicher.

So wie in modernen Gesellschaften ein hohes Maß an organisierter Sicherheit in den Kernbereichen der Lebensrisiken Voraussetzung für ein hohes Maß an Eigeninitiative und Risikofreude ist, so sind Handlungsfähigkeit und Kompetenz auf den oberen Ebenen jedes demokratischen Gemeinwesens – sofern sie auf das beschränkt bleiben, was notwendig auf der oberen Ebene geregelt werden muss – Voraussetzung dafür, dass auf den unteren Ebenen zivilgesellschaftliche und demokratische Selbsttätigkeit und Selbstorganisation erblühen können. In Europa haben wir die Chance zu zeigen, dass es jenseits der Irrwege paternalistischer Überzentralisierung und forcierter Überindividualisierung Möglichkeiten einer sozialen Existenz gibt, in der sowohl die Individualität als auch die Sozialnatur des Menschen zu ihrem Recht kommt. Dies ist freilich nur möglich, wenn der Primat der Politik gegenüber der Ökonomie, insbesondere gegenüber der Finanzwirtschaft, gesichert wird. Die Einführung einer Transaktionssteuer wäre ein erster Schritt in die richtige Richtung – wenn es nicht anders geht, zuerst in der Eurozone, dann im ganzen vereinten Europa. Die oft geäußerte Sorge, ein Vorpreschen der Europäer in dieser Frage könnte empfindliche Strafaktionen des weltweit operierenden Finanzkapitals zur Folge haben, ist nicht berechtigt. Zum einen ist das politisch verfasste Europa der größte und attraktivste Markt der Welt, auf den auch die Anleger angewiesen sind, und darüber hinaus würden die Einnahmen aus einer Transaktionssteuer die eigene Handlungsfähigkeit der europäischen Institutionen und der einzelnen Staaten Europas in allen Politikbereichen wesentlich verstärken.

Kosmopolitismus war nie auf Gleichmacherei aus und muss auch heute nicht Gleichmacherei bedeuten. In einem politisch verfassten sozialen Europa können wir den Beweis dafür antreten, indem wir den Einzelnen nicht schutzlos dem Mahlwerk einer global operierenden Wirtschaft und Großfinanz aussetzen und bei der rechtlichen Ausgestaltung Europas ein hohes Maß an Sicherheit bieten, aber zugleich Raum lassen für verschiedene Lebensstile und für die Beheimatung in gemeinschaftlichen Lebensformen. Moderne Gesellschaften, das ist eine wichtige Einsicht, können auf Gemeinschaftlichkeit nicht verzichten. Das Soziale bekommt seinen emotionalen und moralischen Inhalt und seine Anschaulichkeit aus der Erfahrung der Gemeinschaftlichkeit, die Gemeinschaft erst gibt den Menschen jene emotionale Stabilität, die sie brauchen, um die Herausforderungen des Lebens zu bestehen. Die alberne Vorstellung, der moderne »nomadisierende« Mensch bedürfe keines stabilen Beziehungsgeflechts, keiner vertrauten Umgebung, wird durch einen Blick auf die Tatsachen widerlegt. Gerade mal drei Prozent der Weltbevölkerung leben heute dauerhaft außerhalb ihres Heimatlandes, und der weitaus größere Teil davon würde liebend gern in die Heimat zurückkehren, wenn die politischen und materiellen Lebensbedingungen dort es erlaubten. Das ist auch in einem Europa der Freizügigkeit nicht anders. Selbst die oft als Gegenbeispiel genannten *neuen Nomaden* der modernen Business-Welt haben zumeist einen Rückzugsort, einen festen Freundeskreis, eine Familie, aus denen sie die Kraft für ihre strapaziöse Lebensweise beziehen.

Wenn wir in Europa Ernst machen mit einer nach dem Subsidiaritätsprinzip gestalteten Mehrebenendemokratie, können wir die Fortschrittsdynamik so verändern, dass die Menschen sich in ihrer Lebenswelt wieder geborgener fühlen. Wir können die Wirtschaftstätigkeit wieder in die gesellschaftliche Praxis einbetten und sie so an soziale Normen binden; wir können die auch in Europa ins Obszöne getriebenen Unterschiede zwischen Arm und Reich reduzieren, die Innovationsgeschwindigkeit auf ein menschliches Maß zurückführen und die Komplexität der im täglichen Leben zu bewältigenden Probleme verringern; wir können die Gesellschaft funktional dezentralisieren, die soziale Produktivität kleinerer Einheiten stärken und die Abhängigkeit von Fremdleistungen durch die Stärkung der individuellen und kollektiven Selbsthilfekompetenz zurückführen; wir können die Herausbildung eines neuen Techniktyps gemäß sozialen und ökologischen Parametern fördern und den wissenschaftlich-technischen Zugriff auf die außermenschliche und die menschliche Natur bewusst beschränken.

»Der Kapitalismus in der bisherigen Form passt nicht länger zu unserer Welt«, hat der Leiter des World Economic Forum in Davos, Klaus Schwab, in einem Interview mit der *Financial Times Deutschland* gesagt.[86] Wie die Alternative aussehen kann, hat er jedoch nicht gesagt. Immerhin deutet er an, dass Unternehmer und Manager wieder in längeren Fristen denken müssten. In längeren Fristen denken, das könnte eine Annäherung an den Gedanken der Nachhaltigkeit bedeuten, und Nachhaltigkeit, wenn es sich um mehr handelt als ein Modewort, könnte als Leitgedanke in der Tat zu einer anderen Ökonomie führen – einer Ökonomie, die den Menschen ein gutes Leben in einer weitgehend stabilen Lebenswelt ermöglicht.[87] Allerdings nur, wenn die Abkehr von der einseitigen Orientierung an Gewinnmaximierung bzw. an der Steigerung des Aktienwerts erfolgt. Dies aber ist nur zu erreichen, wenn eine Ausweitung des Mitspracherechts aller Unternehmensangehörigen mit der Verpflichtung auf einen breiteren Fächer von Unternehmenszielen, der auch ökologische und soziale umfasst, einhergeht.

Bei vielen genossenschaftlichen und kommunalen Unternehmensmodellen ist das heute schon der Fall. Insbesondere dann, wenn Unternehmen für einen regional begrenz-

---

[86.] Financial Times vom 25.01.2012.

[87.] Vgl. Müller/Strasser, Transformation 3.0.

ten Kundenkreis produzieren, können sie auch unter den heutigen Marktbedingungen auf Wachstum verzichten. Die Gewinne fließen dann in Forschung und Entwicklung, in Ersatzinvestitionen, in ökologische und soziale Verbesserungen, in die Weiterbildung der Angestellten, in die betriebliche Alterssicherung, in Arbeitszeitverkürzung und in höhere Gehälter und Löhne. Der Verzicht auf Expansion bedeutet durchaus nicht Stillstand. Die Steigerung der Produktivität, die Erhöhung der Produktqualität, die Verbesserung der Arbeitsbedingungen, die Ausweitung des sozialen und kulturellen Engagements – all dies ist auch ohne Wachstum im üblichen Sinn möglich. In der Regel sind die Arbeitsplätze in solchen Unternehmen besonders sicher, ist die Fluktuation beim Personal gering, da die Unternehmen sich mehr um die sozialen Belange der Mitarbeiter und die Verbesserung der Arbeitsbedingungen kümmern können. Dies alles hat zur Folge, dass die Menschen, die in solchen Unternehmen beschäftigt sind, ihr Leben viel zuverlässiger planen können als die, die in Unternehmen tätig sind, die sich dem Gewinnmaximierungs- und Wachstumszwang auf umkämpften Märkten unterwerfen. Wie das Beispiel des Bremer IT-Unternehmers Rossol, wie die zahlreichen Beispiele von Unternehmen zeigen, die sich in Deutschland, Österreich, Frankreich, Italien und Spanien der Initiative zur Förderung einer *Gemeinwohl-Ökonomie* angeschlossen haben,[88] wie auch viele ähnliche Experimente in den USA beweisen, ist eine solche an den Lebensinteressen der Menschen und an den dominierenden gesellschaftlichen Werten orientierte Unternehmensführung auch in der Marktwirtschaft möglich. Solange aber die gegenwärtige Ökonomie und Marktordnung unsoziales und umweltschädliches Verhalten belohnt und das gegenteilige Verhalten bestraft, werden alle diese beispielhaften Initiativen Einzelfälle bleiben. Es kommt darauf an, die Rahmen-

---

88. Vgl. Felber, Gemeinwohl-Ökonomie.

bedingungen, d. h. die *Wirtschaftsordnung* grundlegend zu verändern.

Der Zusammenbruch marktradikaler Modelle, der sich am deutlichsten in der Krise des Weltfinanzsystems manifestiert, sowie die drohende ökologische Katastrophe eröffnen heute die Chance, einen tief greifenden Wandel der Lebens- und Wirtschaftsweise einzuleiten. Europa kann, wenn es nationale Eifersüchteleien überwindet und sich auf die Quellen seiner innovativen Kraft besinnt, zum Labor einer humaneren Zukunft werden. Statt in der gegenwärtigen Krise im Euro-Raum nach dem Debakel der oktroyierten Sparpolitik nun wieder auf ein undifferenziertes ökonomisches Wachstum zu setzen – was allerdings zu befürchten ist –, käme es darauf an, in Europa zu demonstrieren, dass eine Wende zur Energieversorgung aus regenerativen Quellen, dass ein mit ökologischen Erfordernissen vereinbares Mobilitätskonzept und schließlich der Aufbau einer emissionsfreien Kreislaufwirtschaft möglich ist. Auf diesen Feldern eröffnet sich zugleich die Möglichkeit eines friedlichen Wettbewerbs mit den USA einerseits und mit den neuen asiatischen Großmächten andererseits, von dem am Ende die ganze Welt profitieren könnte.

Ich wage zum Abschluss dieses Kapitels die Skizze einer Utopie, von der ich glaube, dass sie hinreichend geerdet ist, um vielleicht eine befreiende Praxis anleiten zu können. Sie beruht auf einer Prognose bezüglich der Zukunft der Arbeitsgesellschaft, die mir gut begründet erscheint: Auf lange Sicht werden – jedenfalls im Marktsektor – alle Arbeiten automatisiert, in denen die Arbeitsvollzüge vollständig definiert und berechnet werden können. Übrig bleibt dann als von Menschen zu verrichtende Arbeit vor allem das, was nicht automatisiert werden kann: leitende und beratende Tätigkeiten in Wirtschaft und Verwaltung, Marketing und Werbung, ein Teil der handwerklichen und bäuerlichen Arbeiten, Erfinden,

Planen, Entwickeln, Warten, künstlerische Produktion, das ganze ausgedehnte und bunte Feld der personenbezogenen Dienstleistungen: Kommunizieren, Motivieren, Lernprozesse organisieren, mit Menschen umgehen, sich kümmern, trösten, pflegen – alles das, was Maschinen nun einmal nicht können, weil darin (in unterschiedlichen Graden) das Moment der Freiheit zur Geltung gelangt.

Statt wie bisher an der Privilegierung der Maschinenarbeit und an der zwanghaften Steigerung des Konsums festzuhalten, könnten wir die utopischen Möglichkeiten nutzen, die Rationalisierung und Automation im digitalen Zeitalter eröffnen, zumal wenn sie, was heute zumeist der Fall ist, mit einer Reduzierung des spezifischen Energieumsatzes und Materialverbrauchs einhergehen. Tun wir dies, so ergeben sich *zum einen* bisher nicht für möglich gehaltene Chancen der Entlastung von fremdbestimmter und belastender Arbeit und der Mehrung frei verfügbarer Zeit für alle durch herkömmliche und neue Formen der Arbeitszeitverkürzung – Sabbatregelungen, Weiterbildung, Familienzeiten, flexible Übergänge in die Rente ... *Zum anderen* – und das ist womöglich entscheidend – ist der Typus der Arbeit, der lebensnotwendig ist und nicht wegrationalisiert werden kann, in der Regel menschlich anspruchsvoller: Er eröffnet häufig größere Möglichkeiten der Sinnstiftung und der autonomen Gestaltung und bietet intrinsische Gratifikationen, die weit über das hinausgehen, was die klassische Industrie- und Büroarbeit gemeinhin zu bieten hat. Eine wirklich moderne, an den Bedürfnissen der Menschen und nicht an der Kapitalverwertung orientierte Dienstleistungsgesellschaft ist möglich; sie könnte befriedigende und humane Arbeitsmöglichkeiten für alle bieten, und zwar auch für die, die nicht die höheren Weihen des Bildungssystems erhalten haben, sie könnte, weil allmählich andere Quellen des Lebensglücks wichtiger werden, uns nach und nach vom Zwang, immer mehr konsumieren zu müssen, erlösen.

Die viel beredete *Erschöpfung der Arbeitsutopie* ist nur dann plausibel zu konstatieren, wenn wir uns von den alten dogmatischen Vorstellungen von Arbeiteravantgarde und Klassenkampf, Verstaatlichung der Produktionsmittel und zentralstaatlicher Wirtschaftsplanung leiten lassen. Wenn wir aber dem Gesichtspunkt der Humanisierung der Arbeit und der Verkürzung der Erwerbsarbeitszeiten und damit der Gewinnung zusätzlicher Räume der selbsttätigen und solidarischen Gestaltung des Lebens durch die Menschen Vorrang einräumen, öffnet sich die Zukunft an einer Stelle, an der sie endgültig verbarrikadiert zu sein schien. Eine neue soziale Ordnung Europas und der Welt ist möglich, wenn wir uns von überholten Vorstellungen des Wirtschaftens und Arbeitens lösen.

# 6. Selbstsicherheit und soziokulturelle Sicherheit

In seinem Buch *Sicherheit als soziologisches und sozialpolitisches Problem* hat Franz-Xaver Kaufmann Anfang der siebziger Jahre beklagt,»dass sich selbst im Begriff der ›sozialen Sicherheit‹ die heutige Gesellschaft nicht über ihren Egoismus erhebt, sondern dass dieser vielmehr die Konsequenz einer Entwicklung darstellt, mit der jene Formen des ›Sozialen‹ dem öffentlichen Bereich abhandengekommen sind, welche die sinnhafte Integration des ›Gesellschaftlichen‹ und des ›Einzelnen‹ bisher zu leisten vermochten.«[89] Kaufmann rührt hier an den Kern des modernen Sicherheitsproblems, die unübersehbare Tatsache nämlich, dass unsere moderne Gesellschaft Sicherheit fast ausschließlich als *Systemsicherheit* zu gewährleisten trachtet und darüber die ebenso wichtigen, wenn nicht wichtigeren, Komponenten der *Geborgenheit* und der *Selbstsicherheit* sowie die Bedingungen, unter denen sie wachsen und bestehen können, weitgehend außer Acht lässt.

Wenn, wie das heute der Fall ist, Sicherheit nahezu ausschließlich als *Systemsicherheit* verstanden wird und alle Anstrengungen fast ausschließlich darauf gerichtet werden, die technische Apparatur zur Verteilung spezifischer Risiken auf die Gesamtgesellschaft und zur Angleichung individueller Erfolgschancen auszuweiten, erst recht, wenn die sicherheitstechnische Fantasie vor allem darauf abzielt, mit hohem technischen Aufwand Gefahrenpotenziale nach Möglichkeit vorbeugend auszuschalten, so bleiben fundamentale Ursachen menschlicher Verunsicherung weitgehend unberührt. Die Vereinsamung vieler alter Menschen in unserer Gesellschaft, die Erosion des Vertrauens im Umgang miteinander, die Be-

---

[89.] Kaufmann 1973, S. VII f.

lastung der Menschen durch exzessive Mobilitätsanforderungen, Leistungsstress und die ihnen oft abverlangte ständige Verfügbarkeit, die Tatsache, dass viele, insbesondere junge Menschen in den ihnen angebotenen beruflichen Karrieremöglichkeiten keinerlei Sinn und Erfüllung finden, die vielen Brüskierungen und Verletzungen in der sich verschärfenden Statuskonkurrenz, die massenhafte Entwertung von Lebensläufen durch Arbeitslosigkeit und forcierten Wandel – all das verlangt andere Antworten als die bloße Perfektionierung der bestehenden Sicherheitssysteme.

In einer Gesellschaft, in der das kapitalistische Eigennutzdenken alle Sphären des menschlichen Lebens durchdringt und in der zunehmend alle menschlichen Beziehungen zu einem Nullsummenspiel verkommen, bei dem man nur gewinnen kann, wenn andere verlieren – in einer solchen Gesellschaft erodiert das für ein gelungenes Zusammenleben unerlässliche Vertrauen. Es entsteht eine Atmosphäre der sozialen Kälte, in der jeder bemüht sein muss, sich auf eigene Faust und im Notfall auch gegen andere einen Sicherheitsvorteil zu verschaffen. Die Überzeugung, dass letztlich alles Bemühen, sich auf diese Weise dem menschlichen Sicherheitsdilemma zu entziehen, scheitern muss, gehört seit Jahrtausenden zum Weisheitsvorrat der Menschheit. »Sich gegen Diebe, die Kisten aufbrechen, Taschen durchsuchen, Kästen aufreißen, dadurch zu versichern, dass man Stricke und Seile darum schlingt, Riegel und Schlösser befestigt, das ist's, was die Welt Klugheit nennt. Wenn nun aber ein großer Dieb kommt, so nimmt er den Kasten auf den Rücken, die Kiste unter den Arm, die Tasche über die Schulter und läuft davon, nur besorgt darum, dass auch die Stricke und Schlösser sicher festhalten. So tut also einer, den die Welt einen klugen Mann nennt, nichts weiter, als dass er seine Sachen für die großen Diebe beisammenhält.«[90]

[90.] Dschuang Dsi, S. 110.

Ein Gleichnis, mehr als zweitausend Jahre alt. Es stammt von dem Chinesen Dschuang Dsi. Mir scheint, das Gleichnis gibt auch heute noch Sinn: In unserem Sicherheitswahn sind wir drauf und dran, alles, was im Leben wertvoll ist, dem »großen Dieb«, den anonymen Apparaten und ihrer Zwangsgewalt zu opfern.

Die soziale Dimension der Sicherheit bleibt dabei außen vor. Selbstsicherheit und das Gefühl der Geborgenheit können aber nur entstehen, wenn ich mich anderen im weitesten Sinn *liebend,* d. h. ohne Gewinn- oder Vorteilsabsichten, nähere. Darum erweist sich die Verinnerlichung des *Do-ut-des,* des kapitalistischen Äquivalententausches, erweisen sich die habituell gewordenen und in allen Lebensbereichen angewandten Preis-Leistungs-Vergleiche heute als eines der Haupthindernisse auf der Suche nach Geborgenheit und Lebenszuversicht.

Die Fähigkeit, sich anderen Menschen liebend zuzuwenden, wird, wie uns Psychologen belehren, in der frühen Kindheit begründet, zuerst im Verhältnis zur Mutter, später auch im Verhältnis zu anderen Personen der näheren Umgebung. Sie ist nicht, wie häufig behauptet wird, eine Reaktion auf die zuverlässige Versorgung durch die Mutter, sie ist von Anfang an als sympathische Beziehung gegeben. Was schon der russische Anarchist Pjotr Alexejewitsch Kropotkin in seiner Schrift *Gegenseitige Hilfe in der Tier- und Menschenwelt* (1902) zu belegen versuchte und neueste psychologische und neurologische Forschungen bestätigen, hat Horst Eberhard Richter in seinem Buch *Der Gotteskomplex* jenen entgegengehalten, die in Anlehnung an das Menschenbild des *Homo oeconomicus* den Egoismus als alleiniges Handlungsmotiv des Menschen betrachten: »Die Mutter freut sich und leidet mit dem Säugling, wenn er wohlgemut strampelt oder wenn er sich quält. Sie fühlt sich wohl, wenn sie merkt, dass er zufrieden ist. Und nichts verschafft ihr natürlicherweise mehr Genugtuung, als ihm ein Lächeln oder eine Geste abzulocken, die sie als Behagen oder als positive Zuwendung deuten kann. Und der Säugling erwacht eingebettet in dieses positive Miteinander-Fühlen, das nicht erst durch die gut funktionierende orale Versorgungsverbindung sekundär hergestellt wird.«[91]

Ein Mensch, der diese frühe von Sympathie geleitete Bindung erfahren hat, der auch später in sozialen Verhältnissen Geborgenheit erfährt, ist in aller Regel in der Lage, mit Angst vernünftig, vielleicht sogar produktiv umzugehen. Für das seelische Gleichgewicht und damit für die Selbstsicherheit ist nichts wichtiger als die Erfahrung verlässlicher und vertrauensvoller Beziehungen zu anderen Menschen. Die Bedingungen zu erhalten oder zu schaffen, unter denen die Menschen diese Erfahrung machen können, muss Teil einer klugen Sicherheitspolitik sein. Darum ist Kündigungsschutz, sind geregelte und auf Dauer angelegte Arbeitsverhältnisse, sind Mieterschutz und kommunikative Nachbarschaften so wichtig. Darum sollten die Mobilitätsanforderungen an die Menschen nicht leichtfertig immer weiter erhöht werden. Menschen brauchen einen Ort, an dem sie zu Hause sind, an dem sie sich auskennen und an dem man sie kennt. Jedenfalls gilt das für die allermeisten Menschen. Heimat in diesem Sinn braucht nicht eine Trutzburg zu sein, auch nicht eine provinzielle Idylle. Sie kann offen sein zur Welt, sie kann das Sprungbrett für kühne Unternehmungen sein. Sie kann jenes Maß an Selbstsicherheit vermitteln, das man braucht, um sich den Herausforderungen des Lebens zu stellen.

Die auf Ferdinand Tönnies zurückgehende idealtypische Unterscheidung zwischen *Gemeinschaft* und *Gesellschaft* kann dazu verführen, diese beiden Gesellungstypen als sich ausschließende Möglichkeiten der Organisation des Zusammen-

[91.] Richter 1979, S. 254 f.

lebens anzusehen. Das erweist sich aber, wenn wir uns in die Niederungen der Lebenswirklichkeit begeben, als irreführend. In der gegenwärtigen Krise der verkürzten westlichen Rationalität ist es wichtig zu begreifen: Das Soziale, und d. h. auch soziale Sicherheit, ist ohne Gemeinschaftlichkeit nicht zu haben. Die Fragen, die in Zukunft beantwortet werden müssen, lauten: Wie kann Gemeinschaftlichkeit unter den neuen Bedingungen der Globalisierung gewährleistet werden? Was heißt und wie entsteht sozialer Zusammenhang in einer Weltgesellschaft?

Der Aspekt der Selbstsicherheit und der soziokulturellen Sicherheit oder Geborgenheit ist auch deswegen so bedeutsam, weil nur Menschen, die selbstsicher sind und sich geborgen fühlen, nicht dem wahnhaften Streben nach immer perfekterer technisch-organisatorischer Sicherheit verfallen. Barbara Ehrenreich hat in ihrem Buch *Dancing in the Streets* gezeigt, was in einer Gesellschaft passiert, wenn die rituellen Formen der Geselligkeit, die ausgelassenen Feste, das gemeinsame Mahl, der Tanz auf Straßen und Plätzen unter den Verdacht der Sündhaftigkeit fällt, wie es in der puritanischen Ära geschah. Die Folgen waren damals dieselben, die heute durch die forcierte Individualisierung, durch Stress und überhöhte Mobilitätsanforderungen zu beobachten sind: Vereinzelung, Lebensunlust, Zunahme von Angst und von depressiven Erkrankungen, wachsende Neigung zur Dämonisierung von anderen und ein geradezu hysterisches Sicherheitsbedürfnis.

Die soziale Dimension der Sicherheit berücksichtigen, das ist nach allem, was wir wissen, die beste Generalprävention. Zwar kann auch die Gemeinschaft, wenn sie sich von der übrigen Welt abkapselt und zur Fluchtburg wird, Angst und Aggression erzeugen. Auch kann sie uns nicht vor allen Gefahren beschützen – und sie sollte auch gar nicht versuchen, das zu tun –, aber sie kann uns helfen, Unglück, Gefahren und Verluste, die in jedem Leben auftreten, besser zu bestehen und zu verarbeiten. Die Mutter, die ihr Kind in den Arm nimmt und es an die Brust drückt, wenn ein Gewitter niedergeht, die Gemeinde, die sich in der Kirche zum gemeinsamen Gebet trifft, wenn ein terroristischer Anschlag die Seelen erschüttert hat, die Nachbarn, die sich in der Küche der Frau treffen, deren Mann bei einem Autounfall ums Leben gekommen ist, die Bewohner einer Straße, die sich zu einem ausgelassenen Fest verabreden, obwohl in den Medien die Angst vor einer Epidemie geschürt wird – sie alle leisten womöglich mehr zur Bewältigung unserer Ängste, als alle ausgeklügelten Sicherheitssysteme.

Nur wenn wir bereit und in der Lage sind, die Grundfakten der menschlichen Existenz, vor allem die Tatsache unserer eigenen Sterblichkeit und Verletzlichkeit, mit Gelassenheit zu akzeptieren, können wir hinsichtlich der anderen, der gesellschaftlichen Seite unseres Sicherheitsproblems Vernunft (im unverkürzten Sinn) walten lassen. Tun wir das nicht, lehnen wir uns gegen das Gattungsschicksal des auf Freiheit angelegten, sterblichen Menschen auf, geraten wir immer auswegloser auf die Bahn eines übersteigerten Sicherheitsstrebens. Wir unterwerfen uns mehr und mehr den *Sachzwängen* der zu unserer Sicherheit geschaffenen Apparate, verstricken uns am Ende in hoffnungsloseste Abhängigkeit, liefern uns Mächten aus, die wir weder zu durchschauen noch zu kontrollieren vermögen, obwohl sie von uns selbst geschaffen wurden – und werden umso häufiger von Ängsten heimgesucht, je eifriger wir versuchen, uns gegen alle denkbaren Gefahren abzusichern.

Selbstsicherheit als gelassene Einsicht in die *condition humaine* ist eine entscheidende Voraussetzung dafür, dass wir bei der Organisierung von *Systemsicherheit* (ich folge hier der Terminologie von Franz-Xaver Kaufmann) im menschlichen Rahmen bleiben. Nur sollten wir eines nicht aus dem Auge verlieren: Selbstsicherheit ist, ähnlich wie Geborgenheit, im strengen – organisatorisch-technischen – Sinn nicht herstellbar. Auch wenn wir den Einsatz von Seelsorgern, Pädagogen, Therapeuten, Ideologen und Drogen verdoppeln und verdreifachen, werden wir nicht *produzieren* können, was allein in dafür günstigen sozialen Beziehungen *wachsen* kann. Eine Kultur und das in ihr sich herausbildende Lebensmuster und Selbstverständnis verändert man nicht, wie man ein technisches System verändert. Wir können allenfalls versuchen, die Hindernisse auszuräumen, die einer Entwicklung entgegenstehen, die Selbstsicherheit und Geborgenheit fördert.

Das scheint erbärmlich wenig zu sein, läuft aber in der Konsequenz auf nicht weniger hinaus, als die tief greifende Veränderung der heute dominierenden Lebens- und Arbeitsweise. Die kulturellen Ressourcen, die wir dafür benötigen, stehen uns – auch hier in Europa – durchaus zur Verfügung, wir brauchen sie nicht aus fernöstlichen Kulturen zu importieren, obwohl eine Kenntnis dieser Kulturen auch in diesem Kontext nicht schaden kann. Die radikal individualistische ökonomistische Ideologie, die seit den achtziger Jahren des vorigen Jahrhunderts von jenseits des Atlantiks kommend auch bei uns um sich gegriffen hat, ist eine Möglichkeit, aber keineswegs das zwangsläufige Ergebnis der europäischen Geistesgeschichte. Zahlreiche Zeugnisse einer differenzierteren Sicht der Welt, eines anderen Verständnisses vom Menschen, einer anderen Auffassung von einem erfüllten Leben sind in unserer Kultur vorhanden, alle diese Ideen sind nach wie vor in den Köpfen vieler Menschen, sogar in ihrer Lebenspraxis lebendig. Auch in dem hier erörterten Zusammenhang geht es also nicht um einen völligen Bruch mit der Moderne, sondern um die Korrektur einer einseitigen Entwicklung; es kommt darauf an, jene Seiten der Moderne, die im Rausch der ökonomistischen und technizistischen Modernisierung vorübergehend aus dem Blick geraten sind, wieder ins Bewusstsein zu heben.

# Epilog
## Über Melancholie und lachende Vernunft

Francisco Goyas 1799 veröffentlichter Zyklus von Radierungen, die sogenannten *Caprichos*, enthalten ein Blatt, das die Inschrift *El sueño de la razón produce monstruos* trägt. Es ist die dreiundvierzigste von insgesamt achtzig in der Aquatinta-Technik ausgeführten Radierungen und war wohl ursprünglich als Titelblatt der ganzen Sammlung vorgesehen. Es zeigt den Künstler selbst schlafend über einen Tisch gebeugt, um ihn herum flattert das Schreckensgetier der Nacht: riesige Fledermäuse, Falter und Eulen. Da das Wort *sueño* im Spanischen sowohl *Traum* als auch *Schlaf* bedeuten kann, haftet dem unter das Bild gesetzten Spruch eine irritierende Doppeldeutigkeit an: Ist es nun der Schlaf der Vernunft, also das Fehlen vernünftiger Kontrolle, oder ist es der Traum der Vernunft, ihre Verstiegenheit, ihr Allmachtswahn, wodurch die Angst verbreitenden Ungeheuer freigesetzt werden? Die in den vorangegangenen Kapiteln vorgebrachten Überlegungen zur Frage der Sicherheit lassen beide Deutungen zu. Sie halten skeptische Distanz zu einem grenzenlosen Vertrauen auf die Leistungen der planenden und organisierenden Rationalität und setzen gleichwohl auf eine geerdete Vernunft, wenn es darum geht, naiver Leichtgläubigkeit, asozialem Vitalismus, lebensfeindlicher Systemhuberei und krankhaftem Pessimismus entgegenzutreten.

Lion Feuchtwanger hat in seinem Goya-Roman die Geschichte der Caprichos nachgezeichnet. Für ihn sind die Blätter mit den phantasmagorischen Mensch-Tier-Gestalten ein einziger Aufschrei eines von Humanismus und Aufklärung geprägten Geistes, eine in die Kupferplatte geätzte Kritik an der Grausamkeit und Verlogenheit des Klerus und des Adels in Spanien. Das ist sicher nicht falsch, und so wurden sie von den Zeitgenossen zumeist auch gedeutet. Aber wer die Blätter näher betrachtet, sieht darin nicht nur Widerspruch und Widerstand, nicht nur eine Swift'sche Lust an der Entlarvung, nicht nur burleske Karikatur, sondern auch eine tiefe Melancholie angesichts des Zustands der Welt und der Natur des Menschen. Im Gespräch über die *Caprichos* lässt Feuchtwanger den jungen Poeten Quintana sagen: »Don Francisco hat die Angst sichtbar gemacht, die tiefe, heimliche, die auf dem ganzen Lande liegt. Man braucht sie nur zu zeigen, und sie verfliegt.«[92] Das ist der aufklärerische Glaube in seiner naiven Fassung. Aber die Geschichte der Menschheit, nicht zuletzt auch die Spaniens, zeigt, dass es so einfach nun doch nicht ist.

Wahrscheinlich wusste Goya das, und wahrscheinlich ist das der Grund, weshalb seinen *Caprichos* der fahle Glanz abgründiger Melancholie anhaftet. Für melancholische Anwandlungen und schwarzgallige Schwermut, das zeigt die Geistesgeschichte im Überfluss, sind diejenigen besonders anfällig, die das Nachdenken zu ihrem Beruf gewählt haben. Und zuweilen wird die Lebensunlust habituell, legt sich als Grauschleier über alles, was dem Hellsichtigen unter die Augen kommt und in die Feder strömt. »Ein streitsüchtiges, missmutiges, unordentliches, melancholisches und elendes Leben führen wir«, schreibt Robert Burton in seinem berühmten Buch *Anatomie der Melancholie*, »und könnten wir das Kommende vorhersehen und hätten wir die Wahl, so würden wir diese leidvolle Existenz eher zurückweisen, als sie zu akzeptieren.«[93] Es ist das Urteil eines frommen und gelehrten Humanisten, der sich und andere an den höchsten Maßstäben misst und überall nichts als Verfehlung und Verkehrtheit erkennen kann. Dass Burton gleichwohl in der weit über einhundert Seiten langen Vorrede zur sechsten Auflage seines Buches eine Utopie einer nach Lage der Dinge vollkommenen Gesellschaft entwickelt,

[92] Feuchtwanger, S. 583.
[93] Burton, S. 200.

zeigt, dass auch dieser noch tief von der Scholastik geprägte Humanist, ähnlich wie Erasmus und Thomas Morus, sich nicht mit der Welt, wie sie ist, einfach abfinden mag, auch wenn die von ihm skizzierte »auf utopischer Gleichheit basierende Regierungsform«, wie er schreibt, »eher ein Wunschtraum als ein zu verwirklichendes Ziel« ist.[94]

Für den Schopenhauerianer Ulrich Horstmann, der Burton in den neunziger Jahren neu übersetzt und ediert, sind solche Utopien Träume, zu deren – auch nur ansatzweisen – Realisierung besser nichts unternommen werden sollte, weil der unbestechliche Blick auf die wahre Natur des Menschen von vornherein jede weltverbessernde Tat vergeblich erscheinen lasse. Burton, Pfarrer und Theologe am Christ Church College in Oxford, der sich das Pseudonym *Democritus Iunior* zulegt, bleibt schwankend: Einerseits ist ihm die melancholische Weltsicht die einzige wahrhaftige, das zwingende Ergebnis einer nüchternen Bilanzierung jahrtausendlanger menschlicher Erfahrung; andererseits betrachtet er die Melancholie in der Tradition des Hippokrates und Galenus als Krankheit und mobilisiert das ganze Wissen seiner Zeit in der Absicht, sie zu heilen. Das Leben in seiner Widersprüchlichkeit und Endlichkeit vorbehaltlos zu bejahen, ist ihm nicht gegeben. Aber er wappnet sich, so gut er eben kann, gegen die elitäre Verachtung der »kleinen Leben« und des Strebens nach so etwas wie Fortschritt, die Horstmann mit Nietzsche teilt.

In seinem Buch *Das Untier – Konturen einer Philosophie der Menschenflucht* macht sich Horstmann daran, dem Schopenhauer'schen Pessimismus eine geschichtsphilosophische Grundlage zu geben. Mit einem Augenzwinkern, das ist wahr, wie das vorangestellte Motto von Pascal verrät – *Der Philosophie spotten heißt wahrhaft philosophieren* –, vielleicht

---

[94.] Ebd., S. 108.

aber auch, um sich bei Bedarf von seiner allzu steilen These distanzieren zu können. Hatte noch Burton, ganz guter Christ, den Menschen an sich als eine perfekte Schöpfung Gottes gefeiert, die allein durch den Sündenfall nachhaltig und unverbesserlich verdorben worden sei, so ist der Mensch für Horstmann von Anfang ein grandioser Irrweg der Evolution, ein *Untier*, das sich in herausragenden Exemplaren auch schon immer seiner grotesken Missgebildetheit bewusst war. Eben davon zeugen nach ihm die zahlreichen Berichte über Melancholie bei Geistesgrößen von der Antike bis in die Gegenwart. Die ganze Menschheitsgeschichte läuft nach Horstmann einer inneren Logik folgend darauf hinaus, die Missgeburt Mensch wieder von der Erde zu tilgen. Und nun – sein Buch erscheint Anfang der achtziger Jahre des vorigen Jahrhunderts – ergibt sich nach der Logik des atomaren Rüstungswettlaufs endlich die historische Chance, dass das Untier die Schöpfung von sich selbst befreit, indem es einen alles Leben auf der Erde vertilgenden Atomkrieg auslöst. Dann endlich, so heißt es am Ende des Horstmann'schen Essays in einer ekstatischen Dithyrambik, die an Nietzsches *Zarathustra* erinnert, wird Frieden sein, »über dem nackten Fels seiner Heimat (...) und auf den Steinen liegt der weiße Staub des Organischen wie Reif«.[95]

Gegenüber gedankenlosen Optimisten, die sich gegen alle Evidenz die Welt schönreden, haben kluge und gebildete Pessimisten wie Horstmann immer recht. Aber das heißt noch lange nicht, dass Lebensbejahung, wie Horstmann insinuiert, eine Form der Geistesschwäche ist, dass der eine naiv und verblendet, der andere hingegen klarblickend und mutig ist. Dass es vielmehr darum geht, wie man dieselbe Sache, denselben Zustand der Welt betrachtet, zeigt das Bonmot des amerikanischen Schriftstellers James Branch Cabell: »Der Optimist erklärt, dass wir in der besten aller möglichen Wel-

---

[95.] Horstmann, S. 113.

ten leben, der Pessimist fürchtet, dass das wahr ist.« Ihnen beiden gegenüber steht der milde Skeptiker, der die unleugbare Tatsache des Leids und des Elends nicht zum Anlass nimmt, alles Schöne, alles Beglückende im Leben abzuwerten. Liebe und Freundschaft, die herrliche Vielfalt der Natur, das Auf und Ab des Lebens, ein gelingendes Gespräch, eine plötzlich aufscheinende Einsicht oder die Lösung eines praktischen Problems, eine komische Inkongruenz oder ein zum Lachen reizender Widerspruch, vielleicht auch die beglückende Ahnung eines Zusammenhangs, von dem er weiß, dass er ihn nie ganz wird erfassen können – all dies nimmt er ebenso wahr wie das Schreckliche, das dem Melancholiker den Lebensmut nimmt. Was Optimisten und Pessimisten unterscheidet, ist nicht der Mangel an Sensibilität und intellektuellem Mut auf der einen und Mitgefühl und Klarsicht auf anderen Seite. Die Differenz ist eine ästhetische: hier der liebende, die Einheit in der Vielfalt suchende *morphologische*, dort der *sezierende*, die Außenhaut der Dinge und des Lebendigen durchdringende, ganz auf die abstrakte Essenz fixierte Blick. Es ist die kalte Ästhetik einer vom Menschen befreiten, wie Horstmann sich ausdrückt,»anthropofugalen« Welt, die den Melancholiker fasziniert, eine Sehnsucht nach Reinheit und Vollkommenheit, wie sie auch die ekstatischen und weltflüchtigen Säulenheiligen und frommen Einsiedler treibt: die Unfähigkeit, sich mit der Endlichkeit und Weltgebundenheit des Menschen abzufinden und ein Leben zu lieben, das den extravaganten Ansprüchen der Wissens- und Empfindungselite nicht genügen mag, das aber, wenn man ihm mit offenen Sinnen begegnet, seine unleugbaren Glücksmomente aufweist.

»Alle Menschen sind entweder (...) Menschen mit asketischen, bildfeindlichen, vergeistigungssüchtigen Trieben oder Menschen mit lebensheiterem, entfaltungsstolzem und realistischem Wesen«, schreibt Heinrich Heine in *Ludwig Börne* –

*Eine Denkschrift.*[96] Die Ersteren, zu denen er auch Börne rechnet, nennt er *Nazarener* oder einfach Juden oder Christen, die Letzteren *Griechen.* Nun mag man zweifeln, ob die Heine'schen Benennungen glücklich gewählt sind, aber die Typisierung, die hier vorgenommen wird, ist heuristisch durchaus fruchtbar. Denn in der Tat lassen sich quer durch die Geschichte des Denkens diese beiden Denkstile verfolgen, der heitere, lebenszugewandte und der grüblerische, weltflüchtige.

Es gibt zwei Bilder, die die hier angesprochene Differenz schlagartig deutlich machen: Albrecht Dürers Stich *Hieronymus im Gehäus* und die uns erhaltenen Beschreibungen des Epikur in seinem Garten. Hieronymus im Gehäus, abgeschirmt gegen die Welt, konzentriert auf sich selbst und die Heilige Schrift, in der er liest, Löwe und Lamm einträchtig nebeneinander; ein Totenschädel im Blickfeld des Kirchenvaters gemahnt ihn an das jederzeit mögliche Ende seines irdischen Lebens. Dagegen Epikur im heiteren philosophischen Gespräch mit Freunden durch den sonnendurchfluteten Garten schreitend; vielleicht pflückt er hier eine Traube, dort eine Feige, um sie im Gehen zu verspeisen; Frauen sind unter seinen Begleitern, Kinder tummeln sich im Schatten einer Pinie. Beide Bilder strahlen Frieden aus. Und doch ist die Atmosphäre in beiden grundverschieden: eremitische Weltabgewandtheit im einen, gesellige Weltlust im anderen.

Dass es sich auch bei dem geselligen und sinnenfreudigen Denkstil um eine legitime Form von Vernunft, Humanität und Geistigkeit handelt, wird bis heute von vielen nicht verstanden. Vielleicht ist auch das ein Grund dafür, dass Christoph Martin Wieland, dieser menschenfreundliche Aufklärer, der Demokrit und Diogenes von Sinope zu seinen Hausheiligen erwählte, heute weitgehend vergessen ist. Den-

[96.] Heine, Werke Bd. IV, S. 350.

ken gilt zumeist immer noch als eine tiefernste Angelegenheit, bei der es nichts zu lachen gibt. Ein essayistischer Stil, die freudigen Luftsprünge eines Denkens auf eigene Faust, die humoristische Wendung einer These in ihr Gegenteil, der schmunzelnde Verzicht auf letzte Konsequenz, die Freude am Wortspiel und an der Aporie, der lustbetonte Tanz über die Abgründe unserer problematischen Existenz – das alles gilt, vor allem in akademischen Kreisen, auch heute noch oft als unseriös.

Aber das *unseriöse* Denken kann durchaus erhellend sein. Niemand hat das überzeugender vorgeführt als Hans Jakob Christoffel von Grimmelshausen, der Autor des *Abenteuerlichen Simplicissimus Teutsch*, der sich unter anagrammatisch verschlüsselten Pseudonymen wie German Schleifheim von Sulsfort oder Samuel Greifnson vom Hirschfeld versteckte und mit seinem Sprachwitz und seiner »Poetik der Verkehrung«[97] wie kein anderer Autor seiner Zeit auf die erkenntnisfördernde Wirkung des Lachens setzte. Wer Heinrich Heines Abhandlung *Zur Geschichte der Religion und Philosophie in Deutschland* liest, wird darin denselben satirisch-kritischen Geist entdecken. Mit welcher unbekümmerten Frechheit und Treffsicherheit hat Heine zum Beispiel den finsteren Robespierre, den manche seiner Anhänger gern mit Kant verglichen, als radikalisierten Spießbürger entlarvt! »Man erzeigt wirklich dem Maximilian Robespierre zu viel Ehre, wenn man ihn mit dem Immanuel Kant vergleicht. Maximilian Robespierre, der große Spießbürger von der Rue St. Honoré, bekam freilich seine Anfälle von Zerstörungswut, wenn es das Königtum galt, und er zuckte dann furchtbar genug in seiner regiziden Epilepsie; aber sobald vom höchsten Wesen die Rede war, wusch er sich den weißen Schaum wieder vom Munde und das Blut von den Händen, und zog seinen Sonntagsrock an, mit den

---

97. Boehnke/Sarkowicz, S. 373.

Spiegelknöpfen, und steckte noch obendrein einen Blumenstrauß vor seinen breiten Brustlatz.«[98]

Außer dem wunderbaren Egon Friedell in seiner *Kulturgeschichte der Neuzeit* hat kaum ein Geschichtsschreiber je gewagt, sich einer historischen Persönlichkeit mit so viel respektlosem Scharfsinn zu nähern. Wenn es um die Haupt- und Staatsaktionen geht, herrscht in der Regel gravitätischer Ernst, erst recht, wenn der Autor vor allem oder ausschließlich auf akademische Leser zielt. Die asketische Beschränkung auf die dem Forscher in Dokumenten verfügbaren Fakten – die ihren Sinn hat, wenn es gilt, Geschichtsfälschern oder seichten Schwadronierern das Handwerk zu erschweren – bedeutet aber auch, dass die Anschaulichkeit der Darstellung leidet und so manches, was fabulierend ins Licht gehoben werden könnte, im Dunkeln bleibt. Das befreiende Lachen oder Schmunzeln, das Heine mit seiner Darstellung des bigotten Mörders Robespierre auslöst, erhellt einen Zug an dem weltbewegenden Geschehen der Französischen Revolution, der uns sonst verborgen bliebe: die Tatsache nämlich, dass hier in der Person des Maximilien Robespierre dieselbe selbstgerechte Gnadenlosigkeit am Werke war wie bei den von Goya karikierten gottesfürchtigen Biedermännern der Inquisition.

Dass dem vom Gedanken der Erbsünde besessenen Augustinus das Lachen schon deshalb verdächtig war, weil er in ihm – wie vor ihm Johannes Chrysostomos und nach ihm Benedikt von Nursia – nichts als eine unwillkürliche körperliche Reaktion, ein Sich-Aufbäumen des sündigen Leibes gegen die Disziplin des Geistes zu erkennen vermochte, kann nicht verwundern. Den jenseitssüchtigen Kirchenvätern wollte einfach nicht in den Kopf, dass das Lachen auch eine erkenntnisfördernde Funktion haben, uns schlagartig die Unvernunft

---

[98] Heine, Werke Bd. IV, S. 123.

und Weltfremdheit eines Arguments vor Augen führen, und, wie Schopenhauer es ausdrückt, dieser »Sieg der anschauenden Erkenntnis über das Denken« uns erfreuen kann. Kein Wunder auch, dass Demokrit, der »lachende Philosoph«, der Kirche ein Gräuel war und Epikur jahrhundertelang von der christlichen Kirche als zügelloser Hedonist und Prediger der Unmoral missverstanden und verketzert wurde, nur weil er in seinem Denken dem Menschen auch als Natur- und Sinnenwesen eine Würde beimaß.

Das änderte sich zaghaft erst, als im Gefolge der Renaissance sich ein anderes Verhältnis zur Körperlichkeit allmählich durchzusetzen begann. Des großen Erasmus *Lob der Torheit*, diese geistreiche Narrenrede, mit der er seiner Zeit den Spiegel vorhielt, ist ein Paradebeispiel für die lachende Vernunft. Zu Recht schreibt Erasmus in dem Widmungsschreiben an seinen Freund Thomas Morus, »dass jeder Leser, der nicht auf den Kopf gefallen ist, daraus erheblich mehr Gewinn zieht als aus den langweilig-feierlichen Betrachtungen gewisser Schriftsteller, von denen der eine in mühselig zusammengestoppelter Rede die Rhetorik oder die Philosophie preist, der andere einem Fürsten lobhudelt, der dritte den Türkenkrieg predigt, der vierte die Zukunft kündet, der fünfte neue Probleme zum Streit um des Kaisers Bart ausklügelt.«

Aber das »befreiende und befreite Denken« der lachenden Vernunft, das François Rabelais zum »höchsten Gut« des Menschen erklärte,[99] das bei Montaigne auf den gewundenen Pfaden seiner Essays hinter jeder Biegung zu vernehmen ist und das Friedemann Richert zu Recht auch in Thomas Morus' *Utopia* entdeckt, wurde schon bald von puritanischen Eiferern ebenso wie von den strengen Proselytenmachern der Gegenreformation wieder in Acht und Bann getan. Die blühende

[99.] Rabelais, Gargantua und Patagruel, S. 34.

Erde wurde wieder zum Jammertal, die fröhlichen Volksfeste, der unterhaltende Spott, das geistreiche Wortspiel galten als sündiges Treiben. Himmelwärts sollte der Blick gerichtet werden und sich nicht am zuhandenen, allzu irdischen Schönen erfreuen. Und hatten die düsteren Mahner etwa nicht recht? War die Welt etwa nicht in Unordnung, hatte der Mensch etwa nicht Schuld auf sich geladen? Gab es nicht tausend Gründe, Buße zu tun, um womöglich doch noch der Gnade teilhaftig zu werden?

Dir wird das Lachen noch vergehen! Wer das sagt, hat letztlich immer recht. Irgendwann vergeht uns allen das Lachen – spätestens, wenn wir sterben. Und wer keinen besseren Grund hat, sich gegenüber seinen Mitmenschen freundlich, hilfsbereit und anteilnehmend zu verhalten, als weil er befürchtet, sonst der ewigen Verdammnis anheimzufallen, wie soll der sich noch des Lebens freuen können? Dass es mit der Welt nicht zum Besten steht, das wissen auch die Dichter und Denker, die das Lachen immer noch nicht verlernt haben. Sie möchten nur das Elend nicht noch vergrößern, indem sie sich selbst und andere mit gnadenloser Logik und abstrakter Begrifflichkeit traktieren und darüber die Fülle des Lebens und das uns erreichbare Glück aus den Augen verlieren.

Es ist ein verbreiteter Irrtum zu glauben, nur *der* habe ein heiteres Gemüt, könne sich am Leben erfreuen, der vor dem Elend und der Grausamkeit der Welt die Augen verschließe. Die Denker, die in der Nachfolge Demokrits und Epikurs sich gegen griesgrämigen Dogmatismus und abstrakte Systembastelei wenden und in ihrem Denken auch dem befreiten und befreienden Lachen Raum geben, sind mit den Schattenseiten des Lebens durchaus vertraut. Das gilt auch für den englischen Frühaufklärer Shaftesbury, der den humorlosen Eiferern und religiösen Fanatikern seiner Zeit, die mit ihrem *enthusiasm* so viel Unheil anrichteten, mit dem *test of ridicu-*

*le,* dem Instrument der Lächerlichkeitsprobe, zu Leibe rückte. Obwohl er sich entschieden gegen die düstere Anthropologie von Thomas Hobbes wandte, war er kein Träumer, bewahrte er sich zeitlebens einen klaren Blick für den beklagenswerten Zustand der Welt. Kann es womöglich sein, dass gerade diejenigen, die den Riss, der nach Georg Büchner durch die Schöpfung geht, am deutlichsten wahrnehmen und am schmerzlichsten unter ihm leiden, oftmals auf die Gnade des Humors vertrauen, weil ohne ihn die Welt nicht zu ertragen, geschweige denn zu heilen ist?

Seit jeher gehört es zu den Überlebenstechniken des Volkes, angesichts der humorlosen Gewalt des Schicksals und seiner irdischen Agenten auf die kritische, erkenntnisfördernde und entlastende Funktion des Lachens zu setzen. Angesichts einer Weltgeschichte, die widerhallt vom Kriegsgeschrei, in der Tod und Zerstörung allgegenwärtig sind, sind solche widerständigen Lockerungsübungen geradezu lebensnotwendig. Seht doch, der Kaiser ist nackt! Stellt euch vor, es wäre Glatteis auf dem Markt und die Ratsherren in ihren kostbaren Roben, die sich in feierlicher Prozession vom Dom zum Rathaus begeben, liegen plötzlich auf dem Rücken und strampeln mit den Beinen in der Luft wie Käfer. Es ist die lachende Vernunft, die die Hohlheit der Macht und der angemaßten Würde entlarvt und damit eine Ahnung des immer möglichen Besseren in die Köpfe pflanzt. Wäre nicht heute ein schallendes Gelächter die angemessene Reaktion auf jene aufgeblasenen Politiker und Ökonomen, die Mal um Mal den Verhungernden, statt ihren Hunger zu stillen, strengste Diät verordnen, damit sie wieder auf die Beine kommen? Angemessener jedenfalls, meine ich, als ihnen Abend für Abend im Fernsehen ergeben zuzuschauen und zuzuhören, wenn sie ihren lebensfremden und menschenfeindlichen Dogmatismus entfalten.

Solange wir uns von dem würdevollen Ernst, mit dem die Mächtigen ihre Unentbehrlichkeit bekräftigen, täuschen lassen, bleiben wir Gefangene der Verhältnisse. Das Lachen kann den Möglichkeitsraum, den die Rituale der Macht verdecken, auf einen Schlag taghell erleuchten und so unsere Fantasie auf Pfade locken, die aus der niederdrückenden Routine heraus ins Offene führen. Der niederländische Maler Gerard ter Borch hat 1634 einen *Reiter in Rückenansicht* gemalt, der schlaff auf seinem Gaul hängt und so gar nicht martialisch wirkt, ein Bild, das im Bostoner Museum of Fine Arts zu sehen ist und das, wie der Historiker Simon Schama zu Recht feststellt,»fast einer Parodie der formellen Reiterhelden der Renaissance gleichkommt«.[100] Wenn man als gewöhnlicher Sterblicher gegen die göttergleichen Heroen mit anderen Mitteln keine Chance hat, dann ist es vielleicht keine so schlechte Idee, sie wenigstens wie Don Quixote aussehen zu lassen. Und wenn sie erst einmal ihre weihevolle Aura verloren haben, ist auch ihre praktische Demontage nicht mehr ausgeschlossen.

Sich die Freiheit herausnehmen zu lachen, wo es nach herrschender Meinung nichts zu lachen gibt, worin könnte menschliche Freiheit sich besser beweisen? Ist die Fähigkeit, den Kontext eines Geschehens spielerisch so zu verändern, dass, was soeben noch auf würdevolle oder furchteinflößende Weise ernst erschien, zu befreiendem Lachen reizt, nicht eine der staunenswertesten Gaben des Menschen? Für den Normalverbraucher ist ein solcher Umgang mit dem auf uns einstürmenden Geschehen, das wir Geschichte nennen, oft die einzige Chance, sich gegen allzu zudringliche Schicksalsmächte zu wehren, und das Lachen als Reaktion ist wahrscheinlich allemal gesünder als der eschatologische Trost, den der Voodoo-Zauber der Geschichtsphilosophie zu bieten hat. *Humor ist, wenn man trotzdem lacht* – die gängige Redewen-

---

100. Schama, S. 263.

dung reflektiert höchst einprägsam das Widerständige, das im Lachen zum Ausdruck kommt. Wer wie Alexis Sorbas in dem gleichnamigen Film nach der Romanvorlage von Nikos Kazantzakis angesichts des eigenen Scheiterns in ein homerisches Gelächter ausbrechen kann, gibt damit zu erkennen, dass er realistisch genug ist, die condition humaine anzuerkennen, nicht aber bereit, sich dem Lauf der Dinge widerspruchs- und widerstandslos zu unterwerfen. Und wenn er auf diese Weise vermeiden kann, vor lauter Ärger Magengeschwüre zu bekommen, ist diese Einstellung darüber hinaus auch noch gesund.

Dass Lachen gesund ist, ist eine Überzeugung, die schon in der Antike vertreten wurde. In dem Briefroman *Perí maníes* des Pseudo-Hippokrates wird von Demokrit gesagt, er habe das Lachen als Medizin verschrieben. Das war, wenn es denn stimmt, sicher ganz gegen den Geschmack der Platoniker, deren Ahnherr die Gaukler, Spaßmacher und Musiker am liebsten ganz aus der Gesellschaft vertrieben hätte. Nicht einmal die *eutrapelía,* das »schönwendige Lachen«, dem Aristoteles in der *Nikomachischen Ethik* bescheinigt, dass es im geselligen Gespräch einen legitimen Platz habe, wollten sie gelten lassen. Nach Aristoteles aber, der das Lachen für eine spezifische Fähigkeit des Menschen hielt, waren Spielverderber, »die keinen Scherz von sich zu geben vermöchten und die ein saures Gesicht ziehen, wenn ein Witz fällt«, genauso zu verachten wie die groben und taktlosen Possenreißer.

»Zu jedem menschlichen Problem«, hat Walter Lippmann, der bezüglich der Urteilsfähigkeit des gemeinen Volkes bekanntlich äußerst skeptisch war, einmal gesagt, »gibt es eine Lösung, die einfach, sauber und *falsch* ist«. Dieses hochfahrende Verdikt muss nicht niederdrücken, es kann auch zum Lachen reizen und so den Himmel, der soeben noch verdunkelt schien, wieder öffnen. Den Besserwissern mit ihren Patentrezepten die tückische Komplexität des Einzelfalls entgegenzuhalten, hat ja durchaus eine wichtige aufklärende Funktion. Auf einen Schlag kann ein befreiendes Lachen das scheinbar wasserdichte Gewebe der Fakten und der sich auf sie stützenden Argumentation zerreißen und den Blick freigeben auf das dahinter Verborgene. Zum Beispiel auf die Interessenlage und die Borniertheit jener Experten, von denen Lippmann erwartete, dass sie allein in der Lage seien, das Gemeinwohl zu bestimmen.

Das Lachen bindet das Denken an die Konkretheit und Wandelbarkeit des Lebens zurück und gewinnt eben dadurch seinen die überkommenen Denk- und Herrschaftssysteme transzendierenden Charakter. Nach Friedemann Richert ist genau dies das Ziel, das Thomas Morus mit seiner berühmten *Utopia* anstrebt: »den Ernst der Lage so ins Auge zu fassen, dass man darüber in ein gemeinsames befreites und befreiendes Lachen – im wahrsten Sinn des Wortes – ausbrechen kann«.[101] Gerade die Einkleidung der Suche nach dem besten Staat in die Form der Komödie, so Richert, wirke wahrhaft befreiend, weil sie die gesellschaftlichen Fronten auflöse und damit denkbar mache, was in den ideologischen und interessegeleiteten Kämpfen der Zeit nicht zur Sprache kommen könne.[102] Das Komische ist nicht nur komisch, es gewinnt vielmehr eine kritische Funktion, indem es die dominante Realität verflüssigt und die Perspektive einer Gegenwelt eröffnet.

Freilich hat die *Utopia* des Thomas Morus nichts mit jenem technizistischen Hochmut und Machbarkeitswahn zu tun, der große Teiles des neuzeitlichen utopischen Denkens befeuert, und ganz gewiss nichts mit den »transhumanistischen« Träumen heutiger Biowissenschaftler. Die lachende Vernunft

---

[101.] Richert 2007, S. 14.
[102.] Richert 2009, passim.

bleibt der Erde verhaftet, versteigt sich nicht in Fantastereien vom Übermenschen und ist sich stets ihrer eigenen Grenzen bewusst. »Nur solche Grenzlagen reizen zum Lachen«, heißt es bei Helmut Plessner, »die, ohne bedrohend zu sein, durch ihre Nichtbeantwortbarkeit es dem Menschen zugleich verwehren, ihrer Herr zu werden und mit ihnen etwas anzufangen«.[103] Was uns die lachende Vernunft vor allem lehrt, ist, dass die Vernunft nur vernünftig ist und bleibt, wenn sie ihre Grenzen erkennt. Keiner hat das überzeugender vorgeführt als Karl Valentin, dessen Komik Kurt Tucholsky einmal als einen »Höllentanz der Vernunft« bezeichnet hat.[104]

Was dem einen ein Höllentanz ist, kann sich für den anderen wie das Klopfen an der Himmelpforte anhören. Selbst im Mittelalter mit seiner von der Kirche verordneten Leibfeindlichkeit und seinen mönchischen Lachverboten galt der Narr im einfachen Volk und zuweilen auch unter Theologen als eine Figur, die mit dem Heiligen verwandt war. Mystiker wie Meister Eckhart, Heinrich Seuse oder Theresa von Avila vertraten, wie später auch Martin Luther, die Meinung, dass das Lachen an das Heilige rühren könne, indem es den Blick auf das Unverfügbare lenke und so die Grenzen der Vernunft vor Augen führe. Der junge Theologe Friedrich Schleiermacher hat in seinem *Versuch einer Theorie des geselligen Betragens* die Ironie als das Mittel gepriesen, das es Menschen ermöglicht, einander nahezukommen, ohne sich zu vereinnahmen, einander in geistreicher Rede und Widerrede zu begegnen, ohne einander die jeweils eigene Überzeugung aufzunötigen. Angesichts des Absoluten, so hatte schon Schleiermachers Freund Friedrich Schlegel versichert, sei allein die ironische Rede angemessen, weil jede apodiktische Behauptung notwendig meilenweit hinter der Komplexität des Ganzen und Umgreifenden zu-

[103.] Plessner, S. 328.
[104.] Tucholsky, in: Valentin, Werke, S. 427

rückbleiben müsse – eine Auffassung, die sich in den Texten vieler Mystiker aller Religionen finden lässt.

Freilich konnte und kann die lachende Vernunft ohne jede religiöse Weihe auskommen. Wie Dorothee Kimmich in ihrer fakten- und gedankenreichen Studie über *Epikureische Aufklärungen* dargelegt hat, sind es die Schrecken des religiösen Dogmatismus und der Sektiererei selbst, die die lange nur im Untergrund fortexistierende Strömung eines lebenszugewandten Denkens zu Zeiten von Erasmus und Morus und im Aufklärungszeitalter wieder hervortreten lassen – nicht als hektische, oft von Angst getriebene Hatz nach dem Amüsement, sondern als gelassene Bejahung der condition humaine. Was diesen Denkstil nach Kimmich auszeichnet, ist, dass er »Erkenntnisskepsis einerseits und Zuversichtlichkeit, was die Machbarkeit des Glücks angeht, andererseits«, miteinander verbindet. Vielleicht wäre der Welt und den Menschen tatsächlich am besten gedient, wenn dieser epikuräische Geist heute die politische Pragmatik belebte, wenn wir lachend den Schleier der Scheinrationalität zerrissen, den eine weltentrückte und lebensfeindliche ökonomistische Theorie über die Realität gebreitet hat, und die Suche nach dem Glück wieder in die eigenen Hände nähmen.

# Zitierte Literatur

*Anders, Günther:* Die Antiquiertheit des Menschen, München 1980.

*Antweiler, Christoph:* Mensch und Weltkultur. Für einen realistischen Kosmopolitismus im Zeitalter der Globalisierung, Bielefeld 2011.

*Baecker, Dirk (Hg.):* Kapitalismus als Religion, Berlin 2009.

*Bartens, Werner:* Krank zu sein bedarf es wenig, in: Süddeutsche Zeitung vom 16./17. Juli 2011.

*Baumann, Zygmunt:* Flüchtige Moderne, Frankfurt/M. 2003.

*Baumann, Zygmunt:* Gemeinschaften. Auf der Suche nach Sicherheit in einer bedrohlichen Welt, Frankfurt/M. 2009.

*Bebel, August:* Die Frau und der Sozialismus, Berlin 1879.

*Beck, Ulrich:* Die Risikogesellschaft. Auf dem Weg in eine andere Moderne, Frankfurt/M. 1986.

*Beck, Ulrich (Hg.):* Politik in der Risikogesellschaft, Frankfurt/M. 1991.

*Blanke, Thomas:* Zur Aktualität des Risikobegriffs, in: U. Beck (Hg.), Politik in der Risikogesellschaft.

*Boehnke, Heiner u. Sarkowicz, Hans:* Grimmelshausen. Leben und Schreiben. Vom Musketier zum Weltautor, Frankfurt/M. 2011.

*Buber, Martin:* Das dialogische Prinzip, Heidelberg 1973.

*Dekkers, Midas:* Der Gesundheitswahn. Vom Glück des Unsportlichseins, München 2008.

*Dobmeier, Gotthard (Hg.):* Angst vor der Technik – Vertrauen in die Schöpfung, München 1991.

*Dsi, Dschuang:* Das wahre Buch vom südlichen Blütenland, Düsseldorf u. Köln 1969.

*Ehrenberg, Alain:* Das erschöpfte Selbst. Depression und Gesellschaft in der Gegenwart, Frankfurt/M. und New York 2004.

*Ehrenberg, Alain:* Das Unbehagen in der Gesellschaft, Frankfurt/M. 2012.

*Etzioni, Amitai:* Die Entdeckung des Gemeinwesens, Stuttgart 1995.

*Ewald, François:* The Infinities of Risk, in: Massumi, Brian (Hg.), The Politics of Everyday Fears, Minneapolis u. London 1993.

*Felber, Christian:* Gemeinwohl-Ökonomie, Wien 2012.

*Feuchtwanger, Lion:* Goya – oder: Der arge Weg der Erkenntnis, Frankfurt/M. 1977.

*Flaubert, Gustave:* Bouvard und Pécuchet, Düsseldorf 1957.

*Frei, Daniel:* Sicherheit. Grundfragen der Weltpolitik, Stuttgart 1977.

*Habermas, Jürgen:* Die Neue Unübersichtlichkeit, Frankfurt/M. 1985.

*Haffke, Bernhard:* Was ist abweichendes Verhalten? Vortrag, gehalten an der Evangelischen Akademie in Tutzing am 4. Juni 2010.

*Heilmann, Klaus u. Urquhart, John:* Keine Angst vor der Angst – Risiko: Element unseres Lebens und Motor des Fortschritts, München 1983.

*Heine, Heinrich:* Werke Bd. IV, Schriften über Deutschland, hg. von Helmut Schanze, Frankfurt/M. 1968.

*Hölscher, Lucian:* Weltgericht oder Revolution. Protestantische und sozialistische Zukunftsvorstellungen im deutschen Kaiserreich, Stuttgart 1989.

*Horstmann, Ulrich:* Das Untier. Konturen einer Philosophie der Menschenflucht, Frankfurt/M. 1985.

*Horwitz, Allan V. u. Wakefield, Jerome C.:* The Loss of Sadness, Oxford 2007.

*Huizing, Klaas:* Fürchte dich nicht. Die Kunst der Entängstigung, Frankfurt/M. 2009.

*Huntington, Samuel P.:* Der Kampf der Kulturen. Die Neugestaltung der Weltpolitik im 21. Jahrhundert, München 1996.

*Imhof, Kurt:* Vertrauen und Sicherheit – Grundlagen von Kreativität, in: Neue Gesellschaft/Frankfurter Hefte 12/2010.

*Jörns, Klaus-Peter:* Notwendige Abschiede. Auf dem Weg zu einem glaubwürdigen Christentum, München 2004.

*Jörns, Klaus-Peter:* Glaubwürdig von Gott reden, Stuttgart 2009.

*Jörns, Klaus-Peter:* Mehr Leben, bitte! Zwölf Schritte zur Freiheit im Glauben, München 2009.

*Jonas, Hans:* Das Prinzip Verantwortung. Versuch einer Ethik für die technologische Zivilisation, Frankfurt/M. 1979.

*Jünger, Ernst:* Der Kampf als inneres Erlebnis, 9. Aufl., Berlin 1942.

*Jünger, Ernst:* In Stahlgewittern, Werke Bd. I, Tagebücher I, Stuttgart o. J.

*Kaufmann, Franz-Xaver:* Sicherheit als soziologisches und sozialpolitisches Problem, Stuttgart 1973.

*Kaufmann, Franz-Xaver:* Sicherheit: Das Leitbild beherrschbarer Komplexität, in: Lessenich, Stephan (Hg.), Wohlfahrtsstaatliche Grundbegriffe. Historische und aktuelle Diskurse, Frankfurt/M. u. New York 2003.

*Kimmich, Dorothee:* Epikureische Aufklärungen, Darmstadt 1993.

*König, Wolfgang:* Autocrash und Kernkraft-GAU. Zum Umgang mit technischen Risiken, in: Münkler, Herfried, Sicherheit und Risiko. Über den Umgang mit Gefahr im 21. Jahrhundert, Bielefeld 2010.

*Kohn, Alfie:* The Brighter Side of Human Nature, New York 1990.

*Kropotkin, Pjotr Alexejewitsch:* Gegenseitige Hilfe in der Tier- und Menschenwelt, engl. Mutual Aid, London 1902, dt. Grafenau 1993.

*Küng, Hans:* Projekt Weltethos, München 1990.

*Luhmann, Niklas:* Moderne Systemtheorie als Form gesellschaftlicher Analyse, in: Habermas, Jürgen u. Luhmann, Niklas, Theorie der Gesellschaft oder Sozialtechnologie – Was leistet die Systemforschung?, Frankfurt/M. 1976.

*Marcuse, Ludwig:* Das Märchen von der Sicherheit – oder: Die unverschämte Vernunft, Zürich 1981.

*Meyer, Thomas:* Fundamentalismus in der modernen Welt, Frankfurt/M. 1989.

*Meyer, Thomas:* Fundamentalismus. Aufstand gegen die Moderne, Reinbek 1989.

*Meyer, Thomas:* Identitätspolitik. Vom Missbrauch kultureller Unterschiede, Frankfurt/M. 2002.

*Müller, Michael u. Strasser, Johano:* Transformation 3.0 – Raus aus der Wachstumsfalle, Berlin 2011.

*Münkler, Herfried:* Sicherheit und Risiko. Über den Umgang mit Gefahr im 21. Jahrhundert, Bielefeld 2010.

*Naumann, Dr. Klaus et al.:* Towards a Grand Strategy for an Uncertain World, 2008. http://csis.org/files/media/csis/events/080110_grand_strategy.pdf.

*Nida-Rümelin, Julian:* Die Optimierungsfalle. Philosophie einer humanen Ökonomie, München 2011.

*Pfaller, Robert:* Wofür es sich zu leben lohnt. Elemente materialistischer Philosophie, Frankfurt/M. 2011.

*Plessner, Helmut:* Lachen und Weinen. Eine Untersuchung der Grenzen des menschlichen Verhaltens, in: Gesammelte Schriften Bd. VII, Frankfurt/M. 2003.

*Rabelais, François:* Gargantua und Pantagruel, hg. von Heintze, Horst u. Edith, 2 Bde, Frankfurt/M. 1974.

*Reinprecht, Christoph:* Zur Wiederkehr sozialer Unsicherheit, in: Neue Gesellschaft/Frankfurter Hefte 12/2010.

*Richert, Friedemann:* Kleine Geistesgeschichte des Lachens, Darmstadt 2009.

*Richert, Friedemann:* Lachende Vernunft. Utopia: Vernunft, Humor, das Heilige, in: Hiltbrunner, Thomas (Hg.), Utopie heute, Stuttgart 2007.

*Richter, Horst-Eberhard:* Das Ende der Egomanie. Die Krisen des westlichen Bewusstseins, München 2003.

*Richter, Horst-Eberhard:* Der Gotteskomplex, Reinbek 1979.

*Rifkin, Jeremy:* Die empathische Zivilisation: Wege zu einem globalen Bewusstsein, Frankfurt/M. 2010.

*Rosa, Hartmut:* Beschleunigung. Die Veränderung der Zeitstruktur in der Moderne, Frankfurt/M. 2005.

*Sarrazin, Thilo:* Deutschland schafft sich ab. Wie wir unser Land aufs Spiel setzen, München 2010.

*Schama, Simon:* Überfluss und schöner Schein. Zur Kultur der Niederländer im Goldenen Zeitalter, München 1988.

*Scheich, Günter:* Positives Denken macht krank, Frankfurt/M. 1997.

*Schleiermacher, Friedrich:* Versuch einer Theorie des geselligen Betragens, in: Meckenstock, Günter (Hg.), Schriften aus der Berliner Zeit 1796-1799, Kritische Gesamtausgabe Bd. 2, Berlin 1984.

*Schmidtbauer, Wolfgang:* Alles oder nichts. Über die Destruktivität von Idealen, Reinbek 1980.

*Schrimm-Heins, Andrea:* Gewissheit und Sicherheit. Geschichte und Bedeutungswandel der Begriffe certitudo und securitas, in: Archiv für Begriffsgeschichte XXXIV (1991) und XXXV (1992).

*Schulze, Gerhard:* Die beste aller Welten. Wohin bewegt sich die Gesellschaft im 21. Jahrhundert?, München 2003.

*Scruton, Roger:* Ich trinke, also bin ich. Eine philosophische Verführung zum Wein, München 2010.

SIPRI-Bericht 2011.

*Sombart, Nikolaus:* Die deutschen Männer und ihre Feinde. Carl Schmitt, ein deutsches Schicksal zwischen Männerbund und Matriarchatsmythos, München 1991.

*Steinberger, Petra:* Das kann böse enden, in: Süddeutsche Zeitung vom 20./21. August 2011.

*Sunstein, Cass R.:* Laws of Fear. Beyond the Precaution Principle, Cambridge 2005.

*Tomasello, Michael:* Interview in der Süddeutschen Zeitung vom 2. Dezember 2011.

*Tönnies, Ferdinand:* Gemeinschaft und Gesellschaft. Grundbegriffe der reinen Soziologie, Darmstadt 2003 (erste Auflage 1887).

*Trojanow, Ilija u. Zeh, Juli:* Angriff auf die Freiheit. Sicherheitswahn, Überwachungsstaat und der Abbau bürgerlicher Rechte, München 2009.

*Valentin, Karl:* Gesammelte Werke, München o. J.

*Virilio, Paul:* Die Verwaltung der Angst, Wien 2011.

*Wangh, Martin:* Weitere klinische Überlegungen zum psychologischen Fallout der nuklearen Bedrohung, in: Psyche 48, 1994.

*Whitehouse, Peter u. George, Daniel:* Mythos Alzheimer. Was Sie schon immer über Alzheimer wissen wollten, Ihnen aber nicht gesagt wurde, Bern 2009.

*Wilkinson, Richard u. Pickett, Kate:* The Spirit Level – Why Greater Equality Makes Societies Stronger, New York u. London 2009.

*Ziegler, Jean:* Der Hass auf den Westen, München 2011.

Bibliografische Information der Deutschen Nationalbibliothek

Die Deutsche Nationalbibliothek verzeichnet diese Publikation
in der Deutschen Nationalbibliografie; detaillierte bibliografische
Daten sind im Internet über https://portal.dnb.de abrufbar.

Verlagsgruppe Random House FSC-DEU-0100
Das für dieses Buch verwendete FSC®-zertifizierte
Papier *Munken Premium Cream* liefert
Arctic Paper Munkedals AB, Schweden.

1. Auflage
Copyright © 2013 by Gütersloher Verlagshaus, Gütersloh,
in der Verlagsgruppe Random House GmbH, München

Coverfoto: © Tetra Images / Corbis
Druck und Einband: CPI – Ebner & Spiegel, Ulm
Printed in Germany
ISBN 978-3-579-06640-0

www.gtvh.de